2011年教育部人文社会科学研究基金项目"清代徽州藏书家与文化传播研究"
（项目批准号：11YJA870027）

安徽师范大学学术著作出版基金项目

U0746801

清代徽州藏书家
与文化传播研究

张　健◎著

安徽师范大学出版社

·芜湖·

责任编辑:胡志恒
装帧设计:桑国磊
责任印制:郭行洲

图书在版编目(CIP)数据

清代徽州藏书家与文化传播研究/张健著.—芜湖:安徽师范大学出版社,
2015.6
ISBN 978-7-5676-1706-3

Ⅰ.①清…　Ⅱ.①张…　Ⅲ.①藏书家—人物研究—徽州地区—清代
Ⅳ.①K825.4

中国版本图书馆 CIP 数据核字(2014)第 290984 号

清代徽州藏书家与文化传播研究

张　健　著

出版发行:安徽师范大学出版社
　　　　芜湖市九华南路 189 号安徽师范大学花津校区　　　邮政编码:241002
网　　　址:http://www.ahnupress.com/
发 行 部:0553-3883578　5910327　5910310(传真)　E-mail:asdcbsfxb@126.com
印　　　刷:虎彩印艺股份有限公司
版　　　次:2015 年 8 月第 1 版
印　　　次:2015 年 8 月第 1 次印刷
规　　　格:700×1000　1/16
印　　　张:16.25
字　　　数:283 千
书　　　号:ISBN 978-7-5676-1706-3
定　　　价:35.00 元

前　言

　　徽州府(旧称新安,下辖歙、休宁、黟、祁门、婺源、绩溪六县),位于安徽省南部,与皖、浙、赣三省交会,自古以来就是风景如画的钟秀之地,有着"世外桃源"的美称。伟大的人民教育家陶行知在描述自己的家乡时非常自傲地说:"我们徽州,山水灵秀,气候温和,人民向来安居乐业,真可谓之世外桃源。察看它的背景,世界上只有一个地方和它相类,这个地方就是瑞士。"(《徽州人的新使命——给徽州同乡的公开信》)境内山多岭密,"道途梗阻,交通乏便",素有"七山一水一分田"之称,在历史上,它遭受战争创伤少,有利于经济和文化的发展,成为历来动乱年代中原避乱大族移民所趋向的绿洲。

　　中国是一个历史悠久的文明古国,藏书历史源远流长,留下来的典籍,数量之多,门类之繁,涵盖的时空之广,是世界上任何国家和民族都无法比拟的。徽州藏书文化是一个极具地方特色的区域文化,而这些徽州私家藏书绝大多数人都是出自商贾之家,因为他们手中拥有巨额的资金和财富,所以,藏书和刻书就成为他们生活中的一部分,这不仅保存了许多有价值的文献资料,而且也传播了徽州文化,同时也推动了区域经济发展,显示了特定地域文化的拓展和全国民族文化之间存在着彼此渗透、互促互补等不可分割的联系。徽州藏书家对徽州传统文化的继承和传播做出了重要贡献。

　　近年来,不少学者对私人藏书、官府藏书、书院藏书等问题展开研究,其中有关图书馆史的专著和藏书专著陆续出版。例如:谢灼华《中国图书和图书馆史》和《中国图书史与中国图书馆史》,来新夏《中国古代图书馆事业史概要》,傅璇琮、谢灼华《中国藏书通史》,徐雁、王燕均《中国历史藏书论著读本》,李希泌、张椒华《中国古代藏书与近代图书馆史料:春秋至五四前后》,袁咏秋、曾季光《中国历代国家藏书机构及名家藏读叙传选》,陈登原《古今典籍聚散考》,顾志兴《浙江藏书家藏书楼》,吴晞《从藏书楼到图书馆》,王西梅《中国图书馆发展史》,郑伟章、李万健《中国著名藏书家传略》,刘渝生《中国藏书起源史》,吴晗《两浙藏书家史略》,许碏生《古代藏书史话》,吴仲强《中国图书馆学史》,李雪梅《中国近代藏书文化》,刘尚恒《徽州刻书与藏书》,刘尚恒、郑玲《安徽藏书家传略》,王桂平《清代江南藏书家刻书研究》,陈心蓉《嘉兴藏书史》,顾志兴《杭州藏书史》等,且主要集中于浙江、江苏、安徽、福建等地区。学术论文有:张翔《〈四库全书〉与徽籍藏书家》,载《中国典籍与文化》;张健、汪慧兰《清代徽籍藏书家鲍廷博》,载《安徽师范大学学报》;张翔《清乾嘉时期"扬州二马"及其藏书》,载《晋图学刊》;张翔《程晋芳及其桂宦藏书》,载《晋图学刊》;张健《张钧衡及其"适园"藏书》,载《芜湖职业技术学院学报》;张一民《桂宦藏书在淮安》,载《江苏地方志》;桑良之《长塘鲍氏藏书世家》,载《江淮文史》;张健《鲍廷博与"知不足斋"藏书》,载《大学图书情报学刊》;张健《汪启淑及其"飞鸿堂"藏印》,载《河南图书馆学刊》;方盛良《扬州徽商藏书刻书与文化传承》,载《中国出版》;梁仁志、张室龙《徽商与明清徽州藏书业》,载《淮北煤炭师范学院学报》;张健《清代徽州寄籍藏书家》,载《中国地方志》;张健《清代徽州藏书家及其贡献》,载《人文研究》;王世华《徽商收藏的文化意义》,载《安徽师范大学学报》;刘尚恒《明清徽商的藏书与刻书》,载《安徽师大学报》;张力《清代乾嘉二帝褒奖的藏书家鲍廷博》,载《图书馆杂志》;等等。从以上的研究成果来看,徽州藏书文化越来越被学术界所重视。

徽州藏书有着得天独厚的条件:一是徽州刻书业繁荣昌盛。徽州是全国四大刻书中心之一。官刻、家刻两个系统继续保持和发展,徽州刻书事业突飞猛进,私家坊刻众若繁星,刻铺比比皆是,为徽州刻书带来了蓬勃生机。二是中原士民的迁入。徽州历史上,曾有过三次大的中原衣冠南迁,即西晋末的"永嘉之乱"、唐末的"安史之乱"和北宋"靖康之乱",三次大规模北方居民南迁徽州,成为徽州75个姓氏的主要来源。这些中原士民的迁入,不仅使汉越文化进行了三次融合,而且将中原文化科技带入徽州,有力地促进了该地区生产力的发展,并逐渐在徽州社会生活中起着支配作用。三是浓厚的文化底蕴。由于徽州文风极盛,形成良好的社会氛围,文人墨客吟诗作对,著书立说,留下了宝贵的文化遗产,这些为徽州藏书业的发展提供了对象。四是徽州商人推动藏书业的发展。徽商的一个重要特色就是"贾而好儒"。他们捐资助学、习经读史、作诗填词、娴习书画,藏书刻书更是其好儒的表现之一。他们富甲一方,有雄厚的资金用来藏书刻书,并且随着他们经商活动区域的扩大,由徽州本土,移向长江中下游和江浙等地,使藏书刻书更加商业化,加入整个商品流通领域。

徽州历代均有府、县儒学藏书,书院藏书和私人藏书,尤以私人藏书为著,誉满书林。徽州家家户户有书房,每个祠堂有藏书楼,座座庙宇有藏经阁。徽州书院也是社会和平安定、人们重视文教以及山林讲习传统的产物。据《弘治徽州府志》统计,除府学、各县儒学外,著名的书院有 20 多所,社学 500 所,这些书院、社学均有数量不同的藏书以供学生阅读。

在徽州,私家藏书比较突出。南唐时,休宁人查文徽好学,喜藏书,手写经史数百卷。宋代,徽州学风日炽,藏书大兴。歙人吴豫建"延芬楼",藏书万卷。歙县岩镇人闵景芳建"尊圣阁",黄宣的"丛书堂",汪东野的"东野书房",潘纶、潘洋发父子的"经堂",皆贮书万卷。休宁宋松年,家有"柚云阁",致力于收藏唐代文献,成为著名的唐史学者。祁门汪伯彦嗜藏书,有"未尝一日去书不观"的嗜好。绩溪胡仔藏书极富,并从中采撷各家诗话,纂成《苕溪渔隐丛话》前后集 100 卷。元代,歙县郑绍祖、黟县汪大初和祁门的李伟,均以号称"家富藏书"。

明初,歙县方富侦、方銮和方大治,"家故饶,……累世积书……里中称万卷方家"。还有黟县汪大新的"遗经楼",休宁朱升的"梅粉月楼",胡正言的"十竹斋"。休宁程敏政利用自己的丰富藏书,编辑刻印徽州第一部地方文献总集《新安文献志》,被称为明代最富的藏书家。歙县郑侠如"丛桂堂"藏书之富,闻名海内。歙县人吴学勉,世代业商,博学多识,家富藏书,其藏书楼为"师古斋",藏书兼刻书,曾刻经史子集数百种之多,至今传世的不下 30 余种,如《性理大全》70卷、《二十子全书》269 卷、《海岳山房存稿诗》5 卷、《少室山房笔丛》32 卷和《古今医统正脉全书》44 种等。吴学勉是徽州重要的藏书家和刻书家。

清代徽州府境内和境外藏书名家辈出,特别是不少旅外名宦、发迹的儒商,他们当中许多人注重收藏古籍,不少人成为中国藏书史上的名家、著名藏书楼主人。东南地区许多著名藏书家追本溯源,是从徽州迁徙出去的商人、名宦或其后裔。乾隆三十八年(1773)四库开馆,私人进献古籍藏书超过 500 种的全国共有 4 家,除宁波范氏天一阁之外,其余三家是徽州寓外的藏书家鲍廷博、汪启淑、马裕。故有"海内十分书,徽州藏二分"之誉。

2011 年我申报教育部人文社会科学研究项目"清代徽州藏书家与文化传播研究",获得教育部立项(11YJA870027),这对我来说是个鼓励和鞭策。因此,本书主要是围绕本课题对清代徽州私家藏书来源、藏书特点、藏书楼、徽商与藏书、藏书与刻书、藏书成就及其文化传播等进行全方位的论述。

开展清代徽州私家藏书与文化传播研究,目的是抛砖引玉,期待专家学者对于地域性藏书史研究的重视,倘能如此,则笔者幸甚。

作　者

2014 年 9 月于芜湖

目　　录

第一章 徽州藏书的独特人文环境

徽州区域(今安徽省南部山区),自古以来就是风景如画的钟秀之地,有着"世外桃源"的美称。伟大的人民教育家陶行知在描述自己的家乡时非常自傲地说:"我们徽州,山水灵秀,气候温和,人民向来安居乐业,真可谓之世外桃源。察看它的背景,世界上只有一个地方和它相类,这个地方就是瑞士。"①这里有美丽的黄山、白岳、新安江等丰富的自然环境,有雄居天下达三百年之久的徽州商人,有五彩缤纷的灿烂文化。徽州以其神奇的自然景观和古朴典雅的人文景观而著称于世,成为历代名人向往的地方,向有"文献之邦"、"程朱阙里"、"东南邹鲁"等称号。源远流长的徽州之学,简称"徽学",内容丰富,包罗万象。自南宋崛起,鼎盛于明清。"读朱子之书,服朱子之教,秉朱子之礼"成为徽州士人修身、齐家的一个共同的文化情结。

第一节 徽州社会环境有利于藏书

徽州是一个具有稳定性、完整性和相对封闭的文化地理单元。在历史上,它遭受战争创伤较少,有利于经济和文化的发展。它也成了历来动乱年代中原避乱大族移民所趋向的绿洲,是有"世外桃源"之称的理想之境。徽州文化有其独特的流派和风格,它植根于本土,伸展于各地,是由"小徽州"和"大徽州"文化融合形成的内容丰富、品位较高的一座文化宝藏。深厚的文化底蕴,造就了徽州人才辈出和经济繁荣昌盛的局面。

一、徽州历史地域位置的交融性

徽州地处皖浙赣三省交界处,北靠长江,南联赣粤,下通苏杭,距离长江三

---

① 陶行知:《徽州人的新使命——给徽州同级的公开信》,《行知书信》,亚东图书馆1929年版。

角洲地区并不遥远。境内山多岭密,素有"七山一水一分田"之称,北有云烟缭绕的黄山,南有峰峦起伏的天目山绵延伸展。徽州四周峰峦叠嶂,道路崎岖,自古以来水道就成为当地与外界交往贸易的主要途径。新安江是徽州最大的水系,也被称为徽州母亲河,它发源于祁门县境内,汇合横江、率水、扬子水注入钱塘江,沿着新安江东下可直达杭州。青弋江发源于黄山北坡,流经绩溪、旌德、黟县、祁门和石台境内,由西南向东北汇入长江。在徽州西部,还有一条河道与外界沟通,那就是祁门的阊江,流经江西鄱阳湖。这条水道水流湍急,沿途溪滩险阻达八十多处。它与新安江这样两条险象环生的水道,维系着数百年徽州人的治生命脉。徽州的粮食供应,就是通过这两条水道输入。据县志载:"徽州介万山之中,地狭人稠,耕获三不赡一,即丰年亦仰食江、楚,十居六七,勿论岁饥也。天下之民,寄命于农,徽民寄命于商。而商之通于徽者取道有二:一从饶州鄱、浮,一从浙省杭、严,皆壤地相邻,溪流一线,小舟如叶,鱼贯尾衔,昼夜不息。一日米船不至,民有饥色,三日不至有饿莩,五日不至有昼夺。"①这两条水道对徽州人来说如此的重要。群山封锁与外界隔绝的徽州是一个避乱的理想世界,避乱是徽州移民的第一位原因。徽州是一块神秘而美丽的土地,明代著名戏剧家、诗人汤显祖曾在一首诗中这样写道:"欲识金银气,多从黄白游;一生痴绝处,无梦到徽州。"无论人们怎样理解这首诗的含义,诗人对灿烂辉煌的徽州文化的向往却是毋庸置疑的。

徽州地域位置的交融性有着悠久的历史渊源。早在新石器时代,这里就有人类活动的足迹。西周时期,这里曾产生过灿烂的青铜文化。春秋属吴国,周元王三年(公元前473)吴灭属越国。战国前期属越国。周显王十四年(公元前355)楚灭越,又成为楚国的领地,直至秦王政二十二年(公元前223)秦灭楚。秦汉时期,东越人已在徽州栖息繁殖。从战国中后期至三国的时代是徽州历史文化发展的山越文化时代。秦朝在徽州设黟歙二县,以加强对越人的统治。越人因不堪秦朝暴政和难以承受的赋税和徭役,凭借徽州山水的奇险多峻,纷纷入山为民,过着一种与世隔绝的生活,"依山阻险,不纳王租"②,形成山越族。三国时,称徽属之民为"山越"。所谓"山越",实际上包括东越人的后裔及移居于此的汉人。孙吴平定山越后,专门设立新都郡,对其进行统治。征服山越,使

---

① 康熙《休宁县志》卷七《艺文·汪伟奏疏》,康熙二十九年刻本。
② 司马光:《资治通鉴》卷五十六,中华书局2007年版。

徽州历史上的封闭之门开始被打开。

汉献帝建安十三年（208）十二月，孙权派部将贺齐出兵消灭歙地所谓"山贼"（实际是对抗孙权的山越、水越和汉人混居而成）金奇、毛甘和黟地陈仆等，将原歙地一分为五，即：歙、休阳（划原歙以西之地新立）、黎阳（划原歙以西另一地新立）、新定（划原歙以南之地新立，今浙江遂安）和始新（划原歙以东一地新立，今浙江淳安），加上黟共六县一并从丹阳郡分出，建立新都郡，治始新（今浙江淳安）。梁武帝承圣二年（553），将原新安郡一分为二，遂安、始新、寿昌三县仍属新安郡；将原并于海宁的黎阳重新划出，复为二县，加上歙、黟共四县，由新建之新宁郡管辖（即今本区的基本区域），治海宁，与原新安郡并属扬州，此时之新安郡非今之"徽州"。隋文帝开皇九年（589），改郡为州，以州统县，将歙、黟二县并入海宁为歙州，州治设海宁；又将始新县改为新安县，原遂安、寿昌并入新安县，划归婺州（今浙江金华）管辖。歙州辖地仅有原新安郡的一半，即今徽州的基本地域。唐代宗永泰二年（766），划歙、休宁二县各一部分设归德县；划原黟县的赤山镇和饶州浮梁县一地设祁门县；划原黟县一部分设石埭县（即石台），并将石埭县划归池州管辖；划歙县华阳镇设绩溪县。歙州领八县：歙、黟、休宁、婺源、北野、绩溪、归德、祁门。歙州改属宣、歙、池观察使。唐大历四年（769），废归德县，其地并入休宁，歙州领六县，奠定了此后一千余年的"一府六县"建制基础。

徽州地域历经数千年的沧桑巨变，在这里，有青铜文化、吴越文化、楚文化以及山越文化交相辉映，徽州文化逐渐清晰，愈益厚重。因此，具有鲜明的地域特色。徽州逐渐形成一个兼容并包、文化多元的社会文化体系。不同特色的思想文化相互碰撞和相互交融，共同发展，增加理解，促进经济文化向前发展，这是藏书的基本条件，因此，可以说没有文化的地区，也就没有读书和藏书的氛围。

二、徽州是多民族相互交融之地

古代徽州"介万山丛中"，本为古山越人世代过着平静的与世隔绝的生活的聚居之地，被中原人视作蛮荒之隅，但这种与世隔绝的生活却未能得到延续。古代的中原是华夏文明的发祥地，也是全国政治、文化中心。与此同时，她又是战乱频率最高的地带。历史上改朝换代的战争，统治阶级内部争权夺利的战争，军阀割据之间的战争，民族矛盾引发的战争，农民革命的战争，经常发生于这一地域。每一次较大的战乱，都迫使中原人口南逃。其流徙的走向，大多是越过黄淮平原,渡过长江,而徽州这个"川谷崎岖,峰峦掩映"的"四塞之地",恰似"世外桃源",这正是南迁人口避难的理想之境。徽州历史上,曾有过三次大的中原衣冠南迁:一次是西晋末的"永嘉之乱",中原有九氏入徙;一次为唐末的黄巢起义和安史之乱;一次是北宋"靖康之乱"所导致的。三次大规模北方居民南迁徽州,成为徽州75个姓氏的主要来源。这些中原士民的迁入,不仅使汉越文化进行了三次大的交融,而且,将中原文化科技带入徽州,有力地促进了该地区生产力的发展,并逐渐在徽州社会生活中起着支配作用。

徽州各大姓,莫不聚族而居,一村一姓,世代相沿,根深蒂固,形成了宗法社会的基础和特征。这些世家大族,或为缙绅冠带,或为硕学鸿儒,亦有黎民百姓。迁到徽州的移民,首先带来了中原儒风。徽州这个古山越人居住的山区,被称为"南蛮夷"之地。六朝以前,这里"武劲之风"很盛,其人不识诗书礼乐。随着中原人口的迁来,才"渐染儒风"。最明显的是读书和尚礼的风气传到徽州之后,社会习俗为之一变。尤其是读书之风逐渐兴起,所谓"山间茅屋书声响","后渐户诵家弦矣"①。明清时期,徽州更是"儒风独茂",由是"人文辈出,鼎盛辐臻,理学经儒,在野不乏,以致'四方谓新安为东南邹鲁'"②。"诵读"之风吹拂这个山区的同时,中原的崇礼义、明人伦、务俭朴的习俗也给徽州以广泛的影响。据文献谓:"新安自昔礼义之国,习于人伦,即布衣编氓,途巷相遇,无论期功强近、尊卑少长以齿。此其遗俗醇厚,而揖让之风行,故以久特闻贤于四方。"③"醇厚"的"遗风",正是"遗"自古代的中原,而且还延及后世。我们只要读几副黟县西递村的旧楹联,曩时这里的社会风尚犹恍如在目:"几百年人家无非积善,第一等好事只是读书"、"传家礼教惇三物,华国文章本六经"、"事业从五伦做起,文章自六经得来"、"凛遗绪于前人克勤克俭,善贻谋于后世学礼学诗"。"读书"、"礼教"、"文章"、"五伦"、"六经"、"勤俭"本为中原"旧物",唐宋以后,则在徽州生根、开花、结果了。中原文化的迁入,不仅与山越文化融合,而且发展成为独特的徽州文化,渐至导致了徽州的人文鼎昌,为新安赢得了"东南邹鲁"的美誉。考察徽州的社会历史文化,处处可见儒家文化的影响所在,几乎可以断言,儒家文化已渗入徽州社会的生活各个方面,这一点从徽州古村落

---

① 康熙《祁门县志》卷一,康熙二十二年刻本。
② 道光《重修徽州府志·序》,清道光七年(1827)刻本。
③ 汪道昆:《太函集》卷一《黄氏建友于堂序》。

的命名上也可见其端倪。

中原的"世家大族"迁入徽州后,同时也带来了中原的宗族文化。所谓宗族文化,就是以儒家伦理为规范,突出宗族血缘和地缘关系,强调家族政治、经济地位和宗族凝聚力的文化。那些"由北迁南"的移民,大多举族而来。迁入徽州后,又聚族而居,多以自己的始祖或始迁祖为中心,集居繁衍,形成宗族,以族姓命名居住地。这对一个封闭型的山区来说,多少也增添了一点新的宗族血液,便有利于抗御外姓的欺侮,又能保持在宗法制度影响下形成的"家(族)风"。所以一些大姓的村落,"绝无一姓换入者"。徽州的名族,莫不"家多故旧,自六朝唐宋以来,千百年世系比比皆是,重宗谊、修世好,村落家构祖祠,岁时合族以祭"①。这种宗族制度,一直顽固地保存下来。明末清初之际,徽人赵吉士对徽州的风俗作了如下介绍:"父老尝谓,新安有数十种风俗胜于他邑,千年之冢,不动一抔;千丁之族,未尝散处;千载谱系,丝毫不紊;主仆之严,虽数十世不改,而宵小不敢肆焉"②。这些经过"数十世"传承下来而且"胜于他邑"的习俗,正是继承和发扬中原文化。另外,南宋时期徽州大儒朱熹,他的"朱子之学"在徽州的影响极深。而朱子的"学系"是上继北宋二程的"河洛之学"亦是中原文化。所谓"朱子得河洛之心传,以居敬穷理启迪乡人,由是学士争自濯磨以冀闻道,风之所渐,田野小民亦皆知耻畏义"。③ 在"朱子之学"的倡导下,徽州的人伦教化,不仅与中原一脉相承,并又有所发展了。所有中原这些因人口迁移实现的文化传播,对徽州社会的形成和发展均起了推动作用。

三、徽州各种思想文化在此相互交融

在徽州维系人们思想领域的精神支柱主要是新安理学,其奠基人程颢、程颐及集大成者朱熹,祖籍均在徽州歙县篁墩,故其为"程朱阙里",因徽州的前称为新安郡,故这一学派以"新安"定名。程颢和程颐是亲兄弟,被世人称为"二程",是北宋著名的理学家和教育家。二人都以"理"为最高范畴,以"理"为世界本原。程颢和程颐的思想一致而有殊,程颢说:"吾学虽有所受,天理二字却是自家体贴出来。"④ 二程共同奠定了理学理论。程颐认为理是万事万物的本

---

① 许承尧:《歙事闲谭》卷十八,黄山书社 2001 年版。
② 赵吉士:《寄园寄所寄》卷十一《故老杂记》,清康熙三十五年(1696)刻本。
③ 光绪《婺源县志》卷三,光绪九年(1883)刻本。
④ 《程氏外书》卷十二,华东师范大学出版社 2010 年版。

原,"万物皆只是一个天理"。"理则天下只是一个理,故推至四海而准,须是质诸天地,考诸三王不易之理。故敬则只是敬此者也。"①但是世界各个事物各有其特殊情形,各有其理。朱熹提出了"天理"、"气"、"格物致知"、"知行为一"等一系列重要思想范畴。他认为"理"是至高和包罗一切的,故称"理学"。历代封建统治者,为维护和巩固自己的统治地位,都借程朱理学来巩固礼教,因礼教而提倡理学,理学的地位被越抬越高,随着时间的推移,特别是理学成了"官学"以后,结果使人们思想僵化,其影响愈来愈表现出消极的一面。致使理学发展越来越脱离实际,成为于世无补的空言,成为束缚人们手脚的教条,演变为"以理杀人"的工具。嘉靖、万历年间,明代社会政治、经济各方面的变化相应地引发了思想界的变革,市民阶层要求冲破封建桎梏、争取人格独立,主张从现实生活中寻求真理,从日常生活中贯彻封建伦理道德,反对笃信谨守封建礼教,肯定人的情欲的合理性,反映了当时市民阶级要求个性解放的思想。

陆九渊是南宋"心学"的开山祖,与程朱理学背道而驰。而"心学"形成于明代王阳明。虽然王阳明的学说与陆九渊有着一定的差异,但他们都以"心"为本体,学术界尊称为"陆王"学派,实际上王阳明是心学的集大成者。王阳明(1427—1529),名守仁,字伯安,浙江余姚人,世称"阳明先生"。王阳明的学术思想也是在当时的处境和寂然心态有极大关系,是在特定的时间、地点和条件下迸发出来的思想之火。王阳明心学是明代儒学革新的产物,它在形式上打破了程朱理学的理论框架,王阳明学说的精髓或说基本理论框架在于重新建立了以"心即理"、"知行合一"、"致良知"等为基本范畴的心学思想体系。所以,王阳明的学说在明中晚期士人心目中有着崇高的地位和影响。因为程朱理学发展到后期已经明显出现了很多弊端:凡事都要以圣人言语为准则,墨守成规,呆板迂腐,束缚了人的思想。造成这种思想上僵化的主要原因是:明王朝崇儒兴学,强化程朱理学在意识形态领域的统治地位,严禁非议。同这个学说相对立的学术思想便被斥为"异端邪说",遭禁查封。而王阳明首度提出"心学",而与朱熹的理学分庭抗礼,则被视为程朱理学大敌。王阳明在批评程朱理学的基础上建立了自己的阳明学派,他的"致良知"使人摆脱世俗的束缚,自由自在地生活。只要真正体悟到"良知",就可以如翱翔于万里长空的飞鸟和跳跃于宽阔海洋的游鱼那样自由。他广收门徒,宣传王学,世称"阳明学派"。王学提出"四民

---

① 《程氏遗书》卷二上,华东师范大学出版社2010年版。

异业而同道"、"百姓日用即道",徽州就有"士商异术而同志"、"以营商为第一生业"、"良贾何负闳儒"的风俗和说法。王学崇商的观念被渗透到家法、族规、乡约中去。其经济伦理因而被广泛地推向社会,并使其经济伦理变成规范人们的自觉行动。

　　程朱理学的产生和发展,标志着宋代以来理学思想体系的正式形成;而王阳明心学的崛起,又迅速在徽州取代了程朱理学,成为左右徽州学坛的学术流派,并一时间获得广泛传播和认同,同时也在意识形态领域有广泛影响。王阳明的整个心学体系圆融体用、本末、心物、知行等范畴,融存在论、认识论、境界论和工夫论为一体。致良知说是王阳明对其心学的重要环节"心即理"、"心外无理"、"心外无物"、"知行合一"等的逻辑发展和融合,是王阳明对其整个心学体系的概括,也是阳明心学之融合的完成。王阳明着重发挥宋明理学中正人心的思想及传统儒学中与之相关的理论,力图矫治程朱理学的弊端。因此,阳明心学素有"门徒遍天下,流传逾百年"的影响。在徽州历来都是以程朱理学而一统思想领域,推崇朱熹,就连科举考试都要规定以朱熹亲订的《四书集注》为标准答案。紫阳书院被视为朱子道学之所在,是传播理学之"圣坛"。阳明"心学"的传入,对徽州文化也有一定的冲击,特别是方瓘、潘士藻、汪道昆等也加入心学阵营,起到推波助澜和宣传的作用,一时间,徽州地区不少书院成为阳明学说的讲坛。曾经在徽州引起一场"朱陆异同"学术观点辩论,实际上也是一场理学和心学在思想上的碰撞,而这种论战的核心内容,明代徽州学者程敏政将其收集为《道一编》,并将"朱陆异同"观点分为三个阶段:始焉如冰炭之相反,中焉则疑信之相半,终焉若辅车之相依。

　　这种"和会朱、陆"观点似乎成为明代学术定论,对后世产生了深远的影响。而另一位徽州学者程曈也根据朱熹、陆九渊争论的内容,编辑为《闲辟录》,与程敏政的"和会朱、陆"的"早异晚同"提出截然不同的观点,在《闲辟录·刻闲辟录后》程曈之子程缵洛将编撰的指导思想说得比较清晰:"朱、陆之学始终不同,具见两家年谱及文集语录中,夫何草庐吴氏创为迁就调停之说,篁墩程公又继为始异终同之书,由是遂成千古未了之公案,历世不决之疑狱,道无从授指南矣。我先君深为此惧,爰取朱、陆之遗书,考其岁月之先后,明其旨趣之异同,旁搜博采,辑以成编。"元末明初"和会朱陆"为调和理学与心学的矛盾、维护儒学的统一作出重要贡献的郑玉、程敏政等,深受陆九渊的"心即理"思想的影响,接受陆九渊"为学患无疑,疑则有进",反对一成不变地拘泥于儒家繁琐经学之中,打破了当时程朱理学一统天下的局面。

朱陆两位大儒之间的辩论与争论在当时不能不引起学术界、思想界的关注,这不仅把他们各自门人弟子都牵涉了进去,而且还一直涉及他们各自所在学派(道学与心学)的历代传人。可以这样认为,如果没有朱陆之辩所引发的学术与思想分歧,就不会有道学与心学的存在,因此,朱陆之辩与朱陆异同成为历史发展的一个深化,也构成了朱陆以后时代的哲学发展的一条主线。朱陆学术异同之争,主要有早同晚异和早异晚同两派观点。双方各执一词,形同水火。众所周知,在明代中期以后,阳明心学在徽州异军突起,徽州学术文化成为一时之"理学""陆学"和"心学"相互争鸣的特色。陆王心学强调人的自觉精神,否定古代经典的绝对权威,因而在客观上对冲破理学的思想禁锢,起了某些促进作用,对后世有一定的影响。各种学术文化在这里得到交流和发展,无疑有利于藏书文化的建设。

徽州文化表现在地域的变迁、民族的融合和不同的思想流派相互交融、相互促进,形成一个兼容并包、文化多元的社会,因而具有独特的地域文化交融性。徽州地域文化闻名遐迩,虽然由多重文化构成,但从来就不拒绝吸收外来优秀文化,而是在兼收并蓄中不断丰富自己,但又保持了鲜明的地域特色和文化个性,呈现出浓郁的地域色彩,扩大了社会的影响力和增强了地域文化的知名度。

四、徽州是一个"文献之邦"

徽州,镶嵌在皖南腹地一块珍稀神奇的天然璞玉。这里,有新安江之美,黄山、齐云山之奇。有悠久的历史、灿烂的文化,这更使徽州锦上添花,出类拔萃。它不仅是商贾之乡,而且被誉为"文献之邦"。徽州人重文兴教,不惜倾家荡产。书院私塾遍布城乡,读书考学蔚然成风。"一家不读书,等于一窝猪"是乡间最流行的俗语,虽然偏颇刻薄了一些,但骨子里透着实在和善意。那种劝学重文尚义崇德的儒家之风和孔孟之道的精髓早已浸入徽州人的骨子里,由此涌现出一批又一批如毕昇、朱熹、程颢、渐江、程敏政、汪道昆、戴震、胡适、朱升、方文泰、汪士慎、程瑶田、詹天佑、陶行知、黄宾虹、胡雪岩、胡开文等名震中外、彪炳青史的大学问家、大书画家、大文学家、大实业家。从明代中叶开始,徽州商人崛起,更为徽州的繁荣发展撑起了牢固的支柱,为徽州文化的发展提供了经济基础,也为徽州文献的发展提供了资金保障。历史上留下大量的地方文献,其中最多的是文集、族谱、家乘、方志、契约文书、笔记、戏曲等。另外,还具有总结性、集成性的文献,更是文献中的最大特色。从文化角度来考察,徽州文化中更深层次、更系统、更丰富的部分,早已成为学术界地域文化研究的热点,徽学成为与久负盛名的敦煌学、藏学并称的中国三大以地域命名的学科,并引起国内外学人瞩目和潜心研究。而文化又来源于文献的记载,没有文献也就谈不上文化。

我国的古典文献有着极为悠久的历史,对这些文献进行研究和整理,从而形成的一门学问,就是文献学。徽州文献是历史上徽州文化的载体,统属于徽州地方文献。徽州文献通常指徽州历史记载史料、徽州人著述、徽州地方志、徽州出版物。徽州文献是研究徽州文化的必备的基本资料。因此,深入研究徽州文献,是学术界的一项重要课题。

作为"文献之邦"的徽州,历代产生过多少文献,现存世上有多少? 恐怕很难统计,也无法统计出准确数据。但对徽州文献可以作一个保守的估计。自20世纪40年代以来徽州契约文书的大量面世,成为20世纪历史文献方面的又一大发现。20世纪徽州文书的面世与发现大致有三个时期,一是40年代抗战胜利后,二是50年代至60年代初,三是80年代至今。目前对已经面世的徽州文书,尚无确切的统计,根据许多学者的调查估算,其已达20万余件。现在徽州文书仍在不断发现,若将尚未面世者估算在内,其总量当在30万件以上,这也许是一个保守的估计。所谓文书,是指公私文书、书信、契据、案卷、账簿等,它是在实际生活中直接形成的第一手资料,与为了某种意图而编纂加工的文献资料相比,其最大优点在于真实、具体,可以作为历史的凭证。徽州文书除具备一般文书所有的真实、具体优点外,它还具有一些独特的优点,即它的内容的连续性、完整性和涉及历史时间跨度之长远和社会生活面之广阔。徽州文书除宋元时期的文书不多,到明清时期文书不仅数量多,且大多内容完整,研究者可以轻易避开文书内容不全的困境。

在徽州历史文献中,据学者们的大约统计,历史上徽州人的著述总数在7 000种以上,目前存世者尚有3 000种左右;未见著述的家刻本如族谱尚有千余种,二者合计现存徽人著述总数达4 000种以上。据清人马步蟾所言:"新安为人文渊薮,自文公倡明正学,代有通人,撰述之多,无虑千万卷,择而录之,一代文献在是矣。"① 据粗略统计,《四库全书》收编历代著作3 461种,录入存目

---

① 道光《徽州府志·序》,清道光七年刊本。

书名便多达 6 793 种,总目合计著录 10 254 种。而徽州人的著作编入《四库全书》195 种,录入存目 256 种。从《四库总目提要》查出署名徽州人著作,而在其他资料中查出为《四库总目提要》漏署、错署及寓外的徽州人著作共计 451 种。徽州人著作占《四库全书》著录总量的 1/23(4.4%)、占收编著作的 1/18(5.6%),这个比例对一个徽州地区来说是相当大的数字了。当时清代内地 18 个行省 240 多个州府,徽州人著作收入《四库全书》的比例与一个行省的平均数相当,超出州府平均数的 10 倍。徽州人著作在整体上有较高质量的,如朱熹、罗愿、程大昌、江永、程敏政、朱升、程瞳、赵吉士、汪机、戴震、俞正燮等一批优秀的中国历史上著名大家之作,世所公认。朱熹、程大昌、朱升、程瞳、赵吉士的新安理学,江永、俞正燮、戴震的考据学与朴学,罗愿、程敏政的方志学,都代表当时最高学术权威,最有影响力,其著作和思想至今仍闪耀着光辉。他们不仅仅在于谋求功名利禄的仕宦或营商,还在于能够自觉地以担当、传承和弘扬学术为己任。他们或利用书院、文会的组织研讨讲学,或潜心隐居著书立说,从而留下了大量的学术文献和著作,有力推动了中国学术文化的发展。尤其是有一批富有浓厚地域文化特色的乡邦文献,如《歙纪》、《歙问》、《新安志》、《歙事闲谭》、《新安文献志》、《太函集》、《新安名族志》、《海阳纪略》、《休宁碎事》、《新安学系录》、《新安蠹状》、《橙阳散志》、《凤山笔记》、《寄园寄所寄》、《珂笔肯略》、《新安汪氏文献录》、《新安文粹》、《新安节烈志》、《岩镇志草》、《沙溪集略》等这方面的著述很多,对研究地方史有着重要价值。

徽州方志更是地域文献一大特色,地方志齐全,内容丰富,所涉及资料无所不包,这对研究徽州文化大有裨益。徽州地方志这座"文化之矿",有内涵极为丰富的"矿藏"。其中,自然资料、经济资料、政治资料、军事资料、文化资料、科技资料、人物资料,无所不包。所以,地方志已成为我国文化遗产中的一个重要资料宝库,有人把它叫做"古代的信息库"。也有人把旧方志可以为我们提供的资料,细列为矿产资料、物产资料、农业生产技术资料、自然灾害资料、天文资料、地理学资料、少数民族资料、宗教资料、赋役及其他经济资料、农民斗争资料、文化艺术资料、人物传记资料、风俗方言资料、文物古迹资料,以及交通、水利、军事、货币等资料。其中有不少还是不见于其他史书典籍的宝贵资料。旧志中记载这些材料,有的还相当详尽具体。徽州今存历代各类志书 64 种,以时代计算,宋代 1 种、明代 11 种、清代 41 种、民国 11 种。以类型计,府志 10 种,县志 48 种,乡镇志 7 种,不仅为全省之冠,而且在全国也堪称发达地区。因此,徽州方志是徽州历史文献的重要组成部分,是徽州文化发展的典型缩影,也是徽州文化传播久远的重要载体。

徽州家谱也是徽州文献的一项重要内容。其主要品种有家谱、族谱、房谱、支谱、世谱、统谱、宗谱、徙谱之属,为叙述简便起见,我们统称作家谱。据明人程尚宽的《新安名族志》载,从汉至宋,相继迁入徽州的名族有 88 个家族。这些徙入徽州的中原"衣冠巨族",带来了自己的宗族、部曲,经过数百年的繁衍生息,形成了强固的宗族势力。他们聚族而居,一村一姓。徽州家谱数量庞大,目前存世的家谱很难作准确的统计,据中华书局版《中国家谱联合目录》统计,《目录》所著录安徽地区存世家谱逾千种,而徽州地区 6 邑则达 778 种 781 部。《目录》收录是很不全面的。它仅是国内图书馆、文化馆、档案馆等 400 多个公家收藏单位为主的家谱联合目录。上海图书馆收藏家谱达 12 000 余种,而《目录》著录该馆极少,因此,公藏家谱数目应该成倍增加。而私家藏家谱更是一个不小的数字,估计也是《目录》的倍数,甚至更大。公私收藏估算,徽州地区存世家谱保守数目也超过 2 000 种。主要有汪、胡、金、米、方、李、黄、王、吴、余、周、俞、徐、唐、孙、许、高、张、叶、程、詹、郑、刘、钱、戴、谢、章、冯、罗等姓氏家谱,其中大族有程、汪、吴、黄、胡、王、李、方八姓。他们视族谱为经典,把修谱看作是家族内部的一件盛事,至重至隆。每一族谱都包括了"始迁祖"以来的所有家庭成员,由源而流,本末一贯,形成了丰富、完整的族谱系统。仅据《北京图书馆古籍善本书目》所载,该馆藏 427 部族谱中,徽州世家的族谱就占了一半以上,殊为可观。有影响的宗谱有:《新安程氏统宗谱》、《新安汪氏统宗谱》、《新安武口世系谱》、《休宁金氏族谱》、《新安黄氏会通谱》、《许氏统宗谱》、《郑氏族谱》、《溪南江氏族谱》、《新安陆氏家乘》、《泽富王氏宗谱》、《张氏统宗谱》、《江村洪氏家谱》、《沙园吴氏宗谱》、《棠樾鲍氏宣忠堂支谱》、《济阳江氏族谱》、《新安朱氏宗谱》等。徽州家谱在历史文献中,具有条例严谨、书写、雕镂、插图、印纸、装订精致、学术性强、资料丰富、研究价值大等特点。它是研究徽州地区宗法思想、封建社会制度的第一手资料,是徽州地区最重要的地方文献。

第二节　徽州的刻书业发达

徽州群山环抱,高山林立,但"僻处山丛,地狭田少,计岁入不足供三月之食"。由于"绝无农桑之利",所以徽人不得不扬长避短,靠山吃山,靠水吃水了。

徽州虽少产稻米,但是却物产丰富。这里盛产磁土、生漆、竹木、石料、茶叶,所以在唐代就有"歙大州也,歙富州也"之说。徽州的竹木质地优良,不但可以用来建造房屋,而且是造纸、雕版的好材料。雕版必须用木材,而徽州恰好是盛产良材之地。徽州山中多产枣木、梨木、黄杨等木,而木纹细密,质地坚硬。用这些木材雕刻的徽州版片质地坚硬,经久耐用。另外,徽州的歙砚、徽墨以及碑刻等都与徽州的自然山水以及人文有着巨大的关系。徽州的竹木为徽州刻书业提供了自然条件,而徽州人的聪慧敏捷则是徽州刻书业兴盛的人文基础。在徽州的文化发展中,徽州人追求文化品位和徽州的刻印之风,徽州的刻印的发达和徽州造纸、制墨繁荣都是互为表里的。徽州的徽墨以油色好、不褪色而著称。制墨离不开陈年老松,因而松材的好坏决定了墨的品级。而黄山松属陈年老松,松漆含量高,油烟好,造就徽墨的极品地位。徽州本地名纸即产生于南唐时的"澄心堂"纸,是纸中的极品,曾是书画贡纸,南唐后主李煜甚爱其纸品。徽州刻书始于中唐,盛于明,万历年间达到鼎盛。至崇祯年间,徽州刻书跃居全国之首。澄心堂纸和徽墨的结合,奠定了徽州刻书业的基础。徽州刻书有坊刻、官刻、家刻和书院刻。著名的坊刻有歙西鲍宁耕读书堂,于天顺年间所刻的《天原发微》5 卷,现存北京图书馆。

徽州的刻印盛行于南宋。宋朝南渡后,定都于浙江临安(今杭州)。大批的文人士族的麇集,使杭州的商业和文化出现了空前的繁荣局面。而徽州则是在新安江的上游,僻处丛山,比较安全,又有"黄山白岳"之胜,自东晋以来,每次战乱,中原"衣冠巨族"就有很多迁来避乱。宋朝的皇室、贵族、官僚、地主、富商们,都像狂潮似的涌向了山清水秀的徽州,而且"皆抱孙长息于东南"。他们很快就同土著大族勾连在一起,形成徽州新兴的封建大族,他们的特点是:"千丁之族未尝散处,千年之谱丝毫不紊,千年之冢不动一坯土,主仆之严厉数十年不改。"富庶大族的形成,带动了徽州文化的发达。在这样的文化氛围中,徽州培养出了许多著名的文人和形成了崇尚文化的习风。徽州在诗文、艺术及科学方面也是人才辈出。他们多数是不劳而获的"巨室",有条件崇尚文物。因此,他们搜藏了大量的书籍和各种文物。黄茨孙《草心楼读画集》说:"休歙名族,如程氏铜鼓斋,鲍氏安素轩,汪氏涵星研斋,程氏寻乐草堂,皆百年巨室,多蓄宋元书籍、法帖、名墨、佳砚、奇香、珍药,与夫尊彝、圭璧、盆盎之属。每出一物,皆历来赏鉴家所津津称道者,而卷册之藏,尤为极盛。"他们都是封建文化的卫道士和传播者。为此,他们经常需要整理刻印一部分古籍,还要传播他们祖先和自己的著作。所以南宋时期，徽州就兴起了刻书风气。

徽州厚重的文化，对徽州刻书业的发展起到促进作用。众所周知，先进的文化是人来创造的，人是社会文明的推动力，是创建精神文明和物质文明的首要资源。徽州曾赢得"东南邹鲁"、"程朱阙里"、"人文渊薮"、"名臣辈出"等名誉，这种"儒风独茂"氛围，昭示人才辈出的奥秘。因此，徽州名臣能吏、富商世贾、名儒硕士、文坛才俊、艺苑名流、科技群英等文人墨客，面对风景如画的江南景色，深感如醉如痴，便提笔吟诗作对，著书立说，留下了宝贵的文化遗产，这对徽州的藏书刻书业发展无疑是极为有利的。

宋朝时期徽州地区刻书业主要有官刻和家刻两种，最早的官刻本为《(祥符)歙州图经》；其次则为《黄山图经》，两宋时期先后刊印四次。所刻学术专著有洪适在任徽州知州期间新安郡斋刻其父洪皓出使金国所作的诗文《鄱阳集》、歙州"四宝堂"刻北宋苏易简《文房四谱》等。南宋时期，徽州直署州学、新安郡斋、紫阳书院都是官刻机构，徽州刻书 50 起，45 种，其中官刻 30 起，25 种。家刻中有 20 起，20 种，总卷数达 463 卷。主要有沈有开刻吕祖谦辑《皇朝文鉴》、徽州通判赵彦卫刻自撰《云麓漫钞》，宋罗愿《尔雅翼》。另外，还有《周易要义》、《九经》、《毛诗》、《礼记》、《尚书》、《春秋》、《礼记集说》等。宋代徽州刻本是著名学者祝穆撰的《方舆胜览》，这是一部记载建制沿革、疆域道里、田赋户口、关塞险要以及名胜古迹、诗赋序记等都很详备的志书。这部书于嘉熙三年（1239）刻印问世。至咸淳二年（1266），他的儿子祝洙认为原版模糊，于是整凡例，分为 70 卷，重新刊行。再说，宋代程朱理学大行其道，理学家朱熹不但自己刻书，他与其门人问答的话，也被门人们编排刊印于世。淳祐十二年（1252）王必就续编了《朱子语录》40 卷在徽州刊行。后人称之为"徽本"。此外，如魏了翁编《仪礼要义》、朱熹撰《诗集传》等都是南宋后期徽州刻本。随着政治中心南移，宋朝沿江江南已成为大后方，经济繁荣昌盛，文化发达，学术活跃，徽州成为全国"文房四宝"的主要生产基地，加上程朱理学在徽州的影响，从而带动徽州学术文化的繁荣，也促进徽州刻书业向前发展。

徽州宋代刻书业的发展主要集中在南宋，为刻书业作出重要贡献的主要人物有两类：徽州籍在本地或外地的有程大昌、朱熹、汪纲、祝穆等，外籍在徽州为官的有洪适、魏克愚等。

元代徽州地区延续宋代官刻和家刻两种形式向前发展，因元朝是少数民族统治汉民族，许多有识之士和不少学者，对元朝统治者极为不满，便不愿意出山为官,因此,在家乡办学收徒,开设书院,提倡刻书以繁荣学术文化。元代徽州路作为区域性刻书中心的地位大大加强。徽州境内刻书就达 28 起 27 种。其中,官刻 8 起 8 种,家刻 20 起 19 种。私刻本有歙县郑玉"师山书院"自著、自刻《春秋经传阙疑》45 卷,还刻有宋代罗愿撰写的《鄂州小集》6 卷,《附录》2 卷。元至正二十二年(1362)歙县郑氏"丛桂堂"刻元陈桱撰《通鉴续编》24 卷,婺源汪仲鲁"商山书塾"刻元赵汸《春秋属辞》18 卷,《春秋左传补注》10 卷,《春秋师说》3 卷。其他如元初郑侠如刻元鲍云龙撰《天原发微》5 卷,汪舜民刻胡炳文的《云峰文集》10 卷,程可绍刻《孝经刊误》等。元代徽州最有影响的学者刻书家有方回、郑玉、朱升等。

方回(1227—1305),字万里,又字渊甫,号虚谷,歙县人。宋景定三年进士,曾先后担任池阳茶盐、安吉通判、严州知州、建德路总管等职。卸任后往来于杭州、歙县之间。致力于诗文与写作,靠出卖诗文谋生,并讲学于紫阳书院和西畴书院,还亲自创办虚谷书院。而虚谷书院成为方回讲学、刻书、著述的园地。据蒋元卿《皖人书录》载,方回著述《文选颜鲍诗评》、《衣裳考》、《读易析疑》、《玉考》、《建德府节要图经》、《虚谷评三谢诗》、《虚谷闲抄》、《先觉年谱》、《续古今考》、《皇极经世考》、《仪礼考》、《名僧诗话》、《瀛奎律髓》、《桐江集》、《桐江续集》、《易中正考》、《历象考》、《尚书考》等。方回在著述的同时,利用虚谷书院校刻不少图书,刻元鲍云龙撰《天原发微》、释元至撰《筠溪牧潜集》,今收藏于北京图书馆。

郑玉(1298—1358),字子美,号师山,徽州歙县人,著名文学家、理学家、教育家。关于郑玉的学术思想,清代学者黄宗羲在《宋元学案·师山学案》提出"继草庐(吴澄)而和会朱陆之学者郑师山也。草庐多右陆,而师山则右朱"的观点。所谓的"朱"即朱学,"陆"即陆学。黄宗羲认为,郑玉的思想是糅合朱、陆,在学术思想上是偏重于朱。郑玉著有《春秋经传阙疑》、《师山集》、《周易大传附注》等三部著作。他在婺源门人汪友直的倡议和同县门人棠樾村鲍元康等人的资助下创办"三乐堂"私塾学堂,同时也是刻书场所,著名的《师山集》就是刻自于三乐堂。

朱升(1299—1370),字允升,号枫林。元末明初学者、著作家,明代开国谋臣、明太祖朱元璋的军师,徽州休宁人。元至正九年(1349)举乡荐,授池州路学正。避乱弃官,隐居石门,创枫林书屋,为聚徒讲习之所,学者称"枫林先生"。龙凤三年(1357)朱元璋下徽州,由邓愈推荐,召问时务,且向朱元璋呈献"高筑墙、广积粮、缓称王"之策,对明朝的建立起了重要作用。洪武元年(1368)擢翰林学士。不久,请老归乡。

朱升自幼力学,博览群书,穷研极虑,至老不倦,尤其深于经学,学宗程朱。主要著作有:《尚书旁注》、《诗经旁注》、《中庸旁注》、《论语旁注》、《书传补正辑注》、《孟子旁注》、《仪礼旁注》、《周易旁注》、《道德旁注》、《孝经旁注》、《朱枫林集》等,真可谓著述等身。朱升刻书主要以家刻为主,还刻有自撰《刑统赋解》、《小学名数》、《葬书内外杂传》、《类选五言小诗》、《书传补正辑注》、《小四书》、《四书五经》等,宋方逢辰撰《名物蒙求》、宋末元初程若庸撰《性理字训》、元陈栎撰《历代蒙求》、宋黄继善撰《史学提要》、《地理五行书》、《墨庄率意录》等。

明朝时期徽州刻书业繁荣昌盛,是全国四大刻书中心之一,经元到明嘉靖,徽州刻书已形成了一定规模;而自明万历始,经济的高度发达,产生了市民阶层,他们喜欢看通俗小说,喜欢看一些戏曲的东西,而对市场极度敏感的徽州商人,为迎合小市民的情调,出版了大量的小说,以及戏曲文本,徽州刻书呈现一派繁荣景象。官刻、家刻两个系统继续保持和发展,突出了地方区域性刻书中心的地位。此时私人刻书者很多,徽州府治歙县刻书者聚集,书坊鳞次栉比,刻书事业突飞猛进,私家坊刻众若繁星,刻铺比比皆是,为徽州刻书带来了蓬勃生机。明万历以前,徽州府官刻有《新安文献志》、《朱子语录》、《胡传左传》、《春秋属词》、《春秋集解》、《楚辞》、《玄玄棋经典》、《程氏贻范集》、《新安文粹》、《草堂诗余》、《批点史记汉书》、《皇明文衡》、《狮山文集》、《文公年谱》、《篁墩文集》等31种图书,占同期本省刻书总数的1/3以上。在徽州官刻中,地方志书籍也占有一定的数量,如:张孟善修、朱同纂《重修新安志》12卷,方信纂《新安志补》8卷,彭泽修、汪舜民纂《徽州府志》12卷,何东序修、汪尚宁纂《徽州府志》22卷,周正纂修《新安府志续编》等。另外,还有各县的方志,如:张涛修、谢陛纂《歙志》30卷,戴东旻纂修《歙县志》36卷,程敏政纂《休宁县志》38卷,宋国华修、吴宗尧、陈有守纂《休宁县志》8卷,陈嘉策修《绩溪县志》12卷,余士奇、谢存仁纂《祁门县志》4卷,刘司直修、傅鼎纂《黟县志》6卷等。徽版图书以家刻为主,著名的坊刻则有歙西鲍氏耕读书堂和歙县岩镇汪济川主一斋。明万历至崇祯,明代徽州府的官刻版本精良,纸优墨匀,如明成化间徽州府同知张英所刻的宋胡安国撰《春秋胡传》38卷及《附录》5种5卷、弘治间程敏政自刻《新安文献志》100卷、《先贤事略》2卷等首尾完备,纸墨均佳,为国家级善本书。万历间古之贤刻《周易传义补疑》12 卷均是国家级善本书。周弘祖在《古今书刻》中所说的《皇明文衡》、《篁墩程先生文集》两部书系明休宁籍学者程敏政所辑撰的近百卷大书,分别在正德间由推官张鹏和知府何韵校刻,都是当时著名的官刻本。还有著名的歙县诗人、剧作家汪道昆家刻以大雅堂为号,刻书超过百卷,所刻书多善本。著名的有万历间刻自撰《春秋节文》15 卷、《副墨》8 卷等,为国家级善本。当时歙县书坊很多,比较著名的有黄氏、吴氏、汪氏、程氏、江氏、仇氏等家,其中以黄氏一门最为突出。他们世居歙县虬村,弘治间可考的黄家刻书名手有黄永升、黄永晨等兄弟十人,嘉靖间可考的有黄瑾、黄琼等兄弟十三人,下一代又有黄镤、黄银等三十三人。他们技术精湛,不仅能刻印质量很高的图书,尤擅长雕镌书中的插图和版画。

清代徽州刻书业,由于受到清初大兴文字狱的影响,尤其是对私人刻书有禁,私刻和官刻都在不同程度上下降。这种现象直到康熙初年才有所好转,一些有识之士,树起"经世致用"的汉学大旗,从古旧书堆中辨证经书之真伪、文字之正误、词义之纯驳,在客观上形成了盛极一时的考据学;伴随着考据学的发展,刻书和藏书也相应逐渐得到恢复。但徽州坊刻再也没有恢复到明万历至崇祯时期的繁荣。从清代整个刻书业的状况来看,徽州刻书仍是积极而活跃的,依然是全国刻书中心之一。特别是徽州紫阳书院,被称为全国著名的古代书院,同时也是全国以紫阳命名的书院中最大的书院。曾在乾隆间翻刻内府本《仪礼义疏》48 卷、《钦定礼记义疏》82 卷、《御选唐宋诗醇》47卷。与此同时,徽州官刻地方志也比较突出,如:马步蟾纂修《徽州府志》16卷,戴知城纂修《徽州府志》18 卷,靳治荆修、吴苑等纂《歙县志》12 卷,廖煣腾修、汪晋征纂《休宁县志》8 卷,苏霍祚修、曹有光等纂《绩溪县志续编》4卷,姚启元修、张瑷等纂《祁门县志》8 卷,吴鹏、汪正元纂《婺源县志》64 卷等。而此时的徽州私家刻书,像雨后春笋般的涌现,最具特色的大姓刻书以汪姓、程姓、吴姓为代表,其次为黄、胡、朱、王、方、江、许、郑、徐、洪、陈、曹、张、余、俞、项、戴、董、金等 19 姓。这里主要介绍三个大姓的家族刻书情况,首先是汪姓,祁门汪宗豫刻先祖汪克宽《环谷集》8 卷,刻其祖汪子祐《古西集》8 卷。歙县汪立名刻自辑《唐四家诗》8 卷,刻吴秋士《天下名山记抄》16卷,刻宋郭恕《汗简》7 卷,刻唐白居易《白香山诗集》40 卷。歙县汪洪度刻自辑《新安女史征》1 卷,刻王士祯辑《新安二布衣诗》8 卷。歙县汪天刻自撰《沐青楼集》7 卷。休宁汪兆舒刻自辑《谷玉类编》50 卷。休宁汪汲刻自撰

《古愚老人消夏录》17 种 67 卷。歙县汪莱刻自撰《衡斋算学》7 卷等。其次是程姓,婺源程之康刻《程氏人物志》8 卷。歙县程玘刻宋朱松《韦斋集》12 卷。歙县程哲刻自撰《蓉槎蠡说》12 卷,刻王士祯撰《带经堂集》92 卷,乡贤宋罗愿《新安志》10 卷和《鄂州小集》6 卷。歙县程瑶田刻自撰《琴音记》2 卷和《通艺录》21 种 42 卷。黟县程鸿诏刻自撰《有恒心斋全集》43 卷等。再次是吴姓,吴瞻泰刻吴苑《北黟山人诗》10 卷,休宁吴人驹刻自撰《医宗承启》6 卷,吴文焕刻自辑《存古堂琴谱》8 卷,吴炳文刻自撰《春秋左传汇辑》40 卷等。这些主要表现在书院刻书的发展、家刻的兴旺、志书宗谱编纂刻印的发达。从府志、县志、乡镇志到山志、水志、书院志、金石志,种类齐全。仅府志,有清一代就修、补、正、续了 7 次,有 7 种不同的刻本。每个县的县志一般也都修了 4 至 5 种刻本。清代整个徽州有各类志书大约有 40 余种。徽州府家刻的另一重要内容是谱牒。这类家刻本品种多,部头大,印制精,印数少,资料丰富,所以十分宝贵。主要品种有家谱、族谱、家乘、房谱、支谱、世谱、统谱等名目。

徽州刻书主要有官刻、家坊刻和书院刻书,在不同时期都发挥重要作用,现列出徽州各时代刻书坊一览表①。

表 1　徽州各时代刻书坊一览表

坊　名	刻书家名、坊主	县属	所刻主要书目	时　期
	汪纲	黟	越绝书、吴越春秋	南宋
	汪梦斗	绩溪	子曾子子思子全书	南宋咸淳四年
丛桂堂	郑氏	歙	通鉴续编	元末
主一斋	汪济川	歙	注解伤寒论	明嘉靖前后
师古斋	吴勉学	歙	楚辞集注、毛诗、仪礼、毛诗	明万历前后
西爽堂	吴琯	歙	古今逸史、水经注、山海经	明万历前后
环翠堂	汪廷讷	休宁	环翠堂集、天书记、人镜阳秋	明万历前后
十竹斋	胡正言	休宁	精选古今诗余醉、十竹斋画谱	万历至清顺治
高石山房	郑之珍	祁门	新编目莲救母劝善戏文、五福记	明万历前后

①　李忠林:《徽州刻书业论略》,载《晋图学刊》2004 年第 5 期。

续表

坊　名	刻书家名、坊主	县属	所刻主要书目	时　期
慈仁	蔡凤鸣	不详	楞严经	明末
美萌堂	方于鲁	歙	方氏墨谱、佳日楼记	明末
玩虎轩	汪光华	歙	养正图解、琵琶记、北西厢记	明末
观化轩	谢虚子	歙	新镌女贞观重会玉簪记	明末
熙春堂	吴继仕	休宁	七经图、章声纪元	明末
省吾堂	汪士贤	歙	汉魏六朝诸家文集、茶谱、菌谱	明末
忻尝斋	程百二	歙	方舆胜略、程氏众刊	明末
滋兰堂	程大约	歙	程氏墨苑、青藜阁初稿	明万历
大雅堂	汪道昆	歙	太函集、副墨、广弘明集	明万历前后
浣月轩	江樵云	婺源	新镌全像蓝桥玉杵记	明末
如皋馆	潘氏	歙	潘氏墨谱	明末
滋苏馆	程大宪	休宁	程氏竹谱	明末
树滋堂	吴氏	不详	秦汉印统	明末
直方堂	余懋学	婺源	说颐	明末
尊生馆	黄正位	歙	阳春奏、琵琶记、草玄、虞初	明末
泊如斋	吴养春	歙	朱子大全、朱翼、宣和博古图	明末
摄元堂	程嘉祥	婺源	本草纲目	明末
酣酣斋	许氏	歙	酣酣斋酒牌	明末
焦雅斋	黄凤池	歙	集雅斋画谱、木本花鸟谱	明末
	程荣	歙	山居清赏、汉魏丛书	明末
	汪一鸾	歙	淮南鸿烈解	明末
诒清堂	张潮	歙	昭代丛书、檀几丛书、虞初新志	清顺治至乾隆
怀德堂	朱元镇	歙	牡丹亭还魂记	清初
小玲珑山馆	马曰琯	祁门	经义考、说文、玉篇、困学纪闻	乾隆

续表

坊　名	刻书家名、坊主	县属	所刻主要书目	时　期
小玲珑山馆	马曰璐	祁门	小玲珑山馆丛书	乾隆
不疏园	汪梧凤、汪灼	歙	毛诗周韵诵法、松溪文集	乾隆
飞鸿堂	汪启淑、汪其佩	歙	飞鸿堂印谱、汉铜印丛	乾隆
亦正堂	黄晟	歙	宣和博古图、太平广记	乾隆
知不足斋	鲍廷博	歙	知不足斋丛书	乾隆
鉴古堂	汪近圣	绩溪	鉴古斋墨薮	嘉庆
深谖草堂	朱文翰	歙	退思初稿、名学类通	嘉庆
安素轩	鲍淑芳	歙	安素轩法帖	嘉庆
观古阁	鲍康	歙	观古图丛刊	道光
世泽楼	胡培琯	绩溪	斋中读书记、古韵论	光绪
宝文堂	李宗湄	黟	新安志、尔雅翼、鄂州小集	光绪
蔾照堂	李宗煝	黟	黟县四志	清末民初
抱吟馆	王子乾	绩溪	地学、矿学、珠算速成课本	清末民初

以上表格反映了徽州地区刻书分布情况，私人刻书家分布很广，犹如天上的繁星布满徽州大地，然而，刻书业并非均匀，歙、黟、绩溪、祁门、婺源、休宁，歙县刻书坊为最多，所刻书籍在徽州占绝大多数，因此，历代徽州刻书是以歙县为中心。从历史的地位来说，歙县是历代徽州府所在地，政治、经济、文化、科技、文教发达，天时、地利、人和等多方面因素综合在一起促成了歙县刻书业，带动毗邻县刻书业兴盛。

第三节　徽州重视教育且读书氛围浓厚

徽州是一个教育发达地区，中原文化与当地古老的山越文化相互融合和取长补短，对新的徽州文化的形成与发展产生积极作用。徽州士人普遍把培养子弟读书视为修身、齐家第一要紧的事情。"几百年人家无非积善，第一等好事只是读书"，世间所做的事情很多很多，只把读书作为第一等好事，地位之高，可见对读书的重视,对知识的尊崇。"读书好,营商好,效好便好;创业难,守成难,知难不难"、"事业从五伦做起,文章本六经得来"、"友天下士,读古人书"、"传家礼教惇三物,华国文章本六经"、"绵世泽莫如积德,振家声还是读书"、"欲高门第须为善,要好儿孙必读书",这些徽州古民居的楹联作为古文化的积淀,不仅反映了人们的思想情操和文化修养,更重要的是揭示了徽州文化的真谛,充分说明了对读书的重视和期望。旧称"新安自昔礼义之国","文献之邦",读书风气较浓,"虽十家之村,不废诵读"。即使是"远山深谷,居民之处,莫不学有所师",所以,只有十户人家的小村庄,也可以听到琅琅的读书声,即使穷乡僻壤,也"莫不有师有学,有书史之藏",不论家境如何,总有书香熏陶。重视教育,蔚然成风,这是当时徽州教育状况的真实写照。徽州人大多自幼就"习儒业"。宋元以来,由于经济文化中心的逐渐南移和政府"重文抑武"政策的推行,以及科举制度的逐步完善,徽州地区的教育也就呈现出空前繁荣,出现了"人物之多,文学之盛,称于天下"的繁荣昌盛的局面。宋元时期徽州六县相继设有县学,除按定例设府学、县学外,还设有社学和塾学,以教乡里子弟。当时徽州有社学562所,县塾5所,各家族的塾学更是数不胜数。

明清时期的徽州形成了私塾、社学、书院与府学、县学等多层次的教育机构。先后建有60多所书院,400多所社学以及无数的塾学。徽州的第一所私立书院是绩溪人胡忠创建于北宋景德丁未四年(1007)的桂枝书院,书院开始并未引起徽州地区人们的关注,故而史料沉湮不载。但书院作为一种新的教育形式于神州大地已是一种不可遏止的浪潮。这时的书院论规模、论待遇、论教育质量都要优于官学。最著名的是歙县紫阳书院,其历史由来已久。南宋淳祐六年(1246),州守韩补为祭祀朱熹在歙县城南门外创建紫阳书院。明正德十四年(1519),徽州知府张芹将早已建成的书院迁址至府郭外的紫阳山麓,使之成为名副其实的紫阳书院。因位处山谷之间,故又名"山间书院"。乾隆十五年(1709),出身于盐商之家的歙县雄村人、时任户部尚书、太子太保的曹文埴在原来的文公祠旧址复建书院,取名"古紫阳书院",于是城内城外两所"紫阳"书院并存。据文献记载,歙县紫阳书院一直成为制度创新的楷模,它的许多成功之处为其他书院所效仿。紫阳书院的讲会制度已经非常完备。也许正是有像紫阳讲会上的这些规章制度的保证,徽州书院才培养出了那么多的符合封建伦理道德要求的人才。书院在徽州之多、之盛,更是强于其他地区。因此,徽州书院一方面培养了大批举人和进士,另一方面提高了徽州人整体的文化素质。据

《明清进士题名碑索引》载,明代徽州籍进士 392 人,清代 226 人。据北京歙县会馆观光堂题名榜载,清歙县本籍和寄籍进士有 296 人,举人近千人。其中,状元 5 人,榜眼 2 人,武榜眼 1 人,探花 8 人,传胪 5 人,会元 3 人,解元 13 人。据近代学者许承尧的《歙事闲谭》统计,仅为清代 329 个二级行政区划(215 府、73 直隶州、41 直隶厅)之一的徽州府有本籍状元 5 人,寄籍状元 13 人,占清代 114 个状元总数的 15.7%。徽州著名的科举故事有"连科三殿撰,十里四翰林","兄弟九进士,四尚书者;一榜十九进士者","一科同郡两元者"以及歙县唐模村村口所立的许承家、许承宣兄弟的"同胞翰林"坊。由科举及雄厚的资本爬到封建统治者最高层的历代不乏其人。婺源坑头的潘珏一门有明一代就出了十多位进士,其中四位又官至尚书,故后人誉之为"一门九进士,六部四尚书"。歙县城中心大街上矗立的许国石坊的主人许国为明嘉靖、隆庆、万历三朝元老,官至一品。歙县人引为自豪的"宰相代代有,代君世间无"的乾隆、嘉庆、道光三朝元老,在嘉庆皇帝外出巡狩期间以宰相身份留守京师,代理皇帝处理政务的曹振镛亦为徽籍著名的重臣。类似重臣在清代任军机大臣就有 2 人,军机章京 19人。北京歙县会馆观光堂题名榜载清代本县籍京官就有大学士 4 人,尚书 7人,侍郎 21 人,都察院都御史 7 人,内阁学士 15 人。① 徽州书院的发展历史说明,正是由于六百多年来,徽州不但有一大批堪为人师的有识之士,兢兢业业的主持书院的讲席,而且有数以千计的不求闻达,只求究经明理的求学士子,孜孜不倦就读书院,这样才能使徽州的书院,不论其在遭遇何种困难时,仍能坚持其学术为重的办学方针,并且得以持续不断,从而使书院能延衍六百多年,直至走完其最后一步。

　　徽州人日常皆好读书习文,大户大族人家如此,小户小姓人家亦这样。此风歙县和休宁最甚,弘治《徽州府志》"风俗"记载:"旧志六县,山壤限隔,俗或不同,歙附郭其俗与休宁近,读书力田,间事商贾。"读书总是第一位的;居而皆多礼仪,至少是在明代,徽州就有"礼仪之邦"之誉。这里书院私塾遍布城乡,读书应试蔚然成风。理学大家朱熹读书的理论"起家之道,莫先教子,教子莫先诗书"、"家之贤显增光先世者,皆由子孙读书"等道理。徽州人读书以务实为本,淡泊名利而以道义为重。历史上著名的学者数不胜数,明万历年间休宁人曾在县治东门外建造一座"九贤坊",以旌表历史上的"休宁理学九贤",他们是:宋

---

① 　徐学林:《试论徽州地区的古代刻书业》,《文献》1995 年第 4 期。

代程大昌、吴儆、程若庸,元代陈栎、倪士毅,明代朱升、赵汸、范淮、汪循。徽商作为儒商,就是一个特殊的例证,有较高的文化水平,他们不是一个单纯的以经商营利为惟一目的的商业集团,他们与文化有着不解之缘,从而形成了这个商业集团的独特风格,赢得了"儒商"的美名。徽商中不乏饱学之士,如绩溪商章传仁,"太学士";婺源商王宜桂,"太学生";祁门商陈大道,"太学士";婺源木商潘光余,"国学生";歙县商鲍立然,"歙县贡生";黟县商汪振铎,"县学生";绩溪商王泰邦,"国子监生"等。贾而好儒,亦贾亦儒,这是徽州商人的传统。历史上徽商中精通儒学、擅长诗词文学者不乏其人。他们中间有些是早年习儒,以后走上经商道路的;有些则是亦贾亦儒,在经商的同时,爱好文化和儒术,形成了他们"贾而好儒"的特点。徽州人尝到了读书的甜头,无论是经商,还是做官,都需要有知识、有文化,把读书列为"第一等好事",实在不为过分。

徽州完备的教育制度的发展,教育机构越来越丰富,官办和私办即府学、县学、书院、义学、社学、私塾等齐头并进,对徽州人才的培养起到十分重要的作用。南宋理学大家、教育家朱熹(1130—1200),在他 50 多年的执教生涯中,探索和总结了丰富的教学经验,有自己独特的学术见解与体系,其教育思想集理学教育思想之大成,是儒家教育思想发展的高峰,也代表了我国封建社会教育思想的最高成就。曾两次回到徽州讲学和学术活动,很多学者纷纷踏至,聆听他的教育理论和思想,他的六条读书法是:循序渐进、熟读精思、虚心涵泳、切己体察、着紧用力、居敬持志。"朱子读书法"是朱熹一生读书心得体会的凝练和精华,集中反映了朱熹有关读书的目的、态度、方法等,是其教育思想的重要组成部分。其言论流传甚广,影响深远。

元代的教育家、学者郑玉(1298—1358),歙县人。从小攻读《六经》,精通儒学经典,对《春秋》的理解尤其透彻。一生绝意于仕途,安居乡间,以讲学为生。由于郑玉学问渊博,学术造诣很深,一时间,远近求学者甚多,三间茅屋已无法容纳,其门人鲍元康为郑玉特别建了师山书院,终身讲学授徒,其教育思想主张培养人才应以德行为本,文艺为末,并倡导体用结合和耕读结合。后被尊称为"师山先生"。郑玉一生不仅对徽州的教育事业做出了贡献,在学术研究和文学创作上也颇有成就,著有《师山集》、《师山遗文》、《春秋经传阙疑》等传世。

赵汸(1319—1369),元末明初著名学者和教育家。字子常,休宁县蓝渡乡人。赵汸生当乱世,一生绝意仕进,潜心研习学问。年轻时,曾拜名儒黄泽为师,专攻《春秋》与《易》象之学。中年以后,隐居于故乡的东山,设馆教学,并筑东山精舍奉养母亲,学者尊称为"东山先生"。邑人创立商山书院,聘赵汸为书院山长(同时聘为山长的还有朱升)。曾在《商山书院学田记》中留下"十户之村,不废诵读"之名句,成为古徽州重视教育、学风昌盛的真实写照。1357年,朱元璋入徽,礼聘赵汸出山,几顾其舍拜请,赵汸都托病推辞,不愿入仕。1369年应诏赴南京修纂《元史》,半年完成初稿159卷,随即上书恳请还乡。返乡后不到一个月就因病去世。赵汸一生不仅为当地培养了大批学人,而且以严谨的学风和渊厚的学识影响了徽州数代士人,堪称儒林名师。著有《东山存稿》、《周易文诠》、《春秋集传》等十种传世作品集。

汪克宽(1304—1372),元末明初理学家、教育家。字德辅,号环谷。祁门县城人。汪克宽天资聪颖,6岁能作骈偶,11岁能自断《四书》句读。1321年随父前往江西浮梁县,拜吴仲迁为师。1327年参加进士考试时,论点同主考官不吻合而落榜,从此放弃应试求仕之念,专心研究经学,并在宣州和徽州一带讲学,投入他门下求学的人很多。1369年,在朝廷的一再诏请和礼聘下,以68岁高龄应聘入都,协助宋濂编修《元史》。修史工作结束后,朝廷将授官职,汪克宽以年老多病为理由辞而不受,于是赐白金等物,用官车送归家乡。汪克宽一生留下的著作较多,今存《环谷集》、《易经程朱传义音考》等11种。汪克宽治学以严谨恭行著称,后学程敏政评为:"六经皆有说,而春秋独盛;平生皆可师,而出处尤正。其道足以觉人,其功足以卫圣。"堪称一代"理学名贤"。汪克宽在文学方面也有相当造诣,他的文章温厚明达,颇有大家风范;诗歌则以"造语新警"闻名,接近李贺和温庭筠的风格。

江永(1680—1762),清代婺源人。江永的曾祖江国鼎,急公好义,善行显扬,在婺源、休宁一带被人称为"江善人"。江永的祖父江人英和父亲江期都是秀才,博览古籍,精通经史子集与训诂。受祖父和父亲的影响,江永6岁能写下数千言日记,读私塾时就读遍了族中藏书,诵读了十三经的正文和注疏。他学而不厌,过目能诵。他一生遍访藏书之家,无书不读,博通古今。江永却一生不仕不商,教书治学50多年,是个博学通才,学术思想日臻成熟,厚积薄发,著书立说,著作等身,成为清代著名经学家(注解儒家经典的学问家)、音韵学家、天文学家、数学家和教育家,是宋明理学没落后中国儒学向清乾(隆)嘉(庆)经学(又称朴学或汉学)发展的奠基人。江永一生授门人无数,且多有出息,桃李满天下,他教授的学生有3人中状元,很多学生都是皖学大家。江永治学,主张"经世致用"。在学术上,他要求自己和学生如实地把握研究对象,科学地探求真理,使其为世所用。读书时,努力从书中寻求对现实有用的东西。研究学问,他目的是让所学所识于世有所裨益。读书做学问,努力做到"博"、"精"、"新"。嘉庆著名学者戴震、金榜皆从其为师受业。凡有求教都不倦开导。一生著作丰富,凡三十九种二百六十余卷,其中二十七部著作被收入《四库全书》。

徽州历史上文风昌盛,教育发达,教育家层出不穷、薪火相传,他们淡泊名利的品格,诲人不倦的人格魅力和严谨治学的作风,无不深深感染和激励着历代徽州学子们的心灵。徽州教育最典型、最突出的个案是胡雪岩的母亲注重品德教育方法。胡雪岩能够成为著名红顶商人,"一代商圣",与母亲的教育是密不可分的。胡雪岩出生于徽州绩溪一个偏僻穷苦的小山村胡里村,山清水秀,自然环境优美,一条登源河由东向西绕村而过,历史上这里文风鼎盛,名人辈出。胡雪岩家境不富裕,只读过两年的私塾,并没有受过高深的教育,了不起就是读过《三字经》、《千字文》等这样一些很基础的东西。12岁时胡雪岩丧父,胡雪岩的母亲金太夫人更加注重身教。面对窘困的家境,金太夫人从来没有在胡雪岩面前抱怨父亲早早离世,使得孤儿寡母无人照顾。金太夫人常告诫儿子胡雪岩:到私塾里面要听老师的话,不要吵闹;替人家放牛,要好好看管,不要只顾着自己玩;出去当学徒,要听老板的话,要把老板交代的事情做好。母亲的话虽然不是大道理,但朴实无华,有做人做事的道理,使胡雪岩一生受用无穷。良好的成长环境和家庭教育,再加上自己的领悟和实践,为胡雪岩以后的道路奠定了坚实基础。在徽商中,有子承父业和家业,也有一步一步小本经营,最后发展成为富商。而对胡雪岩来说这两点都缺乏,他是通过人生的几次偶然机遇改变了他的命运,也就是靠品行和诚信取得在商界成功的。

有一天,在一个风和日丽的下午,胡雪岩像往常一样到野外放牛,把牛赶到草地上吃草,自己便想去不远处路边的凉亭里休息一下。走进亭中,他发现里面有一个挺大的蓝布包袱,上前伸手摸了摸,硬邦邦的,又掂了掂,分量很重。他好奇地打开包袱,似乎让胡雪岩顿时毛骨悚然,心情非常紧张,包袱里面全是金银财宝,这对一个十三岁的放牛娃来说,内心充满希望和矛盾,如果将这些金银财宝私下收藏起来,可以改变自己和全家人生活命运;如果将这宝藏归还失主,一切又如往昔一样。然而母亲朴素的耳提面命的教育让胡雪岩明白,这些财宝既然不是自己的东西,就一定不能拿,归还失主才是正确选择。于是,胡雪岩一直在原地等到太阳快下山了,有一个神色慌张的人跑过来问胡雪岩是否看到我丢的包袱,胡雪岩便沉稳问失主包中有何物,失主赶忙将包里面的东西一一说来。胡雪岩见他说得分毫不差,这才将包袱取出还给失主。失主要当面酬谢,却被胡雪岩拒绝了。原来这位失主是大阜一家杂粮店的老板,姓蒋,因在路边凉亭休息,忘记包袱了。胡雪岩这一举止深深感动蒋老板,便邀胡雪岩放弃这个牛活到大阜杂粮店当学徒。然而胡雪岩并没有立即答应,而是说:"我现在不能答应你,要回去问母亲。如果母亲同意的话,我当然乐意跟你去。"蒋老板尊重胡雪岩的个人意见,便把地址留下,便说:"等你母同意时来找我,在那里给你安排好一切事情,你不用担心。"胡雪岩到家后,把下午所发生的一切都告诉母亲。母亲听后非常高兴,同意胡雪岩出门去外地闯荡,心想一定比放牛有前途。这是胡雪岩人生的一次机会,也是人生的转折点。

第二次是胡雪岩在大阜杂粮里面的勤快自不必说,表现得近乎完美,没有任何缺失。老板交代的事情,当然一丝不苟;老板没有交代的事情,能做也尽量去做。转眼两年过去了,胡雪岩十五岁了。有一次,金华的客商来杂粮行谈生意,可是刚到大阜就病倒了。这位金华客商正是金华火腿的掌柜。在大阜举目无亲,无人照顾,病情非常严重。胡雪岩心地善良又是个热心肠,得知此事后,就赶到他的病榻前,一连多日给他端药送饭,忙前跑后,照顾得十分周到。在胡雪岩的精心照料下,没有多久,客商的身体就痊愈了。客商非常感动,并问蒋老板此行怎么有这样好的学徒。蒋老板于是把自己包袱失而复得的经过,以及胡雪岩在自己店里的表现跟客商细说了一遍。金华客商很受感动,并邀请胡雪岩到金华去。胡雪岩表示要问我的老板是否同意,否则是不会去的。大阜蒋老板听说金华客商要胡雪岩到金华去当然高兴,并认为金华的庙比我们这里好,支持胡雪岩到金华火腿行去。心地善良的胡雪岩迎来了人生第二次机会:到金华火腿行当学徒。

第三次机会是胡雪岩在金华火腿行的出色表现,受到同行的人一致赞美。而金华火腿行又与杭州阜康钱庄有密切的业务往来,而且胡雪岩对银票也非常有兴趣,并很有心计,在与钱庄的人核对账目的时候,他都不用算盘,全靠心算报账,而且算得又快又准。从而引起钱庄的人注意,当钱庄的人知道胡雪岩不光勤奋好学,而且还拾金不昧,诚实守信时,便要胡雪岩到阜康钱庄当学徒。胡雪岩的回答是必须老板同意我才能去钱庄,当获得金华火腿行的老板同意后,便顺利来到杭州阜康钱庄,当了一名学徒,按照钱庄的规定,学徒五年满师,才可以委派工作,正式成为办事人员。但是,于老板看到胡雪岩十分特别,离满师的期限还有整整一年,便迫不及待地升他为"跑街",可以送送账单文书。由于于老板突然得病，而且一病不起，临终将阜康钱庄全盘托付给胡雪岩。胡雪岩成为钱庄的老板。

胡雪岩从离开家到成为杭州阜康钱庄掌舵人，靠的是勤劳、包容、诚信。后来他把母亲接到杭州，母亲讲给他很多做人基本的道理，便时刻都能感悟到的。胡雪岩一直到老，有什么事情一定跟母亲商量，从不盲目决定，这让他受益终生。①

第四节　程朱理学在徽州的影响

程朱理学是北宋理学家程颢、程颐以及南宋理学家朱熹思想的合称，也是中国思想史上具有重要影响的学派。"理学"在中国古代称义理之学或道学，也是理学各派中对后世影响最大的学派之一。其创始人为北宋的周敦颐、邵雍及张载。继后有程颢和程颐兄弟等人继续发展，其间经过弟子杨时，再传罗从彦，三传李侗的传承，最终由南宋朱熹集其大成。因程颢、程颐及朱熹祖籍均在徽州(今黄山市屯溪区篁墩)，又徽州的前期称新安郡，故这一学派在徽州也被称为"新安理学"。从广义上说，它也包括由朱熹所摄入的北宋"五子"(周敦颐、邵雍、张载和二程)的学说，并延伸到朱熹的弟子、后学及整个程朱的信奉者的思想。因此这种理学常被称为"程朱理学"，在元朝及其后的朝代均为国家的官方思想。研究理学的学者称为"理学家"。

程颢、程颐曾同学于北宋理学开山大师周敦颐，著作被后人合编为《程氏遗书》。由于程颢、程颐长期在洛阳讲学，故他们的学说亦被称为"洛学"。他们把"理"或"天理"视作哲学的最高范畴，认为理无所不在，不生不灭，不仅是世界的本原，也是社会生活的最高准则。他们认为治国之本，在于使君主及庶民均能"明道"，"明道"就是"复天理"。程颢把"复天理"归结为"识仁"，认为仁是一种天地万物与我"浑然一体"、"无物我"之分的"大公"的精神境界。"识仁"就是对这种精神境界的自我意识和自我体现，实即要求人放弃一己之私利，具有以地主阶级根本利益为自己行为准则的胸怀与情操。程颢哲学的主要内容是关于道德修养的学说。他追求所谓浑然一体的精神境界，在方法上是通过

---

① 以上资料参考：曾仕强《胡雪岩的启示》，陕西师范大学出版社 2008 年版，第 15—39 页。

直觉冥会，达到所谓物我合一。程颐认为"性即理"，人性是"天理"的体现，先天地含有仁、义、礼、智、信等封建道德意识，是善的。并认为，理是创造万事万物的根源，它在事物之中，又在事物之上。同时还认为"天理"是事物的所以然，事物的准则，主要指封建道德标准。主张通过教育去人性之恶而使之善，以恢复天理。程颐承认事事物物都有其规律，天之所以高，地之所以深，万事万物之所以然，都有其理。他进一步认为，"一物之理即万物之理"，天地间只有一个理，这理是永恒长存的。程颐主张以知为本，先知后行，能知即能行，行是知的结果。程颐的哲学，提出一些新的概念、命题，对宋明哲学发展有了很大影响。在穷理方法上，程颢"主静"，强调"正心诚意"；程颐"主敬"，强调"格物致知"。在人性论上，二程主张"去人欲，存天理"，并深入阐释这一观点使之更加系统化。他们共同认为："饥食渴饮冬裘夏葛"是人的不可缺少的基本生活需要，他们称之为"天职"。如果人们的需求超越了人的社会等级身份的规定，则"天职"便转化为"人欲"。"人欲"的实质是私利，乃是天下纷争的根源。二程不承认有不可变的"上智与下愚"，指出天赋禀性是可以改变的，唯在后天是否肯学和受教育。二程学说的出现，标志着宋代理学思想体系的正式形成。

朱熹祖籍婺源，随父朱松侨寓福建建阳，早年崇拜佛学和道学，31岁时正式拜程颐的三传弟子李侗为师，潜心研读儒家经典，在福建武夷山创办学院、聚徒讲学、读书著述长达50余年，培养和教育出理学者达40余人，孕育、形成、发展了朱熹的理学思想体系。朱熹理学在中国思想史上是以"致广大，尽精微，综罗百代"著称，也成为中国历史上最完整的客观唯心主义体系。它统治思想界长达数百年，其影响深远，而武夷山成为名副其实的"三朝(宋、元、明)理学驻足之薮"。朱熹成为程颢、程颐之后儒学的重要人物。朱熹继承程颢、程颐理学思想和体系，但又在此基础上加以独立发挥和创新，形成了自己的一套完整体系，被后人称之为"程朱理学"。

朱熹理学的主体就是"存天理，灭人欲"，是将现实社会中公与私的矛盾归结为天理与人欲的对立。何谓天理？朱熹认为，"浑然天理便是仁"，概而言之，仁、义、礼、智、信均是天理。这种天理是"至善"的道德本性，也是人的本性。何谓"人欲"？朱熹对其有独特的解释。"人欲"又叫"私欲"，专指不正当"欲"，而与一般的"欲"有区别。朱熹把"天理"和"人欲"的对立，等同于"公"与"私"的对立，并且认为，"欲"是由"情"所引发的，正如"情"有"正"与"不正"之分那样，"欲"也有好坏之分，这使他的理论与佛家"无欲"区别开来。并认为天地之间,万物的生成,都要有理,也要有气。理是第一性的,是创造万物的根本,是看不见的道;气是第二性的,是生成万物的材料,是有形象的器。朱熹的理学思想,即"理",或称"道"、"太极"均属相同意义的范畴。主张人心必须绝对地服从于道心,强调道德理性的主导作用。朱熹用太极论述理生万物的过程,认为万物各有其理,而万物之理终归一,这就是"太极"。认为太极"一动一静,循环无端",动极复静,静极复动,动而生阳气,静而生阴气,但很难说太极最早的状态是动还是静。朱熹深入细致地研讨了心、性、情、意、志、理、命各种哲学范畴及其中的关系,将之概括为"一以贯之,理一分殊"。以天理贯穿始终而借"理一分殊"来具体分析万物演化,这包含了辩证因素。

总之,朱熹以儒家思想为基础,相容佛学思想,构造了一个庞大的理学体系。他归纳和改造周敦颐、邵雍、程颢、程颐、张载即"北宋五子"的思想理论,从他们的体系中吸吮了大量的思想养料,又用佛教与道教的思辨哲学充实自己的体系,成为宋明理学的集大成者。

程朱理学是中国思想史上曾起过重大影响的学派,而在新安的传播和影响尤为深入,也就构成了"新安理学"的开山之学,世称"新安理学"。朱熹曾先后三度回徽州讲学,宣扬理学思想,每次逗留长达数月之多,而聚众聆听学者甚众,著名的弟子有歙县祝穆、吴昶,休宁程光、程永奇、汪莘、许文蔚,祁门谢琏等。这些门徒对朱子理学都顶礼膜拜,讲学遍布城乡,因此,程朱理学成为徽州正统的学术思想,其对徽州社会生活的影响是巨大而深远的。

一、朱熹理学对徽州教育的影响

朱熹一生不倦地从事教育长达四十余年,著书立说,创办和修复多所书院,制订学规,力推崇文重教之风,在徽州之地影响特别深远。朱熹利用回乡探亲之余,聚徒讲学和解经著述,培养了一批朱子学传人。这些门人不遗余力地坚持传播朱子学术,因为讲学,所以便在徽州各地开始创建书院。在朱熹倡导和影响之下,徽州最早最大的书院紫阳书院诞生。汪佑曾在《紫阳书院建迁源流记》中这样写道:"朱子自闽归徽,省墓星源(婺源)。绍兴庚午一至,淳熙丙申再至。其时思返故庐。迟留数月。执弟子礼者三十人。庆元丙辰主教(婺源郡城)天宁(寺),先生(赵师渊)兄弟咸事焉。迨朱子没,先生为徽郡守,始创文公书院于郡学。"①朱熹理学所强调的家庭教育观:"读书起家之本、循理保家之本、和顺齐家之本、勤俭治家之本",使得重读书、明义理、倡和睦、崇勤俭成为徽州乡村百姓家庭普遍遵行的信条。朱熹关于"诗书不可不读,礼义不可不知,子孙不可不教"的教诲,使徽州民间特别重视对人的道德思想教化。还强调说:"士其业者必至于登名,农其业者必至于积粟,工其业者必立于作巧,商其业者必至于盈赀。若是,则于身不弃,于人无愧"②,也就是说士农工商只要干得出色,都可以实现人生价值,无愧于人。最能体现徽州特色和有目共睹的是:徽州古民居、古祠堂里教人"忠、孝、节、义、礼、义、廉、耻"的内容充盈于厅堂布置和砖、木、石雕、牌匾、楹联之中,时时潜移默化,营造了一种浓浓的教化氛围。朱熹强调说:"为学之道,莫先于穷理;穷理之要,必在于读书;读书之法,莫贵于循序而致精;而致精之本,则又在于居敬而持志。"③在教学过程中,着重精心地指导学生读书,传授自己的学习经验。徽州弘扬朱熹理学的各类社学,明代有462所,清代增至562所,还有不计其数的徽州民间义塾、族塾、家塾、私塾,形成了"十户之村,不废诵读","远山深谷,居民之处,莫不有学,有师"的繁荣昌盛局面。其教育内容,大多是经过朱熹集注、整理、推介的中华儒学经典,"凡六经传注,非经朱子论定者,父兄不以为教,子弟不以为学也"。教育的繁盛促成了徽州科举的辉煌。在这种理学"儒风独茂"的环境熏染下,徽州之地"行其野,则村墟刻镂,桑麻铺棻,比户习弦歌,乡人知礼让,未尝不厥然发愤而兴起。"④所以徽州民谚则说:"养儿不读书,等于养了一窝猪",这是徽州教育在理学的指引下读书、教育的普遍现象。

二、朱熹理学对徽州商人的影响

徽州是商贾之乡,也是一个文化底蕴深厚的礼仪之邦。徽州是一个介于万山环抱"川谷崎岖,峰峦掩映"的四塞之地,山多地少,经济落后,自魏晋以来中原战乱不迭,大量的人口涌入徽州,将此作为避乱的"世外桃源"。因而出现"地狭人稠,力耕所出,不足以供"的状况。为了谋求生活,徽州人不得不离开故土,

---

① 陈荣捷:《朱子门人》,华东师范大学出版社2007年版,第206页。

② 朱熹:《朱熹遗集》卷四,载《朱子全书》,上海古籍出版社、安徽教育出版社2002年版。

③ 朱熹:《晦庵先生朱文公文集》卷十四,民国《四部丛刊》涵芬楼影印明嘉靖本。

④ 道光《重修徽州府志·序》,清道光十年刻本。

到经济相对发达的毗邻江浙一带经商,至今在徽州还流传这样谚语:"前世不修,生在徽州,十三四岁,往外一丢。"这是古徽州人在外经商的生活真实写照,也成为徽州商人的传统习俗。徽州商人经过多年的吃苦耐劳拼搏创新,成为"藏镪百万"的大贾者甚多。寻找其致富原因当然是多方面的,但人们可以从朱熹的理论中寻找答案。徽州商人在遇到"义"与"利"取舍时,重义轻利,处世俭朴,却能一掷千金。这种"义利"思想来源于朱熹的理论"义利观",朱熹强调"利者,义之和"①,主张重义轻利而不是完全不讲"利",朱熹提出"循天理,则不求利而自无不利;殉人欲,则求利未得而害已随之"②。朱熹还指出:"士其业者必至于登名,农其业者必至于积粟,工其业者必立于作巧,商其业者必至于盈赀。若是,则于身不弃,于人无愧"③,也就是说士农工商只要干得出色,都可以实现人生价值,无愧于人。可见朱熹并不贱商。行为处事"一以郡先师朱子为归"的徽州人。正是从朱熹思想中寻得了为商不贱的理论依据,才大胆地宣称"读书好,营商好,效好便好;创业难,守业难,知难不难"。这样一批思想解放的徽州商人勇敢地走出家门,走出徽州,闯荡江湖,在经商过程中,倡导朱熹"交易欲其廉平"的思想,也就是说做生意交易应该物美价廉,公平、不偏、童叟无欺。"义先利后"、"以义为利",诚实守信,谋求义利结合,营造义、利之间的良性循环,最终实现致富发财。同时朱熹也是徽州商人的崇拜精神支柱,特别是许多徽州商帮在全国大城市建立新安会馆、徽州会馆和新安公所,这些会馆和会所是旅居异地的徽州商人结成团体,集会居住的馆舍。主要是联络乡谊,为本帮商人提供方便,代表商人与官府交涉商业事务,为徽人举办公益事业,有的会馆还延师教习同乡子弟。同时代为传递乡人信函和官府文告,会馆经费由会馆所在地徽商提供。会馆主要遍布城市为北京、汉口、杭州、景德镇、扬州、淮安、南京、九江、饶州、湖州、广州、吴江等地,徽州会馆、公所,无不供奉朱熹为神灵,烛光闪烁,香烟袅袅,肃穆庄严,按时祭祀。徽商汪鈜,字惺凡,休宁上溪口人。旅京口,同舍有遗金五百两,留还之,其人愿分其半,不受。居尝研精理学,欲希圣超凡,自以为字;徽商胡仁之名山,歙西富源人,大灾之年,斗米千钱,有人建议他往米中掺杂,坚决不同意,并且说:"吾有生以来惟膺'天理'二字,五常

---

① 朱熹:《晦庵先生朱文公文集》卷三十九,民国《四部丛刊》涵芬楼影印明嘉靖本。

② 朱熹:《孟子集注》卷一,齐鲁书社 1992 年版。

③ 朱熹:《朱熹遗集》卷四,载《朱子全书》,上海古籍出版社、安徽教育出版社 2002 年版。

万善莫不由之。"还将自己的居室命名为"居理"堂;徽商黄玑芳,从小就熟读朱子《小学》,对"诚"字、"忍"字早有所悟,经商过程中"一以诚御之",生意做得很成功。以上几个典型事例说明朱熹及其理学对徽州商人的经商之道、以义为利、以诚待人等对徽商的熏染浸润,都起到一定的作用和贡献。

三、程朱理学对徽州妇女的影响

徽州,既是朱熹的故乡,又是二程(程颢、程颐)的祖籍,程颐主张格物致知,并提出"存天理,灭人欲",提倡妇女"饿死事极小,失节事极大",要求处女守贞,寡妇不得再嫁的伦理贞节观。贞节观为专制主义统治服务,在男尊女卑的社会里,女性受到了深深的束缚,在精神上、身体上加以摧残。程颢曾说:"吾学虽有所受,天理二字却是自家体贴出来"①。所谓"天理"表现在社会伦理上,就是封建社会的礼,就是制度规范、礼仪节文等,或者说,是封建集权的化身,是现实君主的化身。贞节观并逐渐成为约束人们行为的社会风俗习惯,也是衡量婚姻道德的基本尺度。女子还要遵循"三从四德",即"三从"指:未嫁从父、既嫁从夫、夫死从子。"四德"为:妇德、妇言、妇容、妇功。除此之外,徽州人特别讲究孝文化,孝悌观念是儒家伦理道德的核心,是人最基本的道德伦理准则。在徽州,朱熹被视为最得孔孟之道的真传之人,而加以顶礼膜拜。而朱熹也大力推崇并且努力将理学"失节事极大"的说教付诸实践,要求地方官员将"保内如有孝子、顺孙、义夫、节妇事迹显著,即仰具申,当依条旌赏,其不率教者,依法究治"。如果"夫死改嫁,皆是无恩也"。② 朱熹不仅继承而且还发展程颐的贞节观,《茗洲吴氏家典·序》则说:"我新安为朱子桑梓之邦,则宜读朱子之书,取朱子之教,秉朱子之礼,以邹鲁之风自待,而以邹鲁之风传之子若孙也。"③可见,理学已经成为徽州民众普遍认可的生活准则和道德规范,具有广泛的舆论认同。最具代表的是徽州贞节牌坊,是妇女荣誉的象征。牌坊是封建社会为表彰功勋、科第、德政以及忠、孝、节、义所立的建筑物。作为中国地方特殊建筑形式和传统文化中具有独特的地位。徽州贞节牌坊是牌坊的一种,在牌坊群中数量最多,旨在宣扬封建礼教,多用来标榜旌表贞节忠烈、倡导程朱伦理道德,发挥其

---

① 程颢、程颐:《二程遗书》卷十二,上海古籍出版社 2000 年版。
② 朱熹:《晦庵先生朱文公文集》卷一〇〇,民国《四部丛刊》涵芬楼影印明嘉靖本。
③ 吴青羽:《茗洲吴氏家典》,清雍正十三年刊本。

榜样功能。并在贞节牌坊上刻写"宝婺中天"、"峻节纶首"、"荣褒冰节"、"雪荫贞松"、"彤史流芳"等等。"徐氏贞节坊"位于歙县城北约 3 公里(东山营北)慈姑村头,清咸丰二年(1852)立。双柱三楼,宽 4.3 米,高 7.5 米,灰凝石,简朴无华,字板上刻"雪荫贞松"四字,旌表汪士斑妻徐氏贞节。"姚氏贞节坊"位于歙县县东昌溪村西头河岸边民房及树丛间,清康熙二十四(1759)立。灰凝石,三楼二柱,平板坊上置四冲天柱。宽 3.7 米,高 8 米。檐下有斗拱,前后八块靠背石。字牌上刻"节孝"及"旌表故儒吴永玠妻姚氏"。"吴氏贞节坊"位于歙县岩寺洪坑南头村口路上,清乾隆六年(1741)立。全青石,单间双柱三楼,上置四冲天柱,脚饰金刚腿。坊通宽 3.9 米,高 7 米。坊南北向,正面中间额枋上刻"纶音褒节"四个大字,下匾注"旌表洪宪韶妻吴氏贞节",背面中间额枋上刻"潜德馨闻"四大字,下匾主同正面。这是对封建社会妇女的最高褒扬,妇女的人生价值得到应有的体现。尤其是对贞节牌坊群巧妙的构思设计,精湛的建筑工艺,以及结构严谨、布局合理、规模宏大建筑,建造者通过托物言志,运用儒家的伦理道德观以及审美原则,把思想感情物化为现实的艺术形式,彰显出徽州贞节妇女的伟大和崇高。程朱理学对妇女的影响已根深蒂固,"素崇礼教,坚守程朱学说,闺阁浙被砥砺,廉贞煽涉,扬馨殆成特俗"。[①] 可见,妇女贞节道德,在理学的光环下,越是接受传统文化熏陶较多的妇女节烈越坚定不移,从而在心理上处于极端敏感的状态,稍有冒犯,则自杀明志。明清徽州两代贞节之风炙盛,而与其他地区相比,贞节之风尤甚,使无数妇女用自己的青春与鲜血换来的一座座贞节牌坊。毋庸置疑,程朱理学对妇女的影响有一点值得肯定:对家庭和社会的稳定,对徽州社会经济发展以及文化的繁荣起到积极作用。

四、朱熹理学对徽州刻书业的影响

宋元时期,徽州刻书业已成为地区性的刻书中心,明清时期发展成为全国四大刻书中心之一。当然,徽州刻书业发达的因素很多,但朱熹理学的发展与刻书业的繁荣昌盛确实有着密不可分的内在联系。朱熹是理学家也是大学者,同时也是南宋时期的出版大家之一。他一生著述宏富,但同时又注重刻书事业的发展,所刻图书主要是自己的著作以及编纂的著作。如在福建漳州任上刻有

---

① 吴之兴:《岩镇志草·考略》,黄山市徽州区办公室和区方志办共同整理点校,2004年 9 月。

《诗》《书》《易》《春秋》，同时还刻《大学》《中庸》《论语》《孟子》等，这些
儒家经典著作，翔实地记载了中华民族思想文化发展史上最活跃时期的政治、
军事、外交、文化等各方面的史实资料及影响中国文化几千年的孔孟重要哲学
思想，在世界文化史、思想史上具有极高的地位。然而朱熹的大部分著作都是
在徽州所刻，他在给黟县表弟汪义和的回信中说："所寄《大学》，愧烦刊刻，跋语
尤留意。"并且还说："求其辅仁之助，乃得吾会之于中表间。"① 另外，与休宁杨
伟书信说："用粮钱刻己著之书，内则有朋友之谯责，外则有世俗之讥嘲"，"近闻
婺源有人刻熹《西铭》等说，方此移书毁之"，"别刻一书，以诚仁者开广道术之
意"②。在朱熹看来，刻书是一件传承文化事业，一定不能有错误，给后人造成谬
误；更不能用卖粮的钱来刻自己的著作，那样会受到朋友和世俗的讥笑。朱熹
在刻书的同时，还为了维护著作刻印版权，常和盗版书商进行斗争："婺人番开
精义事……鄙意甚不欲为之，又以为此费稍广，出于众力，今粗流行，而遽有此
患，非独熹不便也。凡早为问故，以一言止之……此举殊觉可笑，然为贫谋食，
不免至此，意亦可谅也。"③从这封书信中可以看出，朱熹对编选刻印精良作品以
及文化产业，投入大量的精力和财力，目的就是要刊刻出一些优秀的著作。然
而，所刻著作却屡屡遭遇到盗版商人的侵权，对这种现象朱熹非常无奈、气愤，
直到勇敢地站起来同不法行为作斗争，以维护自己的权利，这种勇气和精神是
值得肯定和赞赏的，对后世的著作维权行为也将产生一定的影响。朱熹一生主
要刻书有《论孟精义》《程氏遗书》《程氏外书》《上蔡语录》《游氏妙旨》、
《庭闻稿录》《近思录》《南轩集》《小学》等数十种书籍。在朱熹的影响之下，
一大批徽州理学家、士人学子和门人，为了弘扬理学、传承徽州文化也投入到编
书和刻书这个文化产业中来，在徽州就有祝穆《方舆胜览》七十卷，还有胡仔、汪
纲、赵淇、韩醇、陈解元、岳珂、廖莹中、程大昌、方回、郑玉、倪士毅、朱升等人的
大量刻书。因此，宋至明时期，徽州已成为全国重要的区域刻书中心。所刻图
书一般均具有部头大、印制精、名版多等特点以及宋元版共有的时代特征，这无
疑有利于藏书事业的发展。

---

① 　①嘉庆《黟县志》卷十三《艺文·宋文》。
② 　朱熹：《朱子文集大全类编》卷三《与杨教授书》。
③ 　朱熹：《朱子全书》十二《晦庵先生朱文公文集》(2)《答吕伯恭》，上海古籍出版社、
安徽教育出版社 2002 年版，第 1448 页。

第五节　徽州文化博大精深

　　徽州地域文化是徽州人在长期的社会实践中所创造的物质财富和精神财富的总和,并有着特定的内涵和深厚的底蕴,具有独特的魅力和博大精深。它植根于本土,伸展于各地,即是由"小徽州"和"大徽州"之称。徽州文化研究为何经久不衰,吸引着国内外专家、学者潜心研究,同时也招来国内外游客到徽州参观、访问,这就是它有一种巨大的魅力所在,更能引人注目的是它有一种人文精神,是构成一个民族、一个地区文化个性"真、善、美"的重要尺度。徽州地域文化是一种品牌,它向世人展示了博大精深、气势恢宏的文化内涵。徽州文化主要内容有:徽州土地制度、徽商、徽州宗族、徽州历史名人、徽州教育、徽州科技、新安理学、新安医学、新安画派、徽州刻书、徽州文献、徽州文书、徽派建筑、徽州村落、徽州民俗、徽州宗教等,分别在中国文化史和中国学术思想史上占有重要地位,影响深远,也成就了徽州文化称雄于天下、历久不衰的内在的学术底蕴。徽州文化如此丰富的内容在这里不可能一一论述,只能略论一二。

一、徽州历史文化名人

　　程灵洗(514—568),南朝臣、军事家。字元涤。歙县篁墩人(南朝海宁县篁墩)。程灵洗出身士族大家,梁朝侯景叛乱时,地方动荡不安,他组织黟、歙、休诸县的乡民武装抗拒侯景乱兵,保障了新安郡的百姓,被梁元帝任命为谯州刺史,兼领新安郡太守职务。陈朝取代梁朝后,程灵洗归顺新朝,被陈武帝任命为兰陵太守,封遂安县侯。以后又因军功而先后升任南豫州刺史、左骑将军、中护军、云麾将军等职,并享有重安县公封号。程灵洗生当乱世,一生基本上都在军旅中度过,他治军以严明著称,但由于能身先士卒,同普通士兵同甘共苦,因而在军中享有崇高的威望。程灵洗生活俭朴,一有闲暇,往往亲自参加农业生产劳动,史载"妻妾无游手,并督之纺绩",这在当时最基层贵族中还是难能可贵的。

　　汪华(586—649),隋末唐初地方自治首领、唐代大臣。字国辅,又字英发。绩溪县汪村人(隋唐时属歙县)。汪华幼年时父母双亡,寄养在歙县舅舅家中长大,并应募成为护郡兵丁。由于智勇过人,汪华渐渐在郡兵中显露头角,成为郡兵的精神领袖,深受将士拥护。隋末天下大乱,群雄并起,汪华审时度势后策划了一场兵变，推翻了歙州旧政官员，占领了全州。初战胜利后，汪华高举义旗，连克宣、杭、睦、婺、饶数州，所向披靡，大得民心。于是，他拥六州之地，自称吴王，颁布一系列使民休养生息的政策，使皖、浙、赣三省交界的这六州百姓得以在乱世安居乐业。621年，汪华有感于唐朝的强盛和德政，上表请求归附，被任命为歙州刺史，总管六州诸军事，并封为上柱国越国公。624年，汪华奉召进京，任忠武将军待职。唐太守征辽时，一度委任汪华为九宫留守。649年，病逝于长安。652年，灵柩运回家乡，葬于歙县云岚山。汪华在天下大乱时保全了数州百姓生命，因而在新安一带长久地被人怀念。很多地方建有"汪王庙"，汪华被当作地方神来供奉。

汪伯彦（1071—1141），南宋大臣。字廷俊。祁门县城人。汪伯彦于1103年考中进士，初任河北成安县主簿。1126年，宋钦宗召见时，汪伯彦献《河北边防十策》，被提升为龙图阁直学士、相州知州。同年冬天，康王赵构出使金国，在磁州遇险，由汪伯彦派兵解围。不久，康王奉旨设立天下兵马大元帅府，委任汪伯彦为副元帅，并采纳其计策，率兵驻扎在商丘县（时称南京）。金兵逼近京城汴梁时，副元帅宗泽主张立即起用康王所部军马抵抗，汪伯彦以金人志在通和为名加以拦阻，致使防卫失当，京城陷入敌手，徽宗和钦宗成了金人的俘虏，北宋因此而灭亡。1127年，康王在商丘即帝位，是为宋高宗，汪伯彦升任知枢密院事、右仆射等职，同另一议和派领袖人物黄潜善把持相位，不谋战守之策，一味主张南逃。1129年，临时首都扬州失陷，汪伯彦被免职，贬居永州。1131年复职，任江东安抚使。1134年再次免职。1139年，在秦桧支持下复任宣州知州。后献《中兴日历》5卷给高宗，升为保信军节度使。1141年卒于家乡。著作有《汪伯彦文集》30卷、《春秋大义》10卷等。

胡舜陟（1083—1143），南宋官员、抗金名将。字汝明，号三山老人。绩溪县人。胡舜陟1109年考中进士，任州县长官。南宋初年，被宋钦宗提拔为殿中侍御史。宋高宗即位后，因为弹劾权相，被排挤出首都，出任庐州知州。在处于前线位置的淮西，胡舜陟修筑城池，练兵备战，使人心初定，并招降刘文舜部万余人，大大增强了防宋力量，同来势汹汹的金兵展开了顽强的斗争，金兵一时望而却步。以后，胡江等地知府，因被御史中丞诬告为"凶暴倾险"而罢官。再次启用任广西经略后，又被同僚吕源诬告"受金盗马"而入狱，一向憎恨他的秦桧觉得时机已到，特派亲信到狱中审讯，将他逼死在狱中。胡舜陟死后，朝野群情汹汹，高宗被迫责令秦桧翻案，并将秦桧的两名亲信送到吏部接受查处。有《胡少师总集》6 卷传世。《宋史》有胡舜陟传。

金安节,字彦亨,歙州休宁人。资颖悟,日记千言,博洽经史,尤精于《易》。宣和六年,由太学擢进士第,调洪州新建县主簿。有关金安节的事迹,据《宋史·金安节传》载:

> 除司农丞,又迁殿中侍御史。韩世忠子彦直直秘阁,安节言:"崇、观以来,因父兄秉政而得贴职近制,皆在讨论。今彦直复因父任而授,是自废法也。"不报。任申先除待制致仕,安节劾其恣庚,乞追夺。秦桧兄梓知台州,安节劾其附丽梁师成,梓遂罢,桧衔之。未几,丁母忧去,遂不出。
>
> 桧死,起知严州,除浙西提刑。入为大理卿,首言:"治民之道,先德后刑,今守令虑不及远,簿书期会,赋税输纳,穷日力办之,而无卓然以教化为务者。愿申饬守令,俾无专事法律,苟可以赞教化,必力行之。"时获伪造盐引者,大臣欲置之死,安节力争,以为事已十余年,且自首无死法,因得减等。两浙漕属王悦道鞠仁和令杨绩狱不实,事下大理,安节并逮悦道。悦道,幸医王继先子也,屡因人求免,安节不从。
>
> 迁宗正少卿。为金使施宜生贺正,安节馆伴。属显仁皇后丧,服黑带,宜生曰:"使人以贺礼来,迓使安得服黑带?"安节辞难再四,宜生屈服。迁礼部侍郎。明年,再充送伴使。至楚州,副使耶律翼夺巡检王松马不得,鞭笞之。安节遣人责翼,词色俱厉,朝廷恐生事,坐削二秩。叶义问使金,金主因言:"前日夺马事,曲在翼,已笞二百,回日可详奏。"乃复元官。
>
> 迁礼部侍郎。将祠明堂,时已闻钦宗升遐,安节言:"宫庙行礼,皆当以大臣摄事。"从之。迁侍讲、给事中。殿院杜莘老论张去为补外,安节言:"不可因内侍而去言官。"上遂留莘老。
>
> 金主亮犯淮,从幸建康。亮死,安节陈进取、招纳、备守三策,而以备守为进取、招纳之本。上将还临安,命杨存中宣抚江、淮、荆、襄,安节言:"存中顷以权太盛,人言籍籍,方解军政,复授兹职,非所以全之。"又言:"方今正当大明赏罚,乃首用刘宝、王权刻剥庸懦之人,何以激劝将士。"上皆纳之。
>
> 杨存中议省江、淮州县,安节言:"庐之合肥,和之濡须,皆昔人控扼孔道。魏明帝云:'先帝东置合肥,南守襄阳,西固祁山,贼来辄破于三城之下'。孙权筑濡须坞,魏军累攻不克,守将如甘宁等,常以寡制众。盖形势之地,攻守百倍,岂有昔人得之成功,今日有之而反弃之耶?且濡须、巢湖之水,上接店步,下接

江口,可通漕舟,乞择将经理。"存中议遂格。

孝宗嗣位,给廷臣笔札陈当世事,安节请:"严内降之科,凡内侍省、御药院、内东门司冗费,一切罢去。堂除省归吏部,长官听辟僚属,以清中书之务。文武荫补,各有定制,毋令易文资。臣僚致仕遗表恩泽,不宜奏异姓,使得高赀为市。"上尝对大臣称其诚实。一日,因奏事面劳之曰:"近不见缴驳,有所见,但缴驳,朕无不听。"龙大渊、曾觌以潜邸旧恩,大渊除枢密都承旨,觌带御器械,谏议大夫刘度仍累疏论之。隆兴改元,大渊、觌并除知阁门事,宰相知安节必以为言,使人讽之曰:"若书行,即坐政府矣。"安节拒不纳,封还录黄。时台谏相继论列,奏入不出,上意未回,安节与给事中周必大奏:"陛下即位,台谏有所弹劾,虽两府大将,欲罢则罢,欲贬则贬,独于二臣乃为迁就讳避。臣等若奉明诏,则臣等负中外之谤;大臣若不开陈,则大臣负中外之责;陛下若不俯从,则中外纷纷未止也。"上怒,安节即自劾乞窜,上意解,命遂寝。潜邸旧人李珂擢编修官,安节又奏罢之,上谕之曰"朕知卿孤立无党。"张浚闻之,语人曰:"金给事真金石人也。"

拜兵部侍郎。金将仆散忠义遗三省、枢密院书,论和议,乃画定四事,诏群臣议。安节谓:"世称侄国,国号不加'大'字及用'再拜'二字,皆不可从。海、泗、唐、邓为淮、襄屏蔽,不可与。必不得已,宁少增岁币。钦宗梓宫当迎奉。陵寝地必不肯归我,宜每因遣使恭谒。但讲好之后,当益选将厉兵,以为后图。"已而请祠,得请。中书舍人胡铨缴奏,谓:"安节太上之旧人,而陛下之老成也。汉张苍、唐张柬之、国朝富弼文彦博皆年八旬尚不听其去,安节赞力未愆,有忧国心,岂宜从其引去。"上遂留之。

逾年,权吏部尚书兼侍读。自是力请谢事,诏以敷文阁学士致仕。陛辞,上曰:"卿且暂归,旦夕召卿矣。"去之日,缙绅相与叹美,以为中兴以来全名高节,鲜有其比。乾道六年卒,年七十七。遗表闻,赠通奉大夫,累赠开府仪同三司、少保。

安节至孝,居丧有礼。与兄相友爱,田业悉推与之,又以恩奏其孤子与。初筮仕,未尝求荐于人,及贵,有举荐不令人知。其除司农丞,或语之曰:"公是命,张侍郎致远为中司时所荐,盍往谢之?"安节曰:"彼为朝廷荐人,岂私我耶!"竟不往。荐晁公武、龚茂良可台谏,皆称职,二人弗知也。与秦桧忤,不出者十八年,及再起,论事终不屈,人以此服之。有文集三十卷,《奏议表疏》《周易解》。

程叔达(1120—1197),字元诚,徽州黟县人。高宗绍兴十二年(1142)进士。历兴国军、光化军、湖州教授,通判临安府,知通州。入为御史台主簿,迁监察御史。孝宗乾道二年(1166),除右正言。八年,起为江南西路转运副使,改江南东路(《景定建康志》卷26)。淳熙元年(1174),除宗正少卿,累迁中书舍人、权给事中。四年,授湖南转运副使。九年,再除浙西提点刑狱,知隆兴府。十四年,奉祠。宁宗庆元三年卒,年七十八。谥壮节。有《玉堂集》,已佚。事见《诚斋集》卷125《程公墓志铭》。

罗愿(1136—1184),字端良,号存斋。汝楫子。荫补承务郎。宋乾道二年(1166)进士,历任鄱阳知县、赣州通判、鄂州知事,人称罗鄂州。精博物之学,长于考证。文章精炼醇雅,有秦汉古文之风。所撰《新安志》10卷,体例完备,章法严密,舍取并合随主旨而定,尤详物产。提出编纂方志要注重民生,为后世学者重视。著有《尔雅翼》20卷、《鄂州小集》7卷。

朱熹(1130—1200),南宋著名思想家、教育家,宋代理学集大成者。字元晦、仲晦,号晦庵。婺源县人,朱熹出生于福建尤溪县(当时他的父亲朱松正任尤溪县尉)。1148年考中进士,历任左迪功郎、转运副使、焕章阁待制、秘书修撰、宝文阁待制等职,死后谥赠太师,封徽国公。朱熹少年得志,但由于他的政治立场和思想观念与当权者相逆,因而仕途上颇为坎坷,他反对议和,说:"今日所当为者,非战无以复仇,非守无以制胜",使主和派们感到恼怒;他以醇儒自命,每有奏闻,都大倡正心、诚意、齐家、治国等,与腐败没落的朝风完全风马牛不相及,被君臣视为迂腐古板。《宋史》朱熹传记载:"登第五十年,仕于外者仅九考,立朝才四十日。"晚年,朱熹个人失意,国家也日趋崩溃,他既感寂寞,发出"著书俟来哲,补过希前修"的喟叹;同时,也觉得十分痛苦,想超然物外,以寄情山水抚平创痛。1193年,朱熹在福建建阳的考亭筑室课徒,四方慕名而来者很多,由此创立了在理学历史上影响深远的考亭学派。朱熹融道家和禅学思想入儒学之中,使儒学蜕变为中国古代社会后半期的经典理论——理学。他提出了"天理"、"气"、"格物致知"、"知行为一"等一系列重要思想范畴;倡导"三从四德"、"三纲五常"等一系列名教观念,以"天理"为本,组建了严密的自抑性思想体系。朱熹作为一个创造性的思想家,特别注意通过教育手段传输自己的一套观念,他主讲于庐山白鹿洞书院,撰《白鹿洞书院揭示》,对书院的宗旨、课程、修身、处事、接物之要都作了详细的规定,对后代的教育事业产生了直接而深远的影响。他一生孜孜不倦地讲学于各地,授业解惑,诲人不倦,承孔孟遗绪,重开一代名师在书院聚徒讲学的先例。朱熹生平著述极丰，代表性的有：《四书集注》28卷，这是明清两代科举考试的"圣典"；《诗集传》8卷，在《诗经》研究方面独树一帜；《朱子语类》140卷，仿《论语》体的讲学札记集；《文公家礼》5卷、《白鹿书院教规》1卷，躬行理学观念的某些规则汇纂；《伊雒渊源录》14卷，《朱晦庵集》100卷等。朱熹生前不忘故土，曾三次回婺源省墓访宗，晚年撰有《休宁新安道院记》、《蓝田乡约》，并刻"紫阳书堂"印章，以示怀恋之意。

程珌（1165—1242），南宋大臣、学者。字怀古，号洺水遗民。休宁县汉口乡人。程珌幼年聪慧异常，10岁时曾写有《咏冰》一诗，中有奇句"莫言此物浑无用，曾向滹沱渡汉兵"，一时广为传播。1193年中进士，历任秘书省著作郎、刑部尚书、礼部尚书、吏部尚书、福建安抚使、端明殿学士等职，并被封为新安郡侯。程珌知识渊博，文章以儒学理论为宗旨，风格雅健，蕴意情深。闲暇时喜爱作小词，同一代词宗辛弃疾时有来往，撰有《洺水词》1卷。程珌书法造诣也较高，齐云山上今天仍存有他手书"云岩"两字的摩刻。主要著作有：《洺水集》60卷、《内外制类稿》30卷。

程元凤（1199—1268），南宋大臣。字申甫。歙县人。程元凤出生于书香门第，精通诗词，具有较高的文学造诣。1228年，程元凤考中进士，被子任江陵府教授，以后历任太学博士、宗学博士、秘书丞、著作郎、监察御史、殿中侍御史等职，以忠诚正直著称。1256年前后，升任右丞相兼枢密使，提出"进贤、爱民、备边、守法、谨微、审令"12字方针作为施政纲领，并亲自从全国挑选了数十名德才兼备的人士，推荐给朝廷加以重用。正当程元凤施展政治才华的时候，投机者丁大全上书皇帝诬告左丞相，期望取而代之，程元凤对此感到失望，又羞与丁大全为伍，提了辞职要求，皇帝对此感到棘手，放弃了提拔丁大全的打算，并加封程元凤为新安郡公。晚年，程元凤被授少傅等职，并进封为吉国公，但因与奸相贾似道冲突，于1268年以少保、观文殿大学士致仕，归隐于黄山，黄山名景丞相源即由此而得名。著有《讷斋文集》。《宋史》有程元凤传。

汪泽民（1273—1355），字叔志，徽之婺源州人。生于元世祖至元十年，卒于惠宗至正十五年，年八十三岁。（补疑年录据元史本传作年七十，故推定生年为至元二十三年。此从三续疑年录据宋濂作墓志）少警悟。家贫力学，贯通诸经。初以春秋中乡贡；上礼部下第，授宁国路儒学正。延祐五年（1318）登进士第。历数郡推官，人都服其明。至正三年（1343），召为国子司业，与修三史。书成，迁集贤直学士。后以嘉议大夫礼部尚书致仕，退居宣州，自号堪老真逸。值长枪贼来寇,或劝其去,不从。参画战守之策,累败贼兵。及城陷,不屈而死。追封谯国郡公,谥文节。泽民著有宛陵遗稿《元诗选》传世。又与张师愚同编宛陵群英集 12 卷,《四库总目》所收为自宋至元的古今体诗。

朱升(1299—1370),元末明初著名学者、政治家。字允升。休宁县回溪村人。朱升年轻时拜同郡陈栎为师,1341 年中举后,任池州路学政。不久,避乱弃官,归隐歙县石门山,聚众讲学,教化乡里,时人称为"枫林先生"。1357 年,朱元璋攻克徽州后访求贤才,朱升得大将邓愈引荐而被召,提出了影响深远的九字方针:"高筑墙,广积粮,缓称王。"受到朱元璋的高度赏识,授中书咨议一职,成为朱元璋的主要谋臣之一。1358 年,朱升在故里建楼,朱元璋亲题"梅花初月"楼名,以示恩宠。1367 年授侍讲学士、知制诰,同修国史。1368 年,升任翰林学士。明初封诰、诏令、礼乐制度大多由朱升执笔撰写,深受器重。1369 年,朱升对明初的政治迫害浪潮隐有所察,以老迈和祭扫祖茔为名辞官隐退,并固辞皇帝所赐的爵位和封地。1370 年,朱升病逝于故乡。朱升治学宗法程朱,尤擅经学,于《五经》皆有旁注。据《皖人书录》所载,朱升著作存目 12 种,有《枫林集》10 卷、《周易旁注前图》2 卷等数种传世。《明史》有朱升传。

郑玉(1298—1358),字子美,徽州歙县人。生于元成宗大德二年,卒于惠宗至正十八年,年六十一岁。幼敏悟嗜学,精通儒学经典,尤精《春秋》之学。曾随父亲为官赴淳安(今属浙江)拜师交友,认识了吴暾等陆学信奉者,深受其影响和感染。后随父回到徽州故里,读朱子之书,信奉理学,一生绝意于仕途,安居乡间,勤于著书,授徒于师山书院,门人甚众,学者称"师山先生",并创学派为"师山学派"。在学术上,郑玉等一些新安理学家积极致力于"和会朱陆"。首先,郑玉肯定了朱熹和陆九渊各自在思想史上的地位。认为两者并无本质上的不同,共同之处在于两者同植纲常,同扶名教,都是继承了孔孟圣人之道,都主张扬天理,灭人欲。其次,郑玉认为陆氏聪明敏锐,举一知十,能够不必为所累;而朱子质朴踏实,认真细致,凡事务尽善尽美,两者所走的道路不同,却都是朝着一个共同的目标前进。再次,郑玉指出朱陆之学各有其弊,并仔细分析了朱陆之学的缺点和弊病,认为朱学笃实有余,却支离杂乱,不能收力行之效;陆学虽高明简易,但是"谈空说妙",却不能尽"致知之功",郑玉并不认为这是朱陆两位先生立言垂教有什么过错,而认为这是朱陆后学所造成的恶果。郑玉一生著述颇多,有《师山集》8 卷、《师山遗文》5 卷,以及《周易纂注》、《春秋经传阙疑》45 卷等传于后世。

赵汸(1319—1369),字子常,休宁县蓝渡乡人。生于元仁宗延祐六年,卒于明太祖洪武二年,享年五十一岁。赵汸生于乱世,淡泊名利,一生绝意仕途,潜心研究著述。诸子百家之学无所不通,且精堪舆,堪称元末"魁儒"。隐居于故乡的东山,中年之后,授徒讲学,学者尊称为"东山先生"。在学术上,赵汸为朱子理学的继承和发展做出了努力。第一,提出了求"真知"求"实理"的务实学风,试图反对和摆脱朱子的学述思想束缚、力争通过自己的思考来探索理学真谛的强烈愿望。第二,赵汸关于"朱、陆异同"学术思想,则提出了"始异而终同"等一系列的观点,成为元末明初"和会朱陆"思潮的重要组成部分。第三,赵汸对《春秋》学术思想进行了深入细致的研究和分析,指出《春秋》是"先考鲁史之法,再求圣人之法",体现了赵汸对《春秋》的独特认识和见解。赵汸一生不仅为当地培养了大批学人,而且以谨严的学风和渊博的学识影响了徽州数代士人,堪称儒林名师,也被列为"休宁理学九贤"之一。著有《东山存稿》、《春秋集传》等问世。

汪克宽(1304—1372),字德辅主,号环谷,祁门县桃墅(今属塔坊乡)人。少从父学,父亲汪应新是一位知识渊博、品行端正而为乡里所敬重的人物。自幼资质聪颖,少读书成诵,日记数百言。元泰定举人,精通经学,学者称环谷先生。1327年参加进士考试时,因其思想观点与主考官不合而名落孙山,从此放弃科举考试念头,拜吴朝阳经学大师,致力于经学尤其春秋学的研究,并与赵汸、倪士毅朝夕讲学,时人称之为"新安三君子",后执教于宣、歙二州一带讲学授徒,投入他的门人学子很多。洪武二年(1369),召至京师,近受聘修《元史》。书成,将授官,汪克宽以老疾力辞不受。汪克宽在文学方面也有相当造诣,其文章温厚明达,颇有大家风范;诗歌则以造语新警闻名,接近李贺和温庭筠的风格。徽州学者程敏政曾在《汪环谷先生传》说:"自我文公朱子之学,一传为勉齐黄氏族,再传为双峰饶氏,三传为东山汪氏,而先生汪氏宽嗣其传",可见,汪克宽也是得到了朱子学的真传。汪克宽著作有:《春秋经传附录纂疏》、《春秋作义要诀》、《春秋秋诸传提要》、《易经程朱易传音考》、《诗经集传音义会通》、《经礼补逸》、《周礼类要》、《通鉴纲目凡例考异》、《六书本义》、《左传分纪》、《环谷集》等。

朱同(1336—1385),明初政治家、文艺家。字大同。号朱陈村民,又号紫阳山樵。休宁县回溪村人,朱升之子。朱同少年时随父隐居山林,1377年中举,任徽州府儒学教授,编修《新安志》10卷。后举"明经"入东宫为官,并任礼部侍郎。朱同家学渊厚,具文才武略,又擅长书画,时称"三绝"。朱同1377年曾书有《寿春堂记》,朱元璋长子朱标(懿文太子)十分喜爱,引为僚属。后因遭人诬告,被朱元璋赐死。朱同文法先秦、诗宗盛唐,有《覆瓿集》8卷传世。

胡宗宪(?—1565),明代大臣、著名军事家。字汝贞,号梅林。绩溪县人。胡宗宪1538年考中进士,初任山东益都县知和浙江余姚县知县。1555年升任浙江巡按使时,正逢徐海等人导引倭寇大举入侵,他在嘉兴设计对敌,用毒酒毒杀倭寇数百,一时名声大振。不久,胡宗宪升总督官职,主持东南沿海抗倭事务,他一方面任用名将戚继光和俞有猷等人,操练新军,提高部队战斗力;另一方面深入调查海盗集团内部弱点,采用离间和诱降计策,擒杀了海盗首领王直、徐海、陈东等人,倭患一时大为减轻。晚年,胡宗宪官至兵部尚书,加少保头衔。胡宗宪一生虽然功勋卓著,但为人贪婪,常搜刮民财;加上附和权臣严嵩父子,气节不足,因而严嵩垮台后,被朝臣弹劾入狱而死。胡宗宪著有《筹海图编》13卷、《海防图论》1卷、《武略神机火药》2卷、《日本国志》40卷,都与抗击海盗和国防有关。《明史》有胡宗宪传。

许国(1527—1596),明代著名政治家。字维桢,号颖阳。歙县人。许国早年在家乡以教授蒙馆为主,以后科学考试一路顺风,先中乡试第一名,紧接着在1565年,考取进士,踏入仕途。许国一生历嘉靖、隆庆、万历三朝,由于他为官沉稳谨慎、忠诚练达,因而颇受皇帝宠信。隆庆年间,朝廷特赐一品朝服出使朝鲜,他在异邦小国拒收援例所奉馈礼,朝鲜国专门勒碑铭以记。明神宗继位后,初任右赞善,专门教授太子,并充任讲经论政的日讲官,由于位近帝王,他的才华很快得到皇帝的肯定,御笔亲书"责难陈善"赐赠。1583年,任礼部尚书兼东阁大学士。1584年,因平定云南边乱决策得当,晋升少保,授武英殿大学士,成为仅次于首辅的内阁第二重臣。同年,神宗特批许国生前在家乡营建记载功绩的石坊一座,并两次驳回他自请免建的上疏,加批"毋得固辞"四字,以表彰他"协忠运筹,茂著劳绩",这就是今天仍存的歙县许国石坊的由来。许国诗文造诣较高,作品浑厚典雅,一代文宗王世贞等人对许国评价很高。著有《许文穆公集》16卷。《明史》有许国传。

程敏政(1446—1499),字克勤,号篁墩,徽州休宁人。十岁时以"神童"被荐入翰林院读书,获得"学问该博"的桂冠。成化二年(1466)进士及第,官至左谕德,直讲东宫。明孝宗嗣位后,程敏政进詹事府少詹事,兼翰林院侍讲学士,后又官终礼部侍郎,颇得孝宗的"圣眷"。后因徐经、唐寅科场案被诬鬻题而下狱。

出狱后,愤恚发痈而卒,赠礼部尚书。程敏政为官期间,一方面做好翰林院编修和侍讲学士的职责;另一方面就是将自己的全部精力投入到藏书、编辑文献和刻书事业中。所编著刊刻有:《明文衡》、《篁墩文集》、《宋纪受终考》、《咏史诗选》、《宋遗民录》、《道一编》、《唐氏三先生集》、《新安文献志》、《心经附注》、《新安程氏统宗世谱》等近二十种。所以当时京师曾流传"天下文章程敏政"之谚。

汪道昆(1525—1593),明代著名戏曲家、抗倭名将。字伯玉,号太函、南溟。徽州区西溪南乡松明山人。3 岁,受祖父启蒙,祖父口授唐诗百首,皆能成诵。有客人来的时候,常令其背诵唐诗,活跃气氛。6 岁,读私塾,聪慧异常,过目不忘。少年时,常读一些非科举读物,如稗官野史和小说。曾试作戏曲,遭到父亲的禁止。19 岁为郡诸生,20 岁后曾有一段游学浙江的经历,拜浙江余姚邵世德为师。汪道昆于 1547 年中进士,少年得志,堪称一帆风顺。历任义乌县令、襄阳知府、福建副使、兵部左侍郎等职务。

汪道昆不仅武略超群,文韬也相当出众,为文简而有法,作诗风骨俱佳,有《太函集》120 卷,收散文 106 卷,诗歌 1520 首,堪称多产作家。汪道昆精通音律,在戏曲创作方面有较高水准,所制杂剧清新俊逸、诙谐多姿,影响很大,传世的共有五种:《高唐梦》、《五湖游》、《远山戏》、《洛水悲》、《唐明皇七夕长生殿》。另著有《北虏纪略》1 卷、《数钱叶谱》1 卷等。《明史·文苑传》有汪道昆传。

程大位(1533—1606),明代著名数学家,珠算大师。字汝思。屯溪区人。少年经商,中年弃商归里,专心著书。有感于商务往来中珠算的传统筹码计数法的不便,1592 年著成《算法统宗》17 卷及 1598 年的简明本《算法纂要》4 卷,详述了传统的珠算规则,确立了算盘用法,完善了珠算口诀;搜集了古代流传的595 道难题并记载了解题方法,堪称中国 16—17 世纪数学领域集大成的著作。明末,日本人毛利重能将《算法统宗》译成日文,开日本"和算"之先河。之后,又流传朝鲜、东南亚和欧洲,成为东方古代数学的名著,影响极大。

张小泉(生卒年代不详),明末清初著名制剪工匠。黟县人。明崇祯年间,张小泉带领儿子前往杭州开设"张大隆"剪刀铺,并创造了独树一帜的嵌钢制剪技术、产品很快畅销全国,后为防假冒,以"张小泉"作为店名。"张小泉"剪刀在乾隆年间被列为贡品。

马曰琯(1687—1755),清代著名盐商、藏书家。字秋玉,号嶰谷。祁门县城人。马曰琯从小侨居扬州,经营盐业,为清代前期扬州徽商的代表人物之一。马曰琯家庭豪富,为人慷慨,热心地方公益事业,曾捐资开掘扬州沟渠、筑渔亭孔道等。马曰琯喜爱考校典籍,家中专设刻印坊,不惜费资刻印书籍,当时称这一批书为"马版"。小玲珑山馆又是马氏藏书楼名称,藏书多达 10 余万卷。1772 年四库全书馆设立,马曰琯的儿子振伯献藏书 776 种,为全国私人献书之冠,受乾隆皇帝褒奖,赐《古今图书集成》一部。《清史稿·文苑传》有马曰琯传。

戴震(1723—1777),清代大学者,著名哲学家、思想家、徽派朴学的创建及领袖人物。字东原。屯溪人。徽商出身,1762 年曾中举人,后六次考进士,皆因思想与程朱理学不符未中。曾参加《四库全书》修纂,授翰林院庶吉士。学识渊博,在哲学、天文、历算、历史、地理、经学、训诂、音韵等领域均有重大贡献,为一代通儒和宗师,在中国思想史上具有重要影响。其哲学思想是程朱理学之后反理学的启蒙思潮的重要代表;其朴学思想使他成为在中国学术史上有着重要地位的乾嘉学派中的皖派领袖人物。他开创了徽派朴学,著作甚丰,主要著作有《原善》、《孟子字义疏证》、《仪礼考正》、《考工图记》、《古历考》、《水地记》、《勾股割圜记》等 50 余种。《清史稿》有传。

胡光墉(1823—1885),清代著名徽商。字雪岩。绩溪县湖里村人。胡光墉早年家境贫苦,经同乡引荐,前去杭州阜康钱庄当学徒,由于工作勤恳、言行稳重,而且善于经营,颇受钱庄主人赏识。庄主临死之前,考虑到自己没有后代,决定将钱庄赠送给胡光墉,他于是一变而成富商。此后,胡光墉开始以商人身份涉足政治活动。1861 年,当太平军与杭州清军激战时,他组织一批人从上海采运军火和粮食运往杭州。1862 年,他协助左宗棠与法国人联组"常捷军"。1866 年,又协助左宗棠创办了福州船政局,并为左宗棠办理采运事务,代借内外债 1250 多万两。由于胡光墉为左宗棠及湘军竭心尽力,因而在左宗棠等人的推荐下,被授于江西候补道职务,并且依靠湘军的势力,在全国广设当铺和银号,成为富甲江南的特大官商。1872 年,胡光墉在杭州创办"胡庆余堂国药号",不惜重金聘请江南名医和著名药剂研制专家,精心配制 400 多种中成药,并雇人穿上"胡庆余堂"字号的甲马,伫立杭州各要道,施药于百姓。胡光墉的这一系列活动,使"胡庆余堂"名声大振,药店所制"诸葛行军散"、"八宝红灵丹"、"胡氏辟瘟丹"等药品畅销全国,与北京"同仁堂"一起平分中国药业秋色,成为驰名中外的中药老店铺。1884 年,在外国资本的倾轧和冲击下,胡光墉破产。

二、徽州建筑文化的和谐理念

徽州地方建筑之所以影响之大,就是因为它包含极其丰富的文化内涵和别具一格的建筑风貌,无论是建筑布局、空间构图,还是村落规划、环境利用等方面,都有着十分浓郁的徽州地方特色,它们不愧是建筑历史和理论研究的珍贵资料。明清徽州地区的民居建筑,以其科学的环境意识,精湛的建筑工艺,精巧的构思设计,在世界艺术和建筑文化史上独树一帜,熠熠生辉。2000 年,徽州的西递、宏村被联合国世界遗产委员会列入世界历史文化遗产,一时间,中外游客纷至沓来、赞不绝口、叹为观止。徽州文化以其鲜明的地方特色和辉煌的成就成为地方文化的典范,徽州民居建筑,作为徽州人生存文化最直观的载体,深受各界人士的关注。

细细品味徽州地方建筑,最突出的特点是徽州文化极具典型性、辉煌性和丰富性。古徽州享有"礼仪之邦"之美誉,封建礼教对徽州社会的影响特别深远,因此,古代徽州大地上建起的民居、牌坊、古桥、古塔、古宗祠等数以千计,虽经沧桑巨变,至今留存的仍有很多,犹如一座天然的历史博物馆,彰显出明清徽州建筑追求人与人和人与自然环境和谐发展的理念。

追求人与人之间的和谐理念。中国先哲老子首先提出了"天人合一"的思想,是中国传统文化的理论核心,是中国人思维的一个基本模式。"天人合一"思想立足于自然,强调"与天为一","天人合一"。其内涵十分丰富,包含着深厚的人与自然和谐相处的生态伦理思想和管理思想。这种"天人合一"的生存智慧还体现在徽州建筑内部结构的设计上的巧妙运用。徽州建筑大多设有"天井","天井"是徽州建筑的重要特征之一。天井的设计使得屋内有充足的光线和良好的通风效果,同时与徽州的经商传统也有很大关系。按风水理论,水为财之源,经商忌讳财源外流,天井能聚集屋面雨水,名曰:"四水归堂",以图财不外流的吉利。天井下铺有可渗水的石板,石板下设有排水设施,又巧妙地将流水引出,丝毫不影响厅堂里的生活。这种设计的理念为:第一,中国文化讲究礼仪,讲究"己所不欲,勿施于人",注重人与人的和谐相处。第二,这种设计考虑的是维系良好的邻里关系,不要因雨水外泄影响了邻居的生活,造成他人生活的不便。我们从中可以感悟到设计者的独具匠心,雨天坐在厅堂里,一面听着雨声,享受着自然情景;一面想象着"四水归堂","肥水内流",老天降的财源滚滚而来;同时,维持着一种互相谦让的邻里关系;这种天降之水又在不经意中顺着水圳流入设计好的月沼。可见这是一种与人互惠、与天地交融、自得其乐而又尽在礼仪之中的设计,它使人们的生活和平、诗意、满足而有序。

徽州各地有许多鲜为人知的古建筑,如西递、宏村、南屏等,正如明代鸿儒汪道昆所描述的那样"世家居室多务壮丽"。在历史的沧桑巨变中,徽州完好地保存了大片的明清建筑,被世人认为是一大奇迹。这些建筑,动辄上千户人家,更有所谓"烟火万家"者,一旦着火,后果不堪设想。所以防火成为建筑设计中一件重要的事情。为了应急救火,徽州居民"宁可三餐无食,火不可一日不防",在徽州,人们仍可见到村民土制的水龙、水枪、水篓之类原始防火器具,在民众聚集场所,最容易发生火灾。徽州古祠堂是族人祭祀祖先的神圣场所,为了人的安全,古祠堂都开设了许多道疏散门,这里无不透露出浓浓的人情味。徽州人家,房屋与房屋之间都设有防火墙,以紧急时割断火路,防止火势的蔓延到邻里,造成邻里财产的损失,后人便称为"封火墙"。随着对封火墙防火优越性认识的深入和社会生产力的提高,人们已不满足于"一伍一墙",逐渐发展为每家每户都独立建造起封火墙。这些防火墙很高,远远地高出了屋顶,它们也就同时兼有了防盗和防风的作用,不失为富足人家的一道心理屏障。最初,它们可能只是一些简单的山墙,后来,随着徽商在财力上的日趋雄厚,防火墙的造型日渐丰富多彩,有阶梯型、云型、弓型等,这样的型线,在山区明净的蓝天下,显示出特别的舒展和明澈。墙头又都作了艺术处理,饰以卷草如意一类的图案,这使得它们看上去,就仿佛翘首长空的骏马,因此这些防火墙又有了一个极富诗意的名字,叫做"马头墙"。登高眺望,高高低低的马头墙,在一片屋宇中错落参差,与众多的蝴蝶青瓦小山脊交相辉映,显示出徽州建筑所特有的和谐与韵律。

远远看去,徽州建筑总体布局与封建城池模式如出一辙:以祠堂为中心放射状散开的民居群类似于拱卫内城的外廓;地势险要,易守难攻的水口类似于护城河,具有抵御外族入侵的防卫功能;被民居众星捧月般团团簇拥着的祠堂,则以其优越的地理位置,表明了宗法势力的至高无上,不容侵犯,也便于在此召集宗族成员议事、祠祭,公布村规民约,行使族权。祠堂在徽州建筑中的地位,也体现在其建筑规模上。祠堂的外观形象、内部设施直接反映了一个宗族的社会地位、文化素质、经济实力,是宗族间相互攀比争雄的首要内容。各族各姓对祠堂建设毫不含糊,尽力而为,从族产收入,挨家摊派到主动捐赠,族人有钱出钱,没钱交粮卖力,修得高大雄伟,壮观亮堂。更体现出宗族之间相互帮助、相互理解、相互协作的和谐理念。

儒家文化讲"格物、诚意、正心、修身、齐家、治国",从推究事物的原理,达到认识的明确,再到内心的端正、人格的完善、家庭的完美、社会的均衡,直到天人合一、物我共益的最高境界。徽州建筑设计的整个过程,就好像是一步一景的儒家文化熏陶一样,人的心理路程的外化,活脱脱地把儒家文化的精髓渗透到了每一个角落,其生存环境、自然的巧妙利用、邻里关系的相互照顾等,都浸透着一种和谐的理念。

追求人与自然环境的和谐理念。明清徽州建筑从传统的风水观念出发,在选址、布局上讲究风水效果,追求人居建筑与自然环境的和谐融合。徽州建筑多是依水势而建,山环水绕,依山傍水是徽州建筑与自然环境相融合的基本特征,而且徽州建筑的色泽、体量、架构、形式、空间,都与自然环境保持一致的格调。徽州建筑隐映在青山古树之间,有山泉溪水之便利,以青山绿树为屏障,青瓦白墙高低错落,野鸟家禽交相鸣啼。窗外远眺,天然画图尽收眼底,天井内洒落阳光雨露,小院中植置花木假山。在这里,建筑充满了人情味和乡土气息,建筑与环境相互渗透,人类与自然融为一体。

西递和宏村是目前保留最完整的徽州建筑的代表,被称为是"古民居建筑艺术的宝库",其建筑巧妙的整体布局、极富韵律的空间层次都有典型的徽州地方特色。西递四面环山,两条溪流穿入而过,自古就有"桃花源里人家"的美誉。西递建筑在选址时就看中那里的溪水逆东西行,确是非凡之地,整个建筑仿船形而建,以一条纵向的街道和两条沿溪的道路为主要骨架,构成东西向为主,南北向延伸的街巷系统,且溪水穿越家家户户,联络着邻里世代相依相存的情怀,街巷两旁建筑淡雅朴素,错落有致,具有很高的审美情趣,是徽州建筑中的一颗明珠。这说明他们重视人的居住要素与自然的结合,将自然元素归结于人的意志,赋予人的情感与追求,从而体现了天人合一的哲学思想,及人与自然的交融、和谐。

宏村的整体布局为牛型设计,整个建筑犹如一头斜卧山前溪边的青牛。它背靠的雷岗山为牛首,路口的一对参天古木为牛犄角,建筑群宛如庞大的牛躯,顺势而下的邕溪为牛肠,溪水经九曲十弯,穿流于家庭院落,再汇入牛胃形的月塘和南湖,绕村的虞山溪山上架起的四座木桥为牛脚。"牛形建筑"别出心裁的水系设计,不仅解决了消防用水,调节了气温,为居民生产、生活用水提供了方便,而且极大地美化了环境,给古朴的自然环境平添了几分清丽、自然的美感,充分体现了以人为本的环境理念。在建筑整体前面,有南湖碧波荡漾,楼院鳞次栉比,四周山色与粉墙青瓦倒映湖中,建筑与天水一色,被称为是"中国画里的乡村"。[①] 处理好建筑艺术与人、建筑与其周围环境的关系,是建筑艺术美的重要原则。徽州建筑追求人与自然环境的融合,体现了人类对大自然的依恋和向往,也是中国传统哲学中"天人合一"思想的具体表现。

徽州牌坊是闻名遐迩的建筑。树牌坊是旌表德行、承沐后恩、流芳百世之举,是古代人们一生的最高追求。如歙县棠樾村口百余米长的甬道上,井然有序地屹立着 7 座牌坊,这就是全国罕见的棠樾牌坊群。四周是一片平畴,7 座牌坊拔地而起,雄伟高大,古朴典雅,蔚为壮观。牌坊群以"义"字坊为中心,按"忠、孝、节、义"的顺序由两头向中间依次排列,呈半弧形展开。依次为鲍象贤尚书坊、鲍逢昌孝子坊、鲍文渊妻节孝坊、乐善好施坊、鲍文龄妻汪氏节孝坊、慈孝里坊、鲍灿忠孝坊。明建 3 座,清建 4 座。

鲍象贤尚书坊,明天启二年(1622 年)秋始建,清乾隆六十年(1795 年)秋重修。此坊为四柱冲天式,是为表彰鲍象贤戍边有功而建的。鲍象贤,为棠樾鲍氏十六世祖,嘉靖八年进士,初授御史,后任兵部右侍郎。镇守云南、山东时,劳绩卓著。隆庆初卒,赠工部尚书。石坊上镌刻"命涣丝纶",意为对皇上的诰命忠心不二地执行,以称道其忠。因此,被皇上恩泽三代,替其祖父鲍灿赢得了一个孝行坊。鲍灿孝子坊为明嘉初年始建,清乾隆十一年(1746 年)重修。牌坊额刻"旌表孝行赠兵右部右侍郎鲍灿"。鲍灿,读书通达,不求仕进。他因母亲两脚病疽,延医多年无效,即持续吸吮老母双脚脓血,终致痊愈。其孝行感动了乡里,经请旨建了这座旌表牌坊。为了纪念他们,大家纷纷捐资立坊,让后人铭记。在这牌坊群的背后,也蕴含着徽州人祖祖辈辈的理想,表达了他们对追求人与自然和谐发展的美好愿望。

在建筑用料上,就地取材,节能环保,防火防盗,体现出可持续发展的和谐理念。徽州建筑多采用砖石外墙,木构内部,外墙坚固防盗,内部生活舒适;四合院中的天井,自然抽风,冬暖夏凉;马头墙高出屋顶利于防火,檐沟落水采用陶质水管,可接雨水养鱼;石料铺筑水道和台阶,坚固耐用,自然防水;庭院不拘于地形,或置鱼池、叠山石、砌花坛等,点拨意境,别有情趣等,无不体现了可持续发展的和谐理念。

---

① 余治淮:《桃花源里人家》,黄山书社 1993 年版,第 63—66 页。

追求和谐理念的文化渊源。徽州地方建筑充分地体现了和谐发展的理念。置身其中,恍若隔世,我们在惊叹于构思精巧、装饰精美的同时,也在极力探究它的和谐发展理念文化渊源。

徽州的移民带来了中原的宗族文化。从社会史的角度考察,昔日的徽州是一个移民的社会,其移民多是来自中原地区。古代的中原是华夏文明的发祥地,也是全国政治、文化中心。历代迁移到徽州的名族,他们虽然失去了原有的特权,但找到了强化凝聚力的东西,那就是他们的宗族精神。在徽州所看到的宗祠、牌坊,就是这种宗族伦理的物化。这些聚族而居宗族正如清代徽州著名学者赵吉士在《寄园寄所寄》中所说的那样:"新安各姓聚族而居,绝无一杂姓搀入者,其风最为近古。出入齿让,姓各有宗祠统之,岁时伏腊,一姓村中千丁皆集,祭用文公家礼,彬彬合度。父老尝谓新安有数种风俗,胜于他邑:千年之家,不动一抔;千丁之族,未尝散处;千载谱系,丝毫不紊。主仆之严,数十世不改,而宵小不敢肆焉。"①从这一史料中可以看出,徽州宗族是按同姓同族而居,体现了徽州作为宗族社会的一个典型的特征。徽州宗族制是从中原移植而来的,系正宗传承。其聚族而居,组织严密,尊祖敬宗,崇尚孝道,讲究门第,皆有系统的谱牒,经过长期融合和发展,宗族组织成为徽州当地社会结构的基础。

明代嘉靖《徽州府志》记载:"家乡故旧,自唐宋来数百年世系比比皆是。重宗义,讲世好,上下六亲之施,无不秩然有序。所在村落,家构祠宇,岁时俎豆。其间小民,亦安土怀生。即贫者不至卖鬻子女。婚配论门第,治襦裳装具,量家以为厚薄。其主仆名分尤极严肃而分别之。"②这些徽州的世家大族,又称之为大族或名族等,他们或是外地迁入或为本地,相居世代繁衍,有很清楚的家族脉络。因此,有家谱、宗谱、世谱,程尚宽等修纂的《新安名族志》主要是在当时徽州六邑(歙、黟、休宁、祁门、绩溪、婺源)各大族所修的族谱基础上编纂而成的,在考察徽州族谱文献中,徽州氏族主要来源于北方,明代以前可考的大族有57个,主要大族有程、汪、吴、黄、胡、王、李、方八姓,洪、余、鲍、曹、江、孙、毕、朱、巴等。再从修纂《新安名族志》到明代中叶,新安"名族"合计有84个,其中可以确认是从中原等外地迁入徽州的就达60多个,因此,徽州名族有80%以上都是由外地迁来的,可见徽州是一个移民的区域。"读书"、"礼教"、"文章"、"五伦"、

① 赵吉士:《寄园寄所寄》卷十一,康熙三十五年刊本。
② 明嘉靖《徽州府志·风俗》,嘉靖四十五年刊本。

"六经"、"勤俭"、"天人合一"本为中原"旧物",唐宋以后,则在徽州生根、开花、结果了。中原迁到徽州的移民,有世家大族,有缙绅冠带,有硕学鸿儒,也有黎民百姓。他们将比较进步的中原文化思想、中原儒风带进这个区域,并逐渐在社会生活中起着支配作用。

程朱理学在徽州的流传和发展。程朱理学的奠基人程颢、程颐及理学集大成者朱熹,祖籍均系徽州。因此,北宋二程的"河洛之学"和南宋朱熹的"朱子之学"与徽州渊源极深。所谓"朱子得河洛之心传,以居敬穷理启迪乡人,由是学士争自濯磨以冀闻道,风之所至,田野小民亦皆知耻畏义"①。徽州是"朱子的父母之邦",从南宋前期至清乾隆年间,新安理学在徽州维系了600多年,对徽州社会文化的发展产生了很大影响。朱子提倡读书,认为穷理之要,必在读书,这极大地促进了徽州读书好学风气,缙绅之家往往自编教材,由父兄率子弟诵读。朱熹不仅在理论上把恪守"纲常名教"提到"天理"的高度,而且在《家礼》中提出建祠堂、明世系、墓祭先祖以及置祭田等加强宗族凝聚力的方案。朱熹一生都投身于教育事业。他不仅重视大学教育,而且重视小学教育。在教学中,他循循善诱、诲人不倦。在方法上强调自学、启发和"多闻多见"。朱熹教人读书要善于怀疑,且说:"读书无疑者,须教有疑;有疑者,须教无疑,到这里方是长进。"②甚至提出"大疑则可大进"③。作为一个封建社会教育家,能在八百多年前提出"大疑则可大进"的读书方法,确实是难能可贵的。朱熹重视继承孔孟的儒学传统,但不囿于传统说法,注释经典也不迷信"权威"之说。其最大的革新,就是基本上以《四书》代替《五经》的传统,并且用毕生的精力写了许多注释和说明,并以此作为儒家学说的核心。徽州的人伦教化,不仅与中原儒风一脉相承,并又有所发展了。

徽商经济是构成徽州地方建筑文化和谐理念的重要因素。徽州建筑结构的形成、发展、成熟是与徽商经济的崛起分不开的。徽商的思想便是明清以来徽州民居的灵魂,正如康熙《徽州府志》所说的那样:"天下之民安命于农,徽民安命于商。"这既是明清时东南地区资本主义萌芽对徽州人意识领域的刺激,亦是因"七分山水一分田,一分道路一庄园"而无奈的选择。当徽商们操纵着长江

① 光绪《婺源县志》卷三,光绪九年刊本。
② 朱熹:《朱子语类》卷十一,中华书局1986年版。
③ 朱熹:《朱子语类》卷一一五,中华书局1986年版。

中下游的金融,创下聚财的奇迹后,衣锦还乡大修宗祠、家祠、建筑便成了那个时代最荣耀的事情。富裕着的腰缠万贯的儒商们,本着"休念故乡生处好,受恩深处便为家"的思想,封建制度与传统观念的束缚导致了商人们不敢把辛苦积累的资本投入到扩大再生产的经营,而是消耗在一幢幢精美的建筑当中。徽商是儒商,贾而好儒,亦贾亦儒,贾儒结合是徽商一大特点。所谓儒,本是指有专门知识和技艺的人,后来引申为"儒学"、"儒家"。中国从汉代"独遵儒术"之后,崇奉儒学的知识分子地位逐渐提高,"儒为席上珍",他们受到社会的珍慕,于是人们往往在称"儒士"之外某些人或群体的身份之前,也冠以"儒"字,如"儒将"、"儒相"、"儒医"、"儒匠"、"儒商"等,都寓有褒意。称徽商为"儒商",实际上是对这个商帮的美誉。

因此,徽商讲究仁、义、礼、智、信三纲五常。程朱理学中行为谨慎、自我封闭的思想也为徽商们接受,建筑中的"高墙"便是最好的证明。商人们在"资大丰裕"之后,或是为了享受,或是为了旌功,或是为了留名,或是为了光宗耀祖,于是不惜拿出巨资,在建造各种建筑物中,雕梁画栋,穷极技巧,以期气派恢宏,形式新颖。相因既久,遂成风格。现在仍保存完整的西递、宏村最完美的建筑,棠樾牌坊群,歙县老街,鲍氏祠堂,不仅成为今天旅游览胜的景点,同时,又是研究建筑的学者们难得的珍贵"标本"。徽商不仅创造了物质财富,而且也给徽州乡村面貌带来了巨大居住变化。由于"贾而好儒"的特点,具有很高文化素质的徽商们在建筑中注入了自己对住宅布局、结构、内部装饰、厅堂布置的设计,促使徽州建筑逐渐形成风格独特的建筑体系,使徽州建筑不仅具有实用性,还蕴含有丰富的文化内涵。可以说,没有徽商就没有徽州地方建筑的存在。

总之,徽州地方建筑在构造上,力求建筑与自然界融合,使空间生机盎然。在意境上追求诗情画意,并力求与人相和谐的理念,使之符合使用者心理要求。"仁者乐山,智者乐水"就是人对自然精神象征的表述。徽州地方建筑追求的《桃花源记》中所描述的理想生活境界,正寄托着栖居者的生活态度以及和谐思想理念。

徽州文化的繁荣昌盛和人才辈出,可以见到"同胞翰林"、"父子丞相"、"父子尚书"、"兄弟丞相"、"四世一品"等牌坊,同时也可以听到"连科三殿撰,十里四翰林"、"一门九进士,六部四尚书"、"一沟三状元三丞相"等佳话。徽州文化发达,离不开教育普及和徽商"酵母"的作用。正是由于璀璨的徽州文化和丰富遗存文献,才造就了大量徽州藏书家。

第二章　徽州藏书家的贡献

徽州有悠久的历史、灿烂的文化,在全国都出类拔萃。世称"程朱桑梓"、"东南邹鲁",又是商贾之乡。清代徽州私家藏书文化兴盛和发展,为发展学术做出了重要贡献。其藏书文化特点表现为:藏书丰富,注重搜求珍籍善本。藏书家绝大多数出自商贾之家,既是藏书家又是刻书家,同时又编辑大型文献丛书,保存文化、传播学术、流布典籍、功在千秋。

第一节　鲍廷博与"知不足斋"藏书

鲍廷博是清代乾隆时期著名商人、藏书家和刻书家。他的藏书不仅在数量上,而且在质量上都处在清代私人藏书的前列,其"知不足斋"藏书楼更是闻名于乾隆、嘉庆两朝。

一、鲍廷博是清代私家藏书中的佼佼者

鲍廷博(1728—1814),字以文,号渌饮,祖籍安徽歙县邑西长塘。少年因父鲍思翊经营盐业之故,随父由浙江杭州迁至桐乡乌镇。有关鲍廷博的小传在《歙县志》《杭州府志》《嘉兴府志》《乌程县志》《桐乡县志》和《乌镇志》均有记载。鲍廷博少补诸生,后秋闱不中,遂绝意科场,与其父思翊独嗜典籍,致力于图书收藏、刊刻。光绪《桐乡县志》载:"公为歙县诸生,力学好古,喜购秘籍,虽重价勿吝,蓄异书,几及千种。"[1] 朱文藻说:"吾友鲍君以文……三十年来,近自嘉禾、吴兴,远而大江南北,客有以异书来售武林者,必先过君之门,或远不可致则邮书。求之浙东西藏书家若赵氏小山堂、卢氏抱经堂、汪氏振绮堂、吴氏瓶花斋、孙氏寿松堂、郁氏东啸轩、吴氏拜经楼、郑氏二老阁、金氏桐花馆,

---

① 《桐乡县志》卷一,清光绪刊本。

参合有无,互为借抄。至先哲后人家藏手泽,亦多假录,一编在手,废寝忘食,丹铅无已。时一字之疑,一行之缺,必博征以证之,广询以求之。有得则狂喜如获珍贝,不得虽积思累岁月不休。""海内书林闻君多异书,大率阻手于山川,无由借读,而君衷集既多,乐于公世。出其所储为前诸家所未刊,或已刊而讹脱过甚者,悉心勘定,寿之枣梨。"①正因为鲍廷博深悉收集书籍之难,因而才有强烈地关注古籍的意识。鲍廷博一生收藏古籍善本无数,且对古籍文献的保存和运用做出了重大贡献,因而成为清代著名的藏书家之一。

鲍廷博收藏古籍以"海内宋元旧椠暨善写本"为主,因此每见宋之善本书,必千方百计索取之,不愧为一个"搜罗之富,实罕其比"的古籍藏书家。他所精心整理、刊行的古籍也因此被举世公认为"学者必需之书"。根据清末四大藏书家之一的丁申所记,当时凡"客有旧藏抄刻异本来售武林(杭州)者,必先过君门,或远不可致,则邮书求之"②。此外,鲍廷博还与当时两浙许多藏书家赵氏小山堂、卢氏抱经堂、汪氏振绮堂、吴氏瓶花斋、汪氏飞鸿堂、孙氏寿松堂、郁氏东啸轩、吴氏拜经楼、郑氏二老阁、金氏桐花馆多有往来,每遇异书,鲍氏无不借抄。经过三十年的搜求,鲍氏藏书已颇具规模,其中不乏宋元佳椠,仅两宋遗集就有三百余种。其藏书处称为"知不足斋",取《大戴礼记》"学然后知不足"之意。给书斋取名为"知不足斋",用以自勉自励,自强不息。

鲍氏不仅苦心搜求,专心读书,而且他还精心校书、热心刊书。据史料记载,凡经鲍氏过目的史书,"每一过目即能记其某卷某页某讹字。有持书来者凡某书美恶,所在意旨,所存见于某代某家目录,经几家收藏,几次钞刻,真伪若何,校误如何,无来矢口而出,按之历历。"③王鸣盛称鲍氏"为人淹雅多通而精于鉴别,所藏书皆珍中抄下刻,于自校对,实事求是。"④后来洪亮吉在《北江诗话》中更将他列为藏书家五等之一的"赏鉴家"。以洪亮吉的看法,该类系藏书家中品位最高的一类。每当发现珍本、善本,廷博不光是满足个人欣赏,而且想到诸公同好,以广其传。如他有宋刻残本周必大著《周益公书稿》,此书装帧精美,纸墨古雅,刊刻极佳,而且在世面流传稀少,其市场价值也是可观。有一次芳椒堂主人严元照来访,在聊天中谈及此书,廷博便立即拿出请严欣赏,严看后

① 王盛鸣:《知不足斋丛书·序》,民国铅印本。
② 丁申:《武林藏书录·卷末》,清乾隆刊本。
③ 《清史列传》卷七十二,中华书局1987年版。
④ 王鸣盛:《知不足斋丛书·序》,民国铅印本。

赞不绝口,总觉悠然未尽,想借回慢慢细读,不料,鲍氏毫不吝啬当即相赠。严元照对鲍氏之举非常感动,便在此书的扉页上写道:"良友之惠,不敢忘也。"以示纪念。所以,廷博凡是得到善本之书,无不刊行。史料如此介绍鲍廷博说:"朝夕雠校,寒暑不辍,数十年如一日。"① 持之以恒,锲而不舍。鲍廷博为校勘《庶斋老学丛书》一书,听说钱塘汪启淑有善本,便携带礼品欣然去借。汪启淑也是一个藏书家,但他的藏书理念与鲍廷博的思想相形见绌。汪氏善于收藏善本秘笈,但不愿意随便借与别人,甚至连自己的家人亲戚都难看到,秘不肯宣,只把此书两跋相授。这件事对鲍廷博刺激很大,使他感慨万千,并在此书序中说:"往读某公所著《清暇录》(按:这里鲍廷博虽未写某公的名字,《清暇录》即为汪启淑所撰),历数近来藏书家,而自述其储蓄之富,曾几何时,悉已散为烟云,渺兹一粟,漂流沧海中,杳不知其所之矣。因慨死生旦暮,聚散无常,予家所藏异时岂能独保,徒令后人复哀后人身。间常语儿辈,与其私千万卷于己,或子孙不为之守,孰若公一二册于人,与奕祀共永其传,此区区校刻丛书之苦心,窃欲共白于当世,而一为之劝也。"从鲍廷博这段话,更能看出他刻书公之于世以永传的拳拳苦心。

清乾隆三十七年(1772)成立四库全书馆,诏求天下遗书,开始编纂《四库全书》。为了完成这一浩大工程,清政府向全国私家藏书者征书,征集图书时,承诺所征书籍一律交书馆录抄,完后归还。为打消藏书家顾虑,乾隆帝御征藏书家的书一律盖章、造册、登记,发还之日,按册与书逐一核对,交还不明,唯督抚是问。乾隆皇帝还规定了一些具体奖励办法:一是皇帝题辞;二是赏赐图书;三是提供《总目》留名。鲍廷博对此举极为赞赏,遂嘱咐子士恭将"家藏善本626种"送交浙江学政王杰进呈于四库全书馆。由于鲍廷博所献多为宋元善本,质量精好,故为《四库全书》采录了250余种,列各家之首,另有129种图书列入"存目"。鲍廷博献书有功,赢得清廷褒奖,以兑现承诺,赐予内府编纂的中国最大的一部类书《古今图书集成》一万卷,以及《平定伊犁得胜图》、《平定两金川战》等。《四库全书》修成之后退还原书时,乾隆皇帝还特为鲍氏收藏整理的《唐阙史》、《宋仁宗武经总要》上题了御诗:"知不足斋奚不足,渴于书籍是贤乎?长编大部都庋阁,小说卮言亦入橱。阙史两编传摭拾,晚唐遗迹见规模。

① 《国朝耆献类征》卷四十四,台北明文书局1985年版。

彦休自号参寥子,参得寥天一也无?"①鲍家特筑堂三楹以贮之,并额其室名曰"赐书堂"。

二、鲍廷博成为藏书家的契机

鲍廷博"积数十年,家累万卷。丹铅校勘,日手一编,人从假借,未尝逆意"。② 可见,他把毕生的精力都用在藏书的事业上,成为清代卓著的古籍整理和藏书家,考其原因固然是多方面,但概括起来不外乎几个方面:

徽州文化的影响。徽州地区,古称新安。鲍廷博父母都生长于徽州,这里的风俗习惯,风土人情以及文化氛围,都深深地记忆在他们的心中。据史书记载"新安自昔礼义之国"、"文献之邦",读书风气较浓厚,"虽十户之村,不废诵读"。所以徽州人大多自幼就"习儒业"。这里值得提到的是,南宋时期在徽州出了一位大儒家朱熹,他的"朱子之学"在徽州的影响极深。所以徽州人多是"读朱子之书,取朱子之教,秉朱子之礼"。明清两代置徽州府,下设歙、休宁、祁门、黟、绩溪、婺源(今属江西省)六县。根据六县统计,中举者,明代 298 名,清代 698 名,中进士人数也相当多,据《明清进士题名碑索引》载,明代徽州籍进士 392 人,清代 226 人。歙县在清代就有"连科三殿撰,十里四翰林"之誉。仅乾隆一朝就有黄轩、金榜、吴锡龄三名状元。其人才之盛,可见一斑。鲍廷博通过父母的身教言教,徽州文化已深深扎根于心中。

富饶的家境支撑着藏书事业。鲍廷博出身商人世家,其父亲鲍思翊以盐业为生,并在盐业经营活动中积累了雄厚的资本和利润。他为鲍家的藏书活动提供了经济基础。同时又生活在"乾嘉盛世"。所谓"升平日久,海内殷富,商人士大夫慕古人顾阿瑛、徐良夫之风,蓄积书史,广开坛坫"③。这种社会政治、经济稳定与发展,促使文化大发展大繁荣。徽州商人在其经营项目中,则以盐、典、茶、木为最。自明代中叶到清朝,盐业乃是徽商经营中的龙头行业。"藏镪百万"的富商,大多出之于盐商之中。鲍廷博父亲思翊不仅有灵活的经商思想,而且有文化,酷爱读书,不惜重金收藏古籍,寻访范围先是桐乡附近的嘉兴、吴兴,后扩展到整个大江南北,故藏书丰富,且所藏典籍多为收藏家所罕见。吴长元

---

① 鲍廷博辑:《知不足斋丛书》第一集第一册,民国铅印本。
② 赵怀元:《知不足斋丛书·序》,民国铅印本。
③ 袁枚:《随园诗话》卷三,清刊本。

说:"先世所藏两宋遗集多至三百家"①,廷博父亲对藏书的独钟,为鲍廷博后来藏书起了铺垫的作用。奠定廷博在清代藏书家中诸多善本古籍的地位,其父功不可没。清代扬州徽州盐商,在康熙、乾隆南巡时,他们曾经凭私人的雄厚财力"迎驾",徽州盐商江春竟然"以布衣交天子"。徽州盐商以经济实力,以换来政治地位。而乾隆皇帝第五次南巡时,鲍廷博至杭州"迎銮献颂",被赏予大缎两匹。可见徽州盐商在商界举足轻重的地位。

鲍廷博个人的兴趣。由于鲍氏家学渊源,培养了廷博的藏书兴趣和爱好。终日用心于学习,喜欢文史,陶醉于藏书。"子承父业"的鲍廷博收藏古籍,范围甚广,颇下功夫,每闻有异书,虽典衣也不吝啬,尤其是晋唐以后图书,必欲得之而后快。他嗜书如命,每当赴外地行商,总不会忘记寻访书市,以搜寻奇书异籍,不惜重价购回,如他得知《古文孝经孔传》(孔安国传)久已流失于日本,就重托其商界朋友汪鹏,随商船赴日本,终于访到,以重金购回。经他考证"《孝经》以此本为最古。与宋司马氏《指解》本多五十字"。他"欣喜之怀,形诸寤寐",立即刊刻,"将此千百年久佚之本列于丛书前编"。他还于本书之后特作跋语云:"此书购访数年,汪君所至,为长崎峤,距其东部尚三千里,得之甚艰,其功不可没。"汪鹏此行,还访得《孝经郑注》、《论语集解义疏》、《全唐逸诗》、《五行大义》等4种佚书。②另外,阮元是这样描述鲍氏:"凡某书美恶所在,意旨所在,见于某书某家目录,经几家收藏,几次抄刊,真伪若何,校误若何,无不矢口而出,问难不竭。"③翁广平也这样写道:"生平酷嗜书籍,每一过目,即能记其某卷某页某讹字,有持书来问者,不待翻阅,见其板口,即曰此书某氏版,某卷刊讹若干字,案之历历不爽。"④鲍廷博坐拥书城,把卷研读,终日不倦。经过三十余年的经营,鲍氏藏书量非常可观,有许多宋元旧刊、旧抄及其他珍本秘笈。

三、鲍廷博所收藏图书的历史价值

作为藏书家,鲍廷博一生最重要的贡献,在于汇编和刊刻大型丛书《知不足斋丛书》,并以"广博见长"、"以网罗遗编为主"。这部以精善而著称的综合性

---

① 吴长元:《斜川集·跋》,载《知不足斋丛书》第二十六集。
② 黄季耕主编:《安徽文化名人世家》,安徽教育出版社2005年版,第172页。
③ 阮元:《研经室二集》卷五,清刊本。
④ 翁广平:《听莺居文抄》卷二十,清刊本。

丛书,不仅在收集的数量上,而且在学术、资料价值上都占有重要的地位。

发挥丛书辑佚的功能,收藏难得的珍本秘笈。我国古代典籍经过长期人为或自然毁坏,有的名存实亡,有的则名亡实存,特别是明清之际战乱频繁,也是我国文化典籍遭到破坏比较严重的一个时期。因此清代以前许多珍贵的书籍难以得到。鲍廷博有感于此,特别注意留心搜访,考求佚文,掇拾补录,重新辑出,收录在丛书里。对于"海内名人贤裔家藏,祖父遗书,前贤秘册,未经流布,悉望寄刊"。目的是为了广为流传,使其得到保存,不致湮灭散佚。因而《知不足斋丛书》中刊入了许多有重要价值的辑佚书,及时承载了当时学术上的成果。于是好多早已成疏散的秘笈,又得以重新在社会上流传。如苏轼之子苏过的《斜川集》,南宋已稀,清康熙时下诏也求之不得。据王士禛《香祖笔记》所说,康熙八年(1669)"闻有书商以此书索价二百金角奇。惜未得见之,其存佚今不可知"。① 鲍廷博为了得到此书悬金求购真本,欲与三苏文集并行,可惜一时未能如愿以偿。后清乾隆年间翁方纲和赵怀玉等人从《永乐大典》、《宋文鉴》等书抄辑而出,分为六卷,使沉晦隐伏六百多年珍籍大显于世。鲍廷博立即四处搜求,抄录后精心校阅,首次刊刻在鲍氏《丛书》二十六集中。后来藏书家吴长元绝口称赞鲍廷博"每得异书,不自珍锢枕函帐秘,往往播往艺林,公诸同好,更能损资寿梓,以续六百余年一线之绪。俾汲古之士得家置一编,以供弦诵,向之误收赝本者,亦得悉行刊正,顿还刘集旧观,俾龙洲仍以诗豪雄于奕世,则又不独为苏氏之功臣矣。"②吴长元这番话可谓一语破的,可以说是他的知音。另外,宋人张镃的诗集《南湖集》,藏书家也很少著录,清初有人搜求此书,毫无头绪。乾隆时修《四库全书》,从《永乐大典》中辑出此书,始有流传。鲍廷博进行了校对,并从一些笔记、杂录中补其缺漏,刊入《丛书》第八集中,使这部湮没六百余年的诗集得到复出,它虽不全同原貌,但应是原书的百分之八十了,这是很难能可贵的。

鲍廷博对虽流传于世但几乎灭绝的书,有抄本而无刻本的书,流传久远其版本已经散失难以得到的书,都竭力求购网罗,决不吝啬。元代王逢的诗集《梧溪集》七卷,明末流传极少。清初藏书家钱遵王曾"购得《梧溪集》前二卷,是洪武年间刻本,如获拱璧,恨无从补录其全。越十余年,复与梁溪顾修远借得后五

---

① 王士禛:《香祖笔记》,清刊本。
② 吴长元:《斜川集·序》,《知不足斋丛书》第二十六集,民国铅印本。

卷抄本,亟命侍史缮写成完书。"① 由此可见,此书得之不易。后来鲍廷博得到汲古阁藏明景泰刻本,刻入《丛书》二十九集中。宋人《皇宋书录》、《吴船录》、《道命录》、《庆元党禁》、《五代史纂误》、《百正集》,元李冶《测圆海镜细草》、唐李淳风注的《孙子算经》等有抄本无刻本;曾敏行的《独醒杂志》"迄今六百余年,别无雕本"②,鲍氏以重价购得,重新开雕,辑入《丛书》之中,使之以刻本形式继续流传。这些辑佚书遍及经、史、子、集四部,为我们提供新的研究书源。

提倡实学,注重实用。鲍廷博所收藏的图书虽以罕见为主,但也并非以奇、怪而著称,其着眼点在于提倡实学,注重实用。只有"裨益见闻,供学者考镜之助者"③,才收入丛书,对于那些徒有虚名、言之空泛而毫无学术价值的书,则概不收录。显然清初讲求经世致用的学风,对鲍廷博所收书籍有很大的影响。丛书涉及内容广博,主要有考订、经史、地理、历史、算学、金石、诗文集、科学技术、书画以及有收藏价值的书。如宋吴仁杰的《两汉刊误补遗》,吴缜的《新唐书纠谬》和《五代史记纂误》,彭叔夏《文苑英华辨证》等。这些史籍鲍廷博都引据广博、考证详细,务求实效,尤其是像《新唐书纠谬》20卷,共列举四百余处谬误,以驳正《新唐书》的错误,深入其弊,切中要害,有裨史学。对于野史稗乘、见闻杂录中有价值的书都一概收辑。宋人朱翌《猗觉寮杂志》、费衮的《梁溪漫志》、曾敏行的《独醒杂志》、叶绍翁的《四朝闻见录》、赵升的《朝野类要》、金人刘祁的《归潜志》都是有价值的史书,《四朝闻见录》杂叙南宋高、孝、光、宁四朝轶事,有议论有杂叙,是"南宋渡以后诸野史足补史传之阙"中仅次于李心传《建炎以来朝野杂录》的一部书。④《归潜志》记录了金代的许多琐事轶闻和金末的文献,书中记录的当时政治得失的有关议论很值得借鉴。此外,鲍氏对注重实学(科学技术)的著述也有不少收录。在《知不足斋丛书》中算学的著作很多。元代数学家李冶的《测圆海镜》和《益古演段》,最可宝贵,是我国现存最早的对天元术进行系统叙述的著作。另外还有反映农业方面的书,如《农书》、《蚕书》、《耕织二图诗》等,藏书家罕有著录,比较珍贵,对于了解当时的农业生产发展状况很有价值。

鲍廷博的藏书中,诗词、文集、评注也占有很大的比重。其中有不少作品的

---

① 钱遵王:《读书敏求记》卷四,清刊本。
② 鲍廷博:《独醒杂志·跋》,清刊本。
③ 王鸣盛:《知不足斋丛书·凡例》,民国铅印本。
④ 《四库全书提要》卷一四一,中华书局1987年版。

思想性艺术性很强,对于了解当时的社会现实具有一定的意义。如宋刘应时的《颐庵居士集》,陆游称其诗卓然自得,虽前辈以得名者亦无以加,杨万里则把他的诗和王安石相比,可见其诗之不凡。唐王棨的《麟角集》可以使我们了解当时科举考试的文风。宋人范晞文的《对床夜话》颇能探索汉魏六朝唐人写诗之法,对于诗学多有创见。元人袁易的《静春堂诗集》气度高昂,在众多诗篇中独树一帜,在当时备受推崇。《四库全书提要》赞道:"其人品诗品均有动人遐想者。"

　　鲍廷博的"知不足斋"藏书,所收辑的内容非常丰富,其学术价值也是多方面、多层次的。清代许多学者如钱大昕、李调元、王鸣盛等学者都很推崇此《丛书》,并视为藏书、刻书之泰斗。李调元说:"近年来海内皆推崇鲍氏所刻《知不足斋丛书》善本。"①王鸣盛称则称赞道:"有功于艺林为甚巨,今夫经之有传注训诂,史之有辨证援据,学问之大者尽于此矣。"并且还说:"淹博多通,精于鉴别。珍抄旧刻,手自校对。实事求是,正定可传"②。在清代诸家丛书中,可称翘楚。尤其是乾嘉时期,考据学日益兴盛时,鲍氏丛书作为经学史学之羽翼,对于考据学的发展起到了一定的作用。鲍氏丛书对其他丛书的编辑和刊刻也有很大的影响。如道光中钱熙祚编刻《指海》,亦仿鲍氏《知不足斋丛书》体例,编为小集,随校随刊。此后蒋光煦刻《别下斋丛书》、《涉闻梓旧》所收多罕秘之本;潘仕成辑《海山仙馆丛书》皆仿鲍氏纂辑之例,收稀本、孤本、残本,甚至版式亦与《知不足斋丛书》相同。高承勋的《续知不足斋丛书》,鲍廷爵的《后知不足斋丛书》,虽仰慕前辈,刻意仿效,惜皆未逮鲍氏丛书。然而仅此数例,亦可窥见《知不足斋丛书》在清代藏书家中的影响。

　　总之,鲍廷博作为清代藏书家,献身藏书文化事业的无私品质和执著精神,为后人树立楷模。正如卢文弨所说:"深于书旨,年力方富而他事之累,又不因之以为利。"③所辑的《知不足斋丛书》以罕见和实用为宗旨,注重善本,校刊精审,力革前人丛书之弊,收书首尾完备。但《丛书》并非完美无缺,就编纂而言,由于受到个人的能力以及时间和空间的限制,也不一定都能得到善本,校勘也有所遗。该丛书钩四部之款奥,采八荒之残帙,虽搜罗鸿富,但采辑之善允推独步。"鲍子举海内嗜奇好古之士之所熟于耳而未遇于目者,一旦授之剞劂,以流

　　① 李调元:《函海·序》,清刊本。
　　② 王盛鸣:《知不足斋丛书·序》,民国铅印本。
　　③ 卢文弨:《知不足斋丛书·序》,民国铅印本。

播于四方,其高识伟度艺林称之,喙万而声一也。"①由此可见,"知不足斋"藏书无处不渗透着藏书家的苦与乐。

据《四库全书总目》著录,鲍廷博家藏图书共计 382 种,3 631 卷。按照经、史、子、集的内容区分,其藏书目录如下:

经部:《周易古本》1 卷、《仪礼郑注句读》17 卷附《监本正误》《石经正误》、《易臆》3 卷、《礼记集说辨疑》1 卷、《春秋年表》1 卷、《春秋经传阙疑》45 卷、《春秋左传事类年表》1 卷、《舞志》12 卷、《韵学集成》13 卷、《韵表》无卷数。

史部:《续宋编年资治通鉴》18 卷、《邃古记》8 卷、《南宋书》60 卷、《燕翼诒谋录》5 卷、《平宋录》3 卷、《顺昌战胜录》1 卷、《伏戎纪事》1 卷、《魏郑公谏录》5 卷、《中州人物考》8 卷、《骖鸾录》1 卷、《吴船录》2 卷、《万柳溪边旧放话》1 卷、《草莽私乘》1 卷、《东嘉先哲录》20 卷、《昆山人物传》10 卷、《名宦传》1 卷、《续列女传》9 卷、《续高士传》5 卷、《宋史存》2 卷、《五国故事》2 卷、《朝鲜史略》6 卷、《契丹国志》27 卷、《明书》卷 45 卷、《晋史剩》1 卷、《楚史梼杌》1 卷、《吴越纪余》5 卷附《杂吟》1 卷、《舆地广记》38 卷、《昆仑河源考》1 卷、《治河奏绩书》4 卷、《桂胜》16 卷、《中吴纪闻》6 卷、《平江纪事》1 卷、《大唐西域记》12 卷、《图注水陆路途》8 卷、《陆右丞蹈海录》1 卷、《广卓异记》20 卷、《郡县释名》26 卷、《目营小辑》4 卷、《蜀中名胜记》30 卷、《西湖梦寻》5 卷、《林屋民风》12 卷、《山行杂记》1 卷、《夷俗记》1 卷、《玉堂杂记》3 卷、《官箴》1 卷、《画帘绪论》1 卷、《日本考》5 卷、《咸宾录》8 卷、《明贡举考》9 卷、《四译馆考》10 卷、《法帖谱系》2 卷、《兰亭考》12 卷、《兰亭续考》2 卷、《名迹录》6 卷附录 1 卷、《六朝通鉴博议》10 卷、《大事记讲义》23 卷、《元史阐幽》1 卷、《金石备考》14 卷、《金石续录》4 卷、《唐史论断》3 卷、《觉山史说》2 卷、《宋史笔断》12 卷、《卖菜言》1 卷、《诗史》12 卷等。

子部:《管窥外编》2 卷、《美芹十论》1 卷、《野菜博录》4 卷、《周易参同契发挥》3 卷、《释疑》1 卷、《农说》1 卷、《太阳太阴通轨》无卷数、《星历释义》2 卷、《灵台秘苑》15 卷、《书品》1 卷、《唐阙史》2 卷、《开天传信记》1 卷、《陶朱新录》1 卷、《方洲杂言》1 卷、《双槐岁钞》10 卷、《贞观公私画史》1 卷、《书谱》1 卷、《翰墨志》1 卷、《墨池编》6 卷、《史书》1 卷、《宝章待访录》1 卷、《海岳名言》1 卷、《山水纯全集》1 卷、《续书谱》1 卷、《书史会要》9 卷《补遗》1 卷《续编》1 卷、

① 单焌:《知不足斋丛书·序》,民国铅印本。

《书法离钩》10卷、《画史会要》5卷、《真迹目录》5卷《二集》1卷《三集》1卷、《法书名画见闻表》1卷、《野记》4卷、《病榻寤言》1卷、《耄余杂识》1卷、《中朝故事》2卷、《栾城遗言》1卷、《祛疑说》1卷、《浑然子》1卷、《祈嗣真诠》无卷数、《纪闻类编》4卷、《听心斋客问》1卷、《古今原始》14卷、《近峰闻略》8卷、《客座赘语》10卷、《谈纂》2卷、《南阳法书表》1卷附《南阳名画表》1卷、《清河书画表》1卷、《山水松石格》1卷、《画学秘诀》1卷、《山水诀》1卷、《宣和论画杂评》1卷、《同异录》2卷、《慎言集训》2卷、《薛方山纪述》1卷、《圣学范围图》无卷数、《何博士备论》1卷、《阵纪》4卷、《华山梅谱》1卷、《画山水诀》1卷、《竹谱详录》1卷、《画苑》10卷《画苑补益》4卷、《王氏书苑》10卷《书苑补益》8卷、《画禅》1卷、《画说》1卷、《琴谈》2卷、《鼎录》1卷、《砚史》1卷、《砚谱》1卷、《歙砚说》1卷《辨歙砚说》1卷、《端溪砚谱》1卷、《香乘》28卷、《茶经》3卷、《东溪试茶录》1卷、《酒谱》1卷、《洛阳牡丹记》1卷、《扬州芍药谱》1卷、《范村梅谱》1卷、《刘氏菊谱》1卷、《史氏菊谱》1卷、《范村菊谱》1卷、《百菊集谱》6卷附《菊史补遗》1卷、《金漳兰谱》3卷、《海棠谱》3卷《荔枝谱》1卷、《橘录》3卷、《菌谱》1卷、《蟹谱》2卷、《蟹略》4卷、《异鱼图赞》4卷、《书断》3卷、《述书赋》2卷、《画山水赋》1卷附《笔法记》1卷、《别本茶经》3卷、《艺菊志》8卷、《艺榖》3卷附《榖补》1卷、《晁氏客语》1卷、《元城语录》3卷附《行录》1卷、《韵石斋笔谈》2卷、《常谈考录》4卷、《社言》4卷、《戏瑕》3卷、《诚斋挥麈录》1卷、《迠斿琐语》1卷、《长水日钞》1卷、《濯缨亭笔记》10卷、《闻雁同笔谈》6卷、《说储》8卷，二集》8卷、《戒庵漫笔》8卷、《认字测》3卷、《吕氏笔弈》8卷、《清赏录》12卷、《尧山堂外纪》100卷、《纪录汇编》216卷、《张氏藏书》4卷、《永嘉八面锋》13卷、《纯正蒙求》3卷、《同姓名录》12卷《补录》1卷、《别号录》9卷、《标题补注蒙求》3卷、《广群辅录》6卷、《宣德鼎彝谱》8卷、《歙州砚谱》1卷、《同姓名录》8卷、《佩韦斋辑闻》4卷、《井观琐言》3卷、《清秘藏》2卷、《长物志》12卷、《南部新书》10卷、《孔氏谈苑》4卷、《铁围山丛谈》6卷、《国考谈苑》2卷、《桯史》15卷、《耆旧续闻》10卷、《山居新语》4卷、《菽园杂记》15卷、《前定录》1卷《续录》1卷、《前定录》2卷、《才鬼记》16卷、《六语》30卷、《罗湖野录》4卷、《阴符经解》1卷、《鹤林类集》无卷数等。

集部：《盈川集》10卷《附录》1卷、《李北海集》6卷《附录》1卷、《高常侍集》10卷、《华阳集》3卷附《顾非熊诗》1卷、《吕衡州集》10卷、《皇甫持正集》6卷、《李文公集》18卷、《孙可之集》10卷、《皮子文薮》10卷、《河东集》15卷《附录》1卷、《镡津集》22卷、《苏学士集》16集、《苏魏公集》72卷、《邕州小集》1卷、《丹渊集》40卷《拾遗》2卷《年谱》1卷《附录》2卷、《龙学文集》16卷、《曲阜集》4卷、《宛邱集》76卷、《宝晋英光集》8卷、《西塘集》10卷、《龙云集》32卷、《刘给事集》5卷、《刘左史集》4卷、《忠肃集》3卷、《宗忠简集》8卷、《龟山集》42卷、《西渡集》2卷《补遗》1卷、《松隐文集》30卷、《简斋集》16卷、《北山小集》40卷、《苕溪集》55卷、《陵阳集》4卷、《豫章文集》17卷、《王著作集》8卷、《五峰集》5卷、《北山集》30卷、《默堂集》22卷、《拙斋文集》20卷、《燕堂诗稿》1卷、《文忠集》200卷、《网山集》8卷、《格斋》461卷、《金陵百咏》1卷、《石屏集》6卷、《南轩集》44卷、《橘山》462卷、《华亭百咏》7卷、《梅山续稿》17卷、《漫塘文集》36卷、《芳兰轩集》1卷、《二微亭集》1卷、《西岩集》1卷、《清苑斋集》1卷、《龙洲集》14卷《附录》2卷、《鹤山全集》190卷、《铁庵集37卷、《壶山》461卷、《默斋遗稿》2卷、《履斋遗集》4集、《清正存稿》6卷《附录》1卷、《可斋杂稿》34卷《续稿》8卷《续稿后》12卷、《玉楮集》8卷、《秋崖集》40卷、《蒙川遗稿》4卷、《北涧集》10卷、《汶阳端平诗隽》4卷、《兰皋集》3卷、《嘉禾百咏》1卷、《柳塘外集》4卷、《四明文献集》5卷、《牟氏陵阳集》24卷、《潜斋文集》11卷附《铁牛翁遗稿》1卷、《西湖百咏》2卷、《富山遗稿》10卷、《月洞吟》1卷、《存雅堂遗稿》5卷、《吾汶集》10卷、《在轩集》1卷、《九华诗集》1卷、《藏春集》6卷、《淮阳集》1卷附《诗余》1卷、《白云集》3卷、《野趣有声画》2卷、《桂隐文集》4卷《诗集》4卷、《玉斗山人集》3卷、《山村遗集》1卷、《湛渊集》1卷、《还山遗稿》2卷《附录》1卷、《存悔斋稿》1卷《补遗》1卷、《此山集》4卷、《霞外诗集》10卷、《定宇集》16卷《别集》1卷、《艮斋诗集》14卷、《梅花字字香前集》1卷《后集》1卷、《桧亭集》9卷、《黄文献集》10卷、《特制集》20卷《附录》1卷、《圭塘小稿》13卷《别集》2卷《续集》1卷《附录》1卷、《杏亭摘稿》1卷、《经济文集》6卷、《圭峰集》2卷、《梦亭集》5卷、《药房樵唱》3卷《附录》1卷、《梅花道人遗墨》2卷、《居竹轩集》4卷、《勾曲外史集》3卷《补遗》3卷《集外诗》1卷、《咏物诗》1卷、《林外野言》2卷、《傲轩吟稿》1卷、《北廓集》6卷《补遗》1卷、《玉笥集》10卷、《贞素斋集》8卷《附录》1卷《北庄遗稿》1卷、《石初集》10卷《附录》1卷、《山窗余稿》1卷、《梧溪集》7卷、《樵云独唱》6卷、《静思集》10卷、《滦京杂咏》1卷、《云阳集》10卷、《南湖集》7卷、《来鹤亭诗》8卷《补遗》1卷、《云松巢集》3卷、《环谷集》8卷、《夷白斋稿》35卷《外集》1卷、《可闲老人集》4卷、《说学斋稿》4卷、《云林集》2卷、《南村诗集》4卷、《望云集》5卷、《可传集》1卷、

《支离子集》1卷、《精华录》8卷、《北山律式》2卷附《王炎诗》1卷《晁冲之诗》1卷、《陈文恭公集》13卷、《志道集》1卷、《别本缘督集》12卷、《止斋论祖》5卷、《棠湖诗稿》1卷、《曬轩》462卷、《断肠集》2卷、《巽斋》461卷、《牧莱脞语》12卷《二稿》8卷、《林屋山人集》1卷、《辉山存稿》1卷、《清江碧嶂集》1卷、《存复斋集》10卷、《书林外集》7卷、《黄杨集》3卷《补遗》1卷、《肃邕集》1卷、《拱和诗集》1卷、《兰雪集》1卷、《文斋文集》11卷、《同文馆唱和诗》10卷、《赤城集》18卷、《吴都文粹》9卷、《柴氏四隐集》3卷、《圭塘欸乃集》2卷、《玉山名胜集》8卷《外集》1卷、《风雅翼》14卷、《中州名贤文表》30卷、《经义模范》1卷、《宋艺圃集》22卷、《元艺圃集》4卷、《柳黄同声集》2卷、《梁园风雅》27卷、《诗文轨范》2卷、《藕居士诗话》2卷、《尧山堂偶隽》7卷、《柳亭诗话》30卷等。

　　鲍廷博喜爱读书，以书为命，陶醉于藏书。同时还喜爱印章收藏，印文多是励志与劝学方面的内容，如"鲍廷博"、"廷博"、"鲍氏收藏"、"鲍氏知不足斋藏书"、"知不足斋藏书"、"歙西长塘鲍氏知不足斋藏书印"、"老屋三间赐书万卷"、"世守陈编之家"、"一生勤苦书千卷"、"黄金散尽为收书"、"好书堆案转甘贫"、"奇书无价"、"知不足斋鲍以文藏书"、"知不足斋鲍氏正本"、"遗稿天留"、"通介叟"、"天留"、"倚文"、"万卷书藏一老身"、"生长湖山曲"、"御赐清爱堂"、"歙鲍氏知不足斋藏书"、"好书堆案转甘贫"、"以文手抄"、"皆大欢喜"、"鲍家田"、"天都鲍氏困学斋图籍"、"困学斋主人心赏"、"知不足斋抄传秘册"、"鲍氏以文藏书记"、"镫味轩"、"知不足斋主人所怡"、"长塘"、"老眼向书明"、"曾在鲍以文处"、"鲍以文藏书印"、"慎斋"等。这些藏书印表达了鲍廷博的藏书情感。

第二节　汪启淑及其"飞鸿堂"藏书

　　汪启淑是清代著名的藏书家和藏印家。他所汇集的名家藏印印谱——《飞鸿堂印谱》，是汇辑历代官私印章及印人篆刻作品的专书，是几千多年篆刻艺术的结晶。从秦汉至明清这段漫长的封建社会时期，官私版刻俱多，典籍易得，藏书雅事，蔚然成风，藏印亦随之日趋繁荣，琳琅满目，灿烂群星。名家印谱不仅具有较高的艺术鉴赏价值，而且还可以帮助人们了解藏书家的个人资料，诸如生辰、名号、行第、籍贯、仕途、功名、志趣、读书处、藏书斋等，从而为鉴定书籍版本提供了线索和依据，有其深蕴的文化内涵和独特的文化现象，具有重要的文献价值。

汪启淑(1728—1799),字慎仪,又字秀峰,号讱庵,人称印癖先生,安徽歙县棉潭人。徽州盐商出身,寓居杭州,官至工部都水司郎中。生平爱好文学,好藏书,嗜古成癖,尤爱收藏古籍书画、印章、古玩。是清代藏书家、藏印家和古玩收藏家。其居室曰"飞鸿堂",有秋室、退斋、悔堂、安拙窝、喜雨亭、一泓斋、开万楼、漱霞轩、静乐居、敦朴堂、居易奄、春晖堂、丛退斋、琴砚楼、临学山堂、听泉精舍等室名堂号。汪启淑不愧为一名藏印家和藏书家。

一、汪启淑一生酷爱藏书印

汪启淑的主要成就不在他的为政,而在他的收藏鉴赏。他所汇集名家藏印印谱《飞鸿堂印谱》,具有极其深蕴的文化内涵。在明清时期,汇集印人的印谱有著名的三堂印谱,即张灏《学山堂印谱》、周亮工《赖古堂印谱》、汪启淑《飞鸿堂印谱》。《学山堂印谱》汇集了归文休、何震、苏宣、沈从先、朱简、顾元芳、何通等著名篆刻家的作品,故历来为世人所重。《赖古堂印谱》成书于清康熙六年(1667),周亮公鉴藏,其子周在浚、周在延、周在建辑,高阜、黄虞稷、倪粲、高兆等题序跋。此谱所收之印为明清篆刻家之作品,内容为姓名、字号、名言、警句、诗词等,皆为精品。而《飞鸿堂印谱》成书于清朝乾隆十年(1745),也是汇集明清篆刻家作品的大型印谱,收印数量比前二谱大得多,共四千余方,五集四十卷。每页2印,有释文,部分注有篆刻家姓名,其所著《续印人传》中多有注录,每集均有序跋多则,首卷有金农题字,汪氏二十一岁小像及凡例十五则,有石印本行世。《飞鸿堂印谱》分初集、二集、三集、四集、五集,每集八卷,每二卷为一册,都二十册。每册前后均有序、跋。上海古籍出版社根据乾隆三十年(1765)《飞鸿堂印谱》刊本,为给读者提供方便,将分散在各册的序跋统一放在卷首,缩小影印。原书释文下刻印人名或用名字,或用字号,不甚统一,给读者使用带来了一定的困难,为了便于读者了解收印人的有关情况,特编制《飞鸿堂印谱人录》,注明印人字号、印章收录数和籍贯等,附于书后。原书版框较大,现将印章次序稍加调整,将原二十册合为一册,以方便读者。

为《飞鸿堂印谱》作诗叙、序、跋的名人和篆刻家有:李果、阎沛年、孙阵典、徐赋、张湄、眉洲、周宣猷、徐键、毛咏、缚玉露、赵大鲸、顾解陆、施谦、汪沆、孙彦、倪承宽、张弘殿、沈德潜、林组、丁敬、厉鹗、叶长杨、周宣武、吴城、江永、陆钧、王曾祥、徐日琏、叶世度、吴晨、舒瞻、江权、盛晓心、彭元玮、梁诗正、吴山秀、葛淳、王又曾、庄有恭、齐召南、张霁、周怡、王腾蛟、吴蒙、薛雪等,这无疑给《飞鸿堂印谱》抬高了身价。

浏览《飞鸿堂印谱》,书意、刀味、金石气息扑面而来。古玺之静穆、典雅,自然而然想起秦汉之劲健、沉雄,元之圆润秀逸,明之别情异调,当代印风之多姿神采,可谓渊源有序,各臻其妙。《飞鸿堂印谱》是汪启淑历经二十载,上下求索,苦心经营之心得。

汪启淑收藏印章不惜重金,不择手段,入迷如痴。凡好古之家,鬻古之市,都是他常涉足的处所。据传钱梅溪有汉"杨恽"二字铜印,汪启淑不顾场合,竟要强行索取,钱梅溪不肯相送,启淑遂长跪不起,钱不得已,笑而赠之。其风趣如此,足见其嗜印之痴情。

汪启淑在《飞鸿堂印谱》的凡例中写道:"印谱非特为文房赏玩之品,六书原本于小学,大有裨益,缘是不惜赀费,咸用朱砂泥、洁越楮、顶烟墨、文锦函以装潢之,非与射利者所可同日语也,具眼谅能识之。"①汪氏为这部印谱从材料到装帧都尽了最大努力,并明确宣告与"射利者"不同,自信"具眼谅能识之"。既然不为射利,难道不为沽名?不能否认有出书以射利沽名者,但徽州人整体的文化品格决定了借刻书以扬名为他们所不齿,这也是他们长期以来形成的道德共识。

汪启淑生平致力于整理刊印所藏古玩、金石、印玺,对我国考古学贡献很大。除辑《飞鸿堂印谱》之外,汪启淑撰写和编辑的著作,根据清丁立中《八千卷楼书目》和刘锦藻《清续文献通考》所提供的目录有:《经络歌诀》1卷、《续印人传》8卷、《飞鸿堂鼎炉谱》1卷、《飞鸿堂砚谱》3卷、《飞鸿堂墨谱》1卷、《飞鸿堂瓶谱》1卷、《水曹清暇录》16卷、《焠掌录》2卷、《切莽诗存》6卷、《汉铜印丛》、《切庵诗存》1卷、《水曹清暇录》16卷、《焠掌录》2卷、《续印人传》8卷、《汉铜印丛》4卷、《集古印存》32卷、《切庵印存》32卷、《切莽诗存》6卷。《古铜印丛》4卷、《飞鸿堂印谱五集》40卷、《汉铜印丛》12卷、《锦囊印林》4卷、《集古印存》32卷、《退斋印类》10卷、《飞鸿堂瓶谱》1卷、《酒帘倡和》4卷。从以上汪启淑的撰写和编辑的著作来看,主要是印谱书籍为多,这也符合汪启淑爱好和收藏,这方面的书籍给后人留下宝贵的艺术价值,成为古代最著名的艺术编辑大师。

在我国的艺术宝库中,篆刻印章具有独特的美学形态性、丰厚的人文意味

---

① 汪启淑:《飞鸿堂印谱·序例》,上海古籍出版社1992年版。

性和深邃的精神理念性。从秦汉官私印到明清流派印,可以这样讲:篆刻艺术是古老的中华文明史的物化载体和独特传承,具有悠久的文化积淀和勃发的审美张力。印章是渊源深远的中国传统文化艺术形式,是华夏民族"诚信"、"征信"的凭证,并且至今仍是一种广泛使用的社会诚信表现形式。

《飞鸿堂印谱》也反映汪启淑在收藏印谱时,从印章的内容来看,把它当作生活中一种精神享受,如在读书治学方面颇有感受:陈浩刻的"为学之道贵在乎勤",吴于河刻的"精勤受学",高凤翰刻的"学以静为本",董元镜刻的"穷居草茅,坐诵书史",周芬刻的"好书到手不论钱",杨轼刻的"不爱尺璧,而爱寸阴",姜文炳刻的"学问之道惟虚乃有益,惟实乃有功",董洵刻的"人不可以无学"。藏书印中还是有许多诗文印,反映了汪启淑的生活情趣、精神追求或者思想境界。如:施景寓刻的"富贵不淫贫贱乐",汪成刻的"事理既融,内心自莹",李石塘刻的"博览群书,日夕无倦",释篆玉刻的"要以清心省事为本",吴廷燧刻的"以义制事,以礼制心",张雨亭刻的"学必圣贤为师",徐怀刻的"人爱名与利,我爱水与山"。

藏书印还反映了汪启淑的生活与感受,表达一种淡泊名利、逍遥自在、与世无争的思想和修身养性的准则,如:吴钧刻的"恬淡自逸"和"人生在世能有几何,石火电光眨眼便过",胡贞甫刻的"清淡不厌贫",吴兆杰刻的"不知足者,虽富是贫",陈书龙刻的"世人皆醒,我独醉",周芬刻的"自在逍遥",沈凡民刻的"养性延寿"。

汪启淑是清代乾隆年间印章收藏者中开集印材成谱之先,给研究与鉴别以新的契机。他所辑的《退斋印类》提供的印材是:金银宝石、精玉冻石、牙角瓷器,各尽其美,其所收集的寿山、青田、昌化、楚石、辽石等多类印石,对研究印人的艺术风格提供了参考依据,其后封泥、铜印、玉印单独汇集成谱,丰富了印人的创作与研究的天地。

《飞鸿堂印谱》作为明清篆刻家作品的大型印谱,具有重要的文献价值。然而篆刻艺术在历史上被人们视为"雕虫小技",而没得到应有的重视,以至清代乾隆年间规模庞大的官修《四库全书》,对印谱也少有问津,在《四库全书存目》中,是通过纂修官们校阅后,认为价值不高,或思想内容与封建统治相悖,而未收入《四库全书》之中。就印谱而言,似乎认为"价值不高"了。

印谱就其艺术价值而言,实不能恭维,就其丰富的文献内容,不无研究、校勘之作用。随着印人印谱与汇辑印材印谱的问世,为研究古代官制、人物、地理、印材、鉴别真伪、艺术水平等方面提供了宝贵资料和参考佐证。《飞鸿堂印谱》是学术性、资料性和艺术性三美兼备的学术性资料汇编，清代50多位知名人士为之作序，全书列出352印人录的姓名、字号、籍贯、藏书楼名、履历诸项，这对研究刻印家提供了宝贵资料。另外，全书的印章都附识释文，既体现了本书的学术性，又省却了读者的翻检之苦，可谓一举两得。

由于汪氏家学渊源，培养了启淑的藏印兴趣和爱好。他与生俱来跟印艺有缘，自称"印癖先生"，与丁敬、金农、黄易私交甚笃。他的财力、志趣，使其成了一位超过前贤的藏印家和制谱家。在鼎盛时他收集的周、秦迄宋、元的古印竟达到数万钮，堪称空前绝后。他从十八岁就编辑《飞鸿堂印谱》，于三十一年后成书。与明季的《学山堂印谱》、清初的《赖古堂印谱》并称为"三堂印谱"。终日用心于学习，喜欢文史，陶醉于藏书印。自汪启淑出，杭州即印风猎猎，众者如云，民间好印之风鼎盛。这门有亲和力的平民艺术似乎成了杭州社稷文化生活中很自然、很需要、很酷好的一个组成部分。"爱印入骨髓"是当时一种近乎真实的写照。

家庭的影响，环境的熏陶，对幼年的汪启淑心灵起了潜移默化的作用。徽州士人的学术研究最重世代的家学传承，有言说："学传三代，方称世家。"徽州文化世家一般都有三代以上的家学传承，有的更是代有薪传，学者辈出，从而成就了一个个各具特色又自成体系的文化世家。汪氏是儒贾世家，其家道富厚，世受封赏。家族以经营盐业为生，并在盐业经营活动中，积累了雄厚的资本和利润，并为汪氏家族的收藏活动提供了经济基础。汪启淑是集财力、毅力、想象力于一身的杰出印学推广者。对于长盛不衰的杭郡印艺是有持续性贡献人之一。

值得一提的是，印坛的空前繁荣，决不会是一种单臂现象。印人与赏家历来是飞鸟的双翼，互为鼓动，互为表里，互助双赢。在19世纪末，藏印之风、辑谱之风也是空前的繁荣。据不完全统计，清代所能读到的印谱就有二百三十部。而这一数字，远远要高于宋、元、明三代近七百年的印谱数量的总和。此外，汪启淑的《飞鸿堂印谱》用纸考究，印刷精美，具有很高的艺术价值。拓品虽系复制，妙手几可乱真。每个印页，天头地脚较宽；单边栏内，藏章排列疏朗。大小方圆、阴阳朱白，林林总总，美不胜收。

二、汪启淑是一位著名的藏书大家

汪启淑把毕生的精力都用在藏书、藏印的事业上，成为清代前期一位卓著的藏书家、藏印家和古玩收藏家。根据清陆心源《皕宋楼藏书志》、孙诒让《温州经籍志》和永瑢、纪昀主编《四库全书总目》提供的藏书目录，汪启淑家有藏书为:《周易爻变义蕴》4卷、《四书经疑贯通》8卷、《罗鄂州小集》6卷附录2卷、《攻媿先生文集》120卷、《《北磵文集》10卷、《姚叔器先生集》1卷、《说学斋稿》不分卷、《七十六鴈山志》4卷、《温处海防图略》2卷、《易学启蒙意见》5卷、《玩易意见》2卷、《易修墨守》1卷、《胡子易演》18卷、《学易举隅》6卷、《古易汇编》17卷、《易林疑说》无卷数、《易经勺解》3卷、《易窥》无卷数、《心易》1卷、《尚书说要》5卷、《禹贡山川郡邑考》4卷、《书帷别记》4卷、《尚书辨解》10卷、《尚书撰》16卷、《诗经通义》12卷、《周礼囧论》1卷、《仪礼节解》17卷、《檀弓丛训》2卷、《礼记通解》22卷、《礼记纂注》30卷、《春秋集传纂例》10卷、《春秋谦义》9卷、《春秋孔义》12卷、《春秋读意》1卷、《春秋翼附》20卷、《春秋直解》15卷、《春秋阐义》12卷、《春秋麟寶》63卷、《春秋左翼》43卷、《春秋撰》1卷、《麟旨定》无卷数、《春秋程传补》20卷、《左传统笺》35卷、《提要补遗》1卷、《七经孟子考文补遗》199卷、《经书音释》2卷、《重编五经图》12卷、《论语全解》10卷、《癸巳论语解》10卷、《癸巳孟子说》7卷、《四书疑节》12卷、《孟子杂记》4卷、《论语商》2卷、《中庸合注》1卷、《四书讲义》无卷数、《孟子说解》14卷、《大学中庸读》2卷、《四书说丛》17卷、《苑洛志乐》20卷、《律吕解注》2卷、《古文四声韵》5卷、《六书统》20卷、《经史正音切韵指南》1卷、《增修复古编》4卷、《字考》2卷、《广金石韵府》5卷、《篆文纂要》4卷、《韵总持》3卷、《明通纪述遗》12卷、《高庙纪事本末》无卷数、《征吾録》2卷、《识大録》无卷数、《辽大臣年表》1卷、《钱塘遗事》十卷、《广王卫王本末》1卷、《奉天靖难记》4卷、《别本洪武圣政记》12卷、《天顺日录》1卷、《明政要》20卷、《安楚录》10卷、《姜氏秘史》1卷、《辽记》1卷、《行边纪闻》1卷、《交黎抚剿事略》5卷、《平夷功次录》1卷、《使琉球录》2卷、《泰昌日录》1卷、《定保录》无卷数、《谕对录》34卷、《明诏令》21卷、《敬乡录》14卷、《嘉靖以来首辅传》8卷、《阙里志》24卷、《孔孟事迹图谱》4卷、《宗圣志》12卷、《阙里广志》20卷、《君臣相遇录》10卷、《曹江孝女庙志》10卷、《润州先贤录》6卷、《尊乡录节要》4卷、《补遗》1卷、《群忠录》2卷、《国琛集》2卷、《儒林全传》20卷、《春秋名臣传》13卷、《辨隐录》4卷、《历代党鉴》5卷、《奇游漫记》4卷、《南朝史精语》10卷、《太史华句》8卷、《廿一史识余》37卷、《华阳国志》12卷附录一卷、《后梁春秋》2卷、《十六国年表》1卷、《太平寰宇记》200卷、《西湖游览志》24卷志余26卷、《华阳宫纪事》1卷、《新定九域志》10卷、《雍大记》36 卷、《浦江志略》8 卷、《南畿志》64 卷、《海盐县图经》16 卷、《治河通考》10 卷、《黄运两河考议》6 卷、《北河续记》8 卷、《萧山水利书初集》2 卷续集 1 卷 3 集 3 卷附集 1 卷、《江防考》6 卷、《两浙海防类考续编》10 卷、《温处海防图略》2 卷、《雁山志》4 卷、《衡岳志》13 卷、《齐云山志》5 卷、《续刻麻姑山志》17 卷、《天台山方外志》30 卷、《天目山志》4 卷、《峨眉山志》18 卷、《峨眉志略》1 卷、《七星岩志》16 卷、《峨眉山志》18 卷、《岳麓志》8 卷、《鸡足山志》10 卷、《惠阳山水纪胜》4 卷、《西樵志》6 卷、《白鹭洲书院志》二卷、《海表奇观》8 卷、《翰林记》20 卷、《土官底簿》2 卷、《南雍志》24 卷、《楚台记事》7 卷、《官制备考》2 卷、《唐会要》100 卷、《西汉会要》70 卷、《谥法纂》10 卷、《年号韵编》1 卷、《明三元考》14 卷、《长芦盐法志》13 卷、《通漕类编》9 卷、《古今鹾略》9 卷、《鹾略补》9 卷、《金薤琳琅》20 卷、《金石林时地考》2 卷、《金石史》2 卷、《嵩阳石刻集记》2 卷、《天发神谶碑释文》1 卷、《承华事略》1 卷、《太史史例》100 卷、《史取》12 卷、《评史心见》12 卷、《左略》1 卷、《寿亲养老新书》4 卷、《医经泝洄集》2 卷、《天步真原》1 卷、《天学会通》1 卷、《历算全书》60 卷、《勾股矩测解原》2 卷、《九圜史图》1 卷附 6 卷、《匋曼》1 卷、《元包》5 卷附《元包数总义》2 卷、《数诀》1 卷、《易十三传》13 卷、《庵椠》1 卷、《太乙统宗宝鉴》20 卷、《墨池琐录》4 卷、《笔元要旨》1 卷、《青莲舫琴雅》4 卷、《分甘清玩谱》1 卷、《方氏墨谱》6 卷、《素园石谱》4 卷、《茶董》2 卷、《茶史》2 卷、《闲居录》1 卷、《寰有铨》6 卷、《多能鄙事》12 卷、《使规》1 卷、《宋贤事汇》2 卷、《枕中秘》无卷数、《广博物志》50 卷、《文选双字类要》3 卷、《裁纂类函》160 卷、《四六丛珠汇选》10 卷《姓汇》4 卷、《姓觿》10 卷、《考古辞宗》20 卷、《奇姓通》14 卷、《类雅》20 卷、《教养全书》41 卷、《古杭杂记诗集》4 卷、《古今谚》2 卷、《古今风谣》2 卷、《古老子》2 卷、《仙苑编珠》3 卷、《长江集》10 卷、《麟角集》1 卷、《黄御史集》10 卷附录 1 卷、《武溪集》20 卷、《冯安岳集》12 卷、《范太史集》55 卷、《默成文集》八卷、《舒文靖集》2 卷、《本堂集》94 卷、《蒲室集》15 卷、《石门集》7 卷、《玉笥集》9 卷、《白云稾》5 卷、《鸣盛集》4 卷、《武功集》5 卷、《骚略》3 卷、《甘白集》6 卷、《三畏斋集》卷、《黄介庵集》11 卷、《桐屿集》4 卷、《质庵文集》无卷数、《岁寒集》2 卷、《思元集》16 卷、《恒轩集》6 卷、《东所文集》13 卷、《襄敏集》4 卷、《董从吾稿》1 卷、《东游集》1 卷、《南北奉使集》2 卷、《寒邨集》4 卷、《严文靖公集》12 卷、《洪洲类稿》4 卷、《古文集成》前集 78 卷、《古乐府》10 卷、《玉山纪游》1 卷、《唐宋元名表》4 卷、《古今禅藻集》28 卷、《静安八咏诗集》1 卷、《五伦诗》5 卷、《骊珠随录》5 卷、《词海遗珠》

4 卷、《名公翰藻》50 卷、《昆山杂咏》28 卷、《古诗类苑》120 卷、《灵洞山房集》2 卷、《岳阳纪胜汇编》4 卷、《续文选》32 卷、《闽南唐雅》12 卷、《金华诗粹》12 卷、《溯洄集》10 卷、《练音集补》7 卷、《国朝练音集》12 卷、《松风余韵》51 卷、《岭南五朝诗选》35 卷、《广东诗粹》12 卷、《乐府遗音》5 卷、《四六谈麈》1 卷、《浙西六家词》10 卷、《古今词论》1 卷、《填词名解》4 卷、《填词图谱》6 卷续集 2 卷、《词韵》2 卷等。

汪启淑作为清代私家藏书大家,其藏书如此丰富,确实难能可贵。乾隆三十八年(1773),下旨编辑《四库全书》,汪启淑响应诏书,献书 524 种,采用 59 种,另有 201 种目录收入到存目。由于汪启淑呈献《四库全书》数量之多,同浙江鲍士恭、范懋柱和两淮马裕三家所进书多至六七百种,各赐《古今图书集成》一部。汪启淑的藏书楼为"开万楼"、"飞鸿堂"。所收辑的内容非常丰富,其收藏图书也是多方面、多层次的,具有很高的学术价值。

三、汪启叔藏书的文献价值

如《姜氏秘史》1 卷、《华阳国志》12 卷、《使琉球录》2 卷、《太平寰宇记》200卷、《齐云山志》5 卷、《南雍志》24 卷、《唐会要》100 卷等、《历算全书》60 卷、《西汉会要》70 卷。

《姜氏秘史》,明朝人姜清所撰。姜清(?—1534),江西弋阳人,明正德六年进士,官至尚宝司少卿。此书据《四库全书总目》介绍说:"自靖难之后,建文一朝事迹大抵遗失,是书于故案文集,搜辑遗闻编年纪载,至于地道出亡等事,则未尝载及,纪录颇见精核。"也就是说,《姜氏秘史》是记录明代建文朝历史的第一部编年体著作,全书共分五卷,它所汇录建文朝史料详细全面,多为官修史书和他书所无,该书采用将传记与编年体结合起来,但又吸收了传记的特点。具体做法是,在编年叙述中,第一次出现某人的姓名,并在其下详记录了生平事迹,使建文诸臣形象跃然纸上,仿照实录编写手法,详细排布出建文一朝大事记,尤其是建文朝大臣几乎都有记载,许多人物事迹记得非常详细,而且资料来源广泛,这些资料不少缘于兵部贴黄册、南京吏部卷等许多今天已无法见到的原始档案材料,因此,该书所引资料弥足珍贵,这对因遭朱棣焚毁而缺乏可信资料的建文朝的历史研究具有重要价值。但是,该书也存在一些内容不合理甚至前后互相矛盾的地方。尽管如此,仍然瑕不掩瑜,该书展现出建文新政的革故鼎新与建文帝定国安邦的执政思想。

《华阳国志》，又名《华阳国记》，是一部专门记述古代中国西南地区地方历史、地理、人物等的地方志著作，由东晋常璩撰，写于晋穆帝永和四年至永和十年（348—354年）。全书共约11万字。洪亮吉认为，此书与《越绝书》是中国现存最早的地方志。不像之前的地方志只局限于某一方面，《华阳国志》内容结合了历史、地理、人物三方面的内容，较为全方位地开创了后世地方志的体例，以地理志、编年史和人物志三方面结合的方式，记载了4世纪之前以益州为中心的西南地区历史与地理状况。书中有许多政治、经济、郡县沿革、古代氏族等方面的重要史料，例如：巴蜀古代的史事，诸葛亮出征南中的经过，各民族历史、传说、风俗等。其中的先贤、后贤志及士女目录，收有西汉到东晋益、梁、宁三州（今四川及陕西、汉中、云南一部分）的人物约四百人，这都是正史的重要佐证史料，反映了这一地区的历史，有重要的文献价值。

《使琉球录》，明郭世霖撰。世霖，永丰人，官至南京太仆寺卿。万历中，萧崇业拿出《使琉球录》，称是陈侃、郭世霖二人著。嘉靖十一年，命吏科左给事中陈侃、行人高澄册封中山王尚清。侃述其事为《琉球录》，自为之序。至嘉靖三十七年，又遣世霖与行人司行人李际春册封中山王尚元。世霖因取侃旧本，缀续成编。所言大略与《明史·琉球传》合。1534年中国明代琉球册封使陈侃上呈的《使琉球录》中，便对中琉疆界作有明确记载，后世中、日、琉球三国的政府官员、学者乃至岛民水夫亦皆以为是。这充分证明：钓鱼岛及其附属岛屿原本便是中国领土，历史记载的古米山（现今的久米岛）才是古代琉球王国的西部疆土。"古人日以远，青史字不泯"。《使琉球录》不仅记录了册封使在琉球的所见所闻，同时记录了钓鱼岛及其附属岛屿属于中国版图的历史事实。

《太平寰宇记》，宋乐史撰，《太平寰宇记》卷帙浩博，采摭繁富，考据精核，广泛引用了历代史书、地志、文集、碑刻、诗赋以至仙佛杂记，计约二百种，且多注明出处，保留了大量珍贵的史料。该书对后世地志影响巨大，在体例上仿唐代总志，又有所创新，增风俗、姓氏、人物等门，虽然遭后人诟病"人物琐事登载不遗"，但这种以人文结合地理的方式实被后世地志奉为典范，四库馆臣认为"盖地理之书，记载至是书而始详，体例亦至是大变"。由于所引诸书今多已散佚，故《太平寰宇记》的记载，对于研究自汉迄宋，特别是唐与五代十国史，具有重要的资料价值。该书还首次记录了宋朝绝大多数州郡的主户与客户户口统计，这对于研究宋朝的人口、户籍、阶级状况，也极为珍贵。《太平寰宇记》还记载了各少数民族聚居区的户口，有的还区分汉人与蕃人，甚至主户、客户数，对研究宋初少数民族的人口分布,边远地区的经济面貌,也有参考价值。

《齐云山志》,明鲁点撰。鲁点,字子与,南漳人。万历癸未进士,官休宁县知县。齐云山在休宁县,名齐云岩,盖白岳西北分支也。上有北极佑圣真君神祠,明代数经修葺,嘉靖中始有齐云山之号。兹志因云岩旧本而重辑之,分三十七目。卷前又有顺治中告示二通,又后人刊入,非原书之旧矣。

《南雍志》,明黄佐撰。黄佐(1490—1566),字才伯,号泰泉。广州香山(今广东中山)人。正德十六年(1521)进士。历南京翰林院少詹事、南京国子祭酒等职,因与大学士议论不合罢归。撰著有《乐典》、《泰泉集》等以及两广志书多种。永乐迁都后,南京、北京皆设国子监,南京国子监又称南雍。景泰七年(1456)南京国子祭酒吴节曾撰《南雍志》18卷付印,嘉靖(1522—1566)初南京国子祭酒崔铣重纂未成。嘉靖二十二年(1543),黄佐携国子监丞赵恒、博士王制、博士周瑞、助教梅鷟,在崔铣遗稿和吴志基础上增删成书,次年刊刻。后历朝又有增订。志分事纪4卷、职官表2卷、杂考12卷、列传6卷。体例仿《史记》之纪、表、志、传,而略有不同,如"事纪"仿本纪,职官为表,人物为传并附论赞,而杂考分规制、谟训、礼仪、音乐、储养、经籍等6考,仿志例。卷首凡例后还列有引用书目88种。天启三年(1623)南京国子祭酒黄儒炳又撰《续南雍志》18卷首1卷。南雍诸志留存了大量明代太学教育制度及印刷出版等方面的史料。

《唐会要》,北宋王溥撰,是记述唐代各项典章制度沿革变迁的史书,始称《新编唐会要》,现简称《唐会要》,是中国历史上第一部《会要》专著。会要一体今存者自《唐会要》始。它取材于唐代的实录文案,分门别类地具体记载了唐朝各种典章制度及其沿革,保存了《新唐书》、《旧唐书》未载的史实,为研究唐代政治、经济、文化等各方面的情况提供了第一手资料,向来为唐代文学、历史的研究者所重视。

《历算全书》,梅文鼎撰。梅文鼎(1633—1721),字定九,号勿庵,宣城人。清初著名的天文、数学家,为清代"历算第一名家"和"开山之祖"。著作有《明史历志拟稿》、《历学疑问》、《古今历法通考》、《勿庵历算书目》等。笃志嗜古,尤精历算之学。康熙四十一年,大学士李光地尝以其《历学疑问》进呈。会圣祖仁皇帝南巡,於德州召见御书积学参微四字赐之,以年老遣归。嗣诏修《乐律历算》书,下江南总督徵其孙成入侍。及《律吕正义》书成,复驿致命校勘。后年九十馀,终於家。特命织造曹頫为经纪其丧。至今传为稽古之至荣。所著《历算》诸书,李光地尝刻其七种。馀多晚年纂述,或已订成帙,或略具草稿。魏荔彤求得其本,以属无锡杨作枚校正。作枚遂附以己说,并为补所未备而刊行之。凡二十九种,名之曰《历算全书》。然序次错杂,未得要领。谨重加编次,以言历者居前,而以言算者列于后。皆以推阐算法,或衍九章之未备,或著今法之面形,或论中西形体之变化,或释弧矢勾股八线之比例。盖历算之术,至是而大备矣。我国家修明律数,探赜索隐,集千古之大成。文鼎以草野书生,乃能覃思切究,洞悉源流。其所论著,皆足以通中西之旨,而折今古之中,自郭守敬以来罕见其比。其受圣天子特达之知,固非偶然矣。《历算全书》后来是通过中国对日贸易的商船传入日本的。

《西汉会要》,宋徐天麟撰,是一部会要体西汉典章制度史。据《史记》、《汉书》所载典章制度、文物故实,以类相从,分门编载,便于检索,政书体史籍,是研治西汉历史的必备工具书。作者开禧元年(1205)进士,历任抚州、临安府教授,主管礼部、兵部架阁等。内容主要分帝系、礼,兵、舆服、学校、运历、祥异、职官、选举、民政、食货、兵、刑法、方域、蕃夷等十五门。每门之下又分若干事,共376事。其部门之间,都无隶属关系,则以杂录附见。其中职官门有一百十子目,食货门三十六子目,都很详细,尤其是兵一门有三十八目,都有具体的记载。因检索比较方便,长城研究中涉及西汉各典章制度内容时,可参考此书。其不足是取材仅限于《汉书》。

汪启淑作为清代私人藏书家,对图书的收藏保护和刊刻,以及对文化的传承都具有重要贡献。然而,由于汪启淑的个人性格和藏书理念与其他藏书家的区别,他把所收藏的图书严格保管,似乎变成自己的私人财产,不让外人借阅,即使是亲戚朋友也难以涉猎。如汪启淑的藏书好友、又有乡谊之情的鲍廷博就曾经为借阅书籍与他产生很大的矛盾。鲍廷博辑刊《知不足斋丛书》时,想对宋刘昌诗《芦浦笔记》进行校勘核对,得知汪启淑的"飞鸿堂"藏书楼藏有元人盛如梓所撰的《庶斋老学丛谈》,对《芦浦笔记》的校勘有帮助作用,于是携好友郁礼一同到汪启淑府上借阅,却遭到汪启淑的拒绝。对此,鲍廷博十分气愤和不满,在撰写《庶斋老学丛谈·跋》中流露出,"右盛庶斋《丛谈》,楷书精致,出自钱塘汪西亭(立名)氏,吾友郁君潜亭(礼)所贻也,间有误书,思之不适,闻某公有善本,欣然偕潜亭往借,秘不肯宣,仅录林吉人两跋相授耳,是为乾隆甲午。迨嘉庆甲子,始据钱功父本一扫乌焉之讹。往读某公所著《清暇录》,历数近来藏书家,而自述其储蓄之富。渺兹一粟,漂流沧海中,杳曾几何时,已散为云烟矣。不知其所之矣。"①鲍廷博在跋中虽没有公开点名，但对"某公"的不满情绪依然怀恨在心。在清代像汪启淑这样的藏书家嗜书成癖、爱书如命的人很多，但像汪氏这样秘不肯宣、小气吝啬的人却是很少，大多藏书家都有藏书共享的思想。如藏书家朱文藻是这样描述鲍廷博藏书共享、开放行为的，"吾友鲍以文，世居歙之长塘……三十年来，近自嘉禾、吴兴，远而大江南北，客有异书来售武林者，必先过君之门，或远不可致，则邮书之。浙东西藏书家，若赵氏小山堂、卢氏抱经堂、汪氏振绮堂、吴氏瓶花斋、孙氏寿松堂、郁氏东啸轩、吴氏拜经楼、郑氏二老阁、金氏桐华馆，参合有无，互为借抄。至先哲后人家藏手泽，亦多假录，一编在手，废寝忘食，丹铅无已。时一字之疑，一行之缺，必博征以证之，广询以求之。有得则狂喜珍贝，不得虽积思累岁月不休。……海内书林闻君多异书，大率阻于山川无由借读，而君哀集既多。乐于公世。出其所储为前诸家所未刊，或已刊而讹脱过甚者，悉心勘定，寿之枣梨。"②这才是藏书家的风格和胸襟，与汪启淑有天壤之别。

第三节　徽州籍"扬州二马"藏书

清朝前期扬州曾是全国重要的盐商基地，控制着整个国家大约有三分之二的盐业销售量，拥有雄厚巨额资金，实属世所罕见。据史料记载："乾嘉间扬州盐商豪侈甲天下，百万以下者皆谓之小商。"③在明清时期，扬州盐业的经营主要是徽商和西商(山、陕商人)所操纵，故万历《扬州府志》说：扬州的盐商，"新都最，关以西、山右次之"。由此可见，到清代扬州盐业达到极盛，徽州盐商不仅在财力上超过了西商，而且寓居扬州的人数也大大超越西商。正如史载：徽州盐商汪廷璋在扬州"自其先世大千迁扬州，以盐策起家，……守财帛，富至千万。"④据方志记载，在扬州的歙县籍盐商，就有"江村之江，丰溪、澄塘之吴，潭渡之黄，岑山之程，稠墅、潜口之汪，傅溪之徐，郑村之郑，唐模之许，雄村之曹，上丰之宋，棠樾之鲍，蓝田之叶皆是也。彼此盐业集中淮扬，全国金融几可操

①　鲍廷博辑：《知不足斋丛书》第二十六集《庶斋老学丛谈·跋》，民国铅印本。
②　朱文藻：《知不足斋丛书·序》，民国铅印本。
③　清朝野史大观》卷十一《清代述异·觞令解围之句》。
④　李斗：《扬州画舫录》卷十五《冈西录》。

纵。致富较易,故多以此起家。"①如此多的歙县大族盐商"集中淮扬",另外,还有休宁、祁门、黟县、绩溪等商人在扬州经营盐业,充分说明,徽州盐商手握庞大的商业资本,对扬州社会经济的发展以及文化的繁荣昌盛都会产生巨大的影响。

扬州位于长江与京杭运河的交汇之处,它临海濒江,得天独厚,史称:"扬州治滨大江,为南北绾毂,兼以盐策,期会攘攘往来,而谈经讲艺之士亦日以众。"②水陆交通枢纽、商业贸易重镇,是两淮盐业、经济中心,也是一座历史文化名城。

清代《(嘉庆)两淮盐法志》中所列 80 名盐商,徽州盐商就占 60 名。民国陈去病的《五石脂》指出:"扬州之盛实徽商开之,扬盖徽商殖民地也。"这里虽有夸大其词,但也足以说明徽商的巨大力量。徽州商人在扬州经商的就有马、鲍、郑、巴、江、黄、吴、徐、程等 9 个家族,其势力由此可见一斑。在扬州经商的大族中,其中,马曰琯、马曰璐就是徽州祁门县人,从祖父马承运起,开始走出"道途梗阻,交通乏便"的大山,后经商定居扬州,人称马曰琯、马曰璐兄弟为"扬州二马",堪称扬州徽商翘楚。但他们也不是以单纯盈利为宗旨的商人,而是有特色的"贾而好儒"的商人形象,其大多数是"先儒后贾",从商之后便是"贾而好儒"。正符合徽州本是一个"虽十家村落,亦有讽诵之声"的"读书尚学"文化传统。亦贾亦儒,贾儒结合,徽商在经商的同时与文化有着不解之缘,往往被誉为儒商。马曰琯、马曰璐就是徽商中儒商的代表人物,为保存中华文明的传统文化投入巨大资金,广泛收集善本、孤本书籍,同时也大量刊刻著作。藏书和刻书也成为马曰琯、马曰璐兄弟俩生活的一部分。

马曰琯(1667—1755),字秋玉,号嶰谷、沙河逸老。其弟马曰璐(1695—1776),字佩兮,号南斋、又号半槎。马曰琯、马曰璐兄弟在经商的同时爱好文化和儒术。尤其喜爱藏书和刻书,同时也爱写诗和结交文人墨客。兄弟二人在离瘦西湖不远之处,在东关街南有一座私家美丽园林,雅称"街南书屋"。这是祖辈和父辈经营盐业,到马曰琯、马曰璐时,经过三代人的经营,家资巨万,成为扬州著名盐商。"街南书屋"是祖辈遗留下来的产物,是扬州历史上著名的私家园林,加上马氏兄弟经营有方,是徽商在扬州的骄傲。富裕之后马氏兄弟发扬徽商"贾而好儒"的优良传统,拿出一部分资金投入文化事业建设上。在"街南书

---

① 民国《歙县志》卷一,民国刊本。

② 嘉庆《重修扬州府志》卷二十八《寺观志》。

屋"基础上,布置了十二个景点,其中以小玲珑山馆丛书楼的藏书楼最为著名,藏书数量之多,质量之高,且极为丰富,举世无双。时苏州藏书名家姚世钰《屑守斋遗稿·丛书楼铭》称赞曰:"广陵二马君秋玉、佩兮筑别墅街南,有丛书楼焉。楼若干楹,书若千万卷,其著录之富,丹铅点勘之勤,规唐宋藏书家如邺侯李氏、宣献宋氏、庐山李氏、石林叶氏,未知孰为后先? 若近代所称天一阁、旷园、绛云楼、千顷斋以及倦圃、传是楼、曝书亭,正恐无所不及也。"① 视马氏藏书比肩唐宋名家、超迈明清前贤,姚氏此言不虚。另一位苏州藏书家吴翌凤称赞说:"秋玉(马曰琯)尤富藏书,有稀见者,不惜千金购之。玲珑山馆中四部略备,与天一阁、传是楼相埒。"② 而天一阁、传是楼分别为明代和清代最大藏书楼之一。天一阁是明代中期退隐的兵部右侍郎范钦主持建造的。它是我国现存最古老的私人藏书楼,也是世界上现存历史最悠久的私人藏书楼之一,被誉为"江南书城"。天一阁藏书主要来源两个方面:一是当时城西丰氏万卷楼;同时与著名学者王世贞相约互钞书籍,这是天一阁藏书的基础部分。二是范钦自己搜求和努力的结果。范钦曾历任江西、广西、福建、云南、陕西等地,就留意各地的书籍,只要有空闲时间,都在任职之地收购。主要是宋元以来刊本、稿本、钞本,而以明刻本为主。而最大的特色是明代地方志书、政书、诗文集等。天一阁最后藏书达七万余卷。传是楼是清代徐乾学在家乡江苏昆山建造的藏书楼。徐氏康熙九年(1670)进士,历任内阁学士、刑部尚书等职。曾被任命编纂《大清一统志》、《清会典》及《明史》等。而自幼酷爱读书、抄书和藏书的徐乾学,博览群书和爱书手不释卷。由于徐乾学富于资财,又善于多方搜求典籍,花费半生心血搜集、抄录的书有数万卷之多。据清代散文家汪琬描述:传是楼这座藏书楼,"部居类汇,各以其次,素标缃帙,启钥烂然",善本书、稀见书颇多,蔚为壮观。江浙的许多珍贵图书,尽归其所有。而马曰琯、马曰璐丛书楼,曾以藏书十万卷极负美名,验证苏州藏书家吴翌凤关于丛书楼与"天一阁、传是楼相埒"之说。

马氏兄弟有一种嗜书藏书之癖,为了搜罗书籍,马曰琯喜欢交结朋友,在寒暄经营商业活动情况之后,也一定问及对方手中是否有图书或听说有某种书籍,只要有一点线索,他都要认真记录书目,有空暇时,不管是借来抄,还是托人购买,但千方百计想方设法也要弄到手,就是凭着这种坚忍不拔的精神和意志,

① 姚世钰:《屑守斋遗稿·丛书楼铭》,清刊本。
② 吴翌凤:《逊志堂杂钞·丙集》。

周而复始,乐此不疲地收藏图书。其弟马曰璐在藏书方面也不比其兄示弱,当他得知好友著名的学者、翰林院庶吉士全祖望在京城能见到明《永乐大典》万册时,求书的欲望更加迫切,亟需聘请人代抄,并嘱咐全祖望派人抄天一阁遗稿。无论是抄写还是购置图书,只要能得到,并常和书商交往密切,不惜一切代价,不计成本,花重金收购。因此马氏兄弟家有藏书盈百橱柜。乾隆三十七年(1772)《四库全书》编纂时,朝廷征求海内秘本,马曰璐之子马裕进献而被采用的书籍达776种之多,为当时全国私人藏书之最。其中收入《四库全书》就有144部,另有225部被列入《四库全书存目》。据《四库全书总目》著录,马氏藏书有373种子529卷,其中经部57种670卷,史部123种1658卷,子部43种731卷,集部150种2470卷。马裕因进献图书卷帙浩繁,邀功受赏,奉到乾隆帝恩赐内务府所刻《古今图书集成》一部,共五千二百卷,分类三十二典。随即装成五百二十匣,藏贮十柜,供奉正厅。继而又获赐《平定伊犁御制诗三十二韵》、《平定金川御制诗十六韵》,并《得胜图》三十二幅。尤使马裕受宠若惊的是,其家藏本《鹖冠子》三卷,得御览后,乾隆帝因喜读此希珍之书,有感而发,为之题《鹖冠子》诗云:"**铁器原归厚德将,杂刑匪独老和黄。朱评陆注同因显,柳谤韩誉两不妨。完帙幸存书著楚,失篇却胜代称唐。帝常师处王友处,戒合书绅识弗忘。**"荣幸万分,为时人称羡,扬州人乐道。有关小巧玲珑山馆藏书和进献四库馆藏书情况,李斗的《扬州画舫录》卷4记载非常详细:

> 佩兮于所居对门筑别墅曰街南书屋,又曰小玲珑山馆,有看山楼、红药阶、透风透月两明轩、七峰草堂、清响阁、藤花书屋、丛书楼、觅句廊、浇药井、梅寮诸胜。玲珑山馆后丛书前后二楼,藏书百厨。乾隆三十八年奉旨采访遗书,经盐政李质颖谕借、其时主政已故,子振伯恭进藏书,可备采择者七百七十六种。三十九年奉上谕:"国家当文治休明之会,所有古今载籍,宜及时搜罗大备,以光策府,而禅艺林,因降旨命各督抚加意采访,汇之于朝。旋据各省陆续奏送,而江、浙两省藏书家呈献者种数尤多,廷臣中亦有纷纷奏进者。因命词臣分别校勘,应刊、应录,以广流传。其进书百种以上者,并命择其中精醇之本进呈一览。朕几馀亲为评咏,题识简编。……今阅进到各家书目,其最多者如浙江之鲍士恭、范懋柱、汪启淑、两淮之马裕四家,为数至五六七百种,皆其累世弄藏,子孙克守其业,甚可嘉尚。因思内府所有《古今图书集

成》，为书城巨观，人间罕觐。此等世守陈编之家，宜俾专藏勿失，以永留贻。鲍士恭、范懋柱、汪启淑、马裕四家，着赏《古今图书集成》各一部，以为好古之劝。……钦此。"《古今图书集成》共五千二百卷，分类三十二典，振伯敬谨珍藏，装成五百二十匣，藏贮十柜，共奉正厅。继又赐平定伊犁御制诗三十二韵、平定金川御制诗十六咏，并得胜图三十二幅。又御题《鹖冠子》诗云："铁器原归厚德将，杂别匦独老和黄。朱评陆注同因显，柳谤韩誉两不妨。完帙幸存书著楚，失篇却胜代称唐。帝常师处王友处，戒合书绅识弗忘。"现皆装成册页，供奉其家。

《扬州画舫录》对小玲珑山馆景色的描述和藏书情况都如实记载，把小玲珑山馆刻画得淋漓尽致。据全祖望《鲒埼亭集》道："乾隆戊午，予为韩江马氏兄弟作《丛书楼记》，于今盖六年矣。书目告成，属予更为之序。……马氏兄弟服习高曾之旧德，沉酣深造，屏绝世俗剽贼之陋，而又旁搜远绍，萃荟儒林文苑之部居，参之百家九流，如观王会之图，以求其斗杓之所向，进进不已，以文则为雄文，以学则为正学，是岂特闭阁不观之藏书者所可比，抑亦非玩物丧志之读书者所可伦也。韩江先正实式凭之，而砺砺与葛氏争雄长乎哉？"① 原来小玲珑山馆藏书富甲东南，与深深吸引着一批饱读诗书的文人墨客有关，如全祖望、金农、姚世钰、厉鹗、郑板桥、闵华、王藻、杭世骏、陈章等的加盟，对硕学通儒人士，不限时间、年龄和地域，只要愿意来都行，如王念孙、段玉裁、洪亮吉、孙星衍、汪中都是从小玲珑山馆成长和滋润走出来的学者。因此，小玲珑山馆成为文人雅士文化交流活动的一个重要场所。

全祖望和马氏兄弟交往密切，而且也是小玲珑山馆的常客。他是清代著名的史学家、文学家，是浙东学派的重要代表人物之一。勤奋刻苦，博学多才。乾隆元年（1736）会试中进士，入翰林院庶吉士，因不附权贵，受朝廷要官张廷玉排斥，辞官归里，不复出任，专心致力于学术，相继讲学，足迹遍布大江南北。在学术上，其推崇黄宗羲，自称为梨洲私淑弟子，他为黄宗羲辑补《宋元学案》，堪称是贯彻其学术宗旨的典范。又受万斯同影响，专研宋和南明史事，留意乡邦文献。特别反对一味拾人牙慧、步人后尘，或墨守一家、囿于成说，从而失去自己独立思考的品性和学术创新空间的做法。更难能可贵的是全祖望学贵自得、融

---

① 全祖望：《鲒埼亭集》卷三十二《丛书楼书目序》。

会百家的思想所追求的一种最高的境界,堪称其一生的学术总结。全祖望曾一度主馆马氏小玲珑山馆,并为"二马"作《丛书楼记》,这是他们友谊和交往的最好的见证。当马氏兄弟得知全祖望眼睛有毛病时,特投书邀请全祖望赴扬州,并延医抓药疗其目疾。全祖望对一段往事是这样说:"春尽,维扬故人以书招往养疴,且云有善医者,乃赴之,仍居菴经堂,病亦未有增减也。仍治《水经》、兼补《学案》。"全祖望在临终前嘱咐弟子董纯秉将所抄文集交马氏藏书楼。且说:"又十日,呼纯之榻前,命尽检所著述,总为一大篓,顾纯曰'好藏之。'而所抄文集五十卷,命移交维扬马氏藏书楼。"①可见,全祖望对马氏兄弟小玲珑山馆的信任和寄托。

　　另外一个文人雅士厉鹗,与小玲珑山馆也有着深厚之情。当厉鹗衣衫褴褛、穷困潦倒的时候,正是马氏兄弟不仅在生活上给予他关照,而且还为他提供研学场所,潜心研究,最终成为大学问家。厉鹗(1692—1752),字太鸿,又字雄飞,号樊榭、南湖花隐等,钱塘人,康熙五十九年举人,屡试进士不第。家境贫寒,性情孤峭不苟合,毕生嗜学。据《杭州府志·文苑集》载:"少孤贫,僦居杭城东园,敝屋数椽,读书不辍,声隽一时。"其求知欲却很强,刻苦用功,并与很多的文人交结朋友,如周京、金志章、符曾、金农关系十分密切,常和这些文人在一起作文字之会,赋诗为乐。由于马氏兄弟贾而好儒,"以古书、朋友、山水为癖",再加上家中藏书极富,吸引文人名士纷至沓来研讨和交友,最引人注目的是厉鹗从四岁时就长期寓住小玲珑山馆,直到去世的前一年,也就是乾隆十六年(1751),还同全祖望、马曰璐在小玲珑山馆以散曲相酬答。厉鹗与"扬州二马"的关系非同一般,没有马氏兄弟可以说也就没有厉鹗在文坛上的成就。当年迈体衰的厉鹗辞别小玲珑山馆还归故里时,马曰琯在《齐天乐·送樊榭归湖上》写道:"廉纤细雨侵衣袂,梅天最难调摄。苦笋过墙,青苔上砌,客里光阴飘忽。怀归念切,拟暂沦茶铛,少留吟箧。只恐红衣,待君香散半湖月。吹箫何处濯发?浸空明一片,消尽炎热。唤艇邀凉,凭栏觅句,沙际白鸥凝雪。哪堪闲阔。定幕忆山斋,几般萦结。莫负秋窗,满林蝉乱咽。"马曰璐也在《南斋词》中写道:"片帆约共云阴远,相看已萦愁绪。淡景邀诗,遥情入画,绿暗前时来路。汀荷苑树,有花底鱼经,柳边萧谱。水梦山魂,朗吟飞向镜奁去。湖头应忆旧侣。正疏篁露滴,如对幽语。病渴文园,耽佳饭颗,算是襟分几度,离杯漫举。待潮落江

---

① 全祖望:《鲒埼亭集内编》卷首《全谢山年谱》之《十九年甲戌先生五十岁居扬州》。

天,片时延伫。直到凉秋,剪灯同听雨。"两首词将凄凉、悲伤的离别之情描写得淋漓尽致。而厉鹗也以《齐天乐·庚午夏五将归湖上留别韩江吟社诸公》作答:"平生惯向芜城客,吴丝暗斑双鬓。雪岭才高,青楼句好,那比前人俊,吟朋胜引。爱款竹寻题,占花分韵。忽觉归心,一灯摇梦野鸥近。湖山此时旧隐。玉壶凉万斛,红腻莲晕。江雨鸣篷,林风解缆,离绪满于潮信。流连未尽。谢送我多情,熟梅芳酝。弹指秋清,重逢期定准。"离别的忧伤,但总忘不了对小玲珑山馆的眷恋之情。厉鹗去世后,"扬州二马"集张世进、方士俊、陈章、闵华、陆钟辉、楼绮、程梦星、汪玉珂共 10 人,为其设灵位于"行庵",并集体哭泣。著名的诗人袁枚为马氏兄弟作诗:"横陈图史常千架,供养文人过一生",这是"扬州二马"与厉鹗之间友谊的真实写照。据《清史列传》云:"鹗搜奇嗜博,馆于扬州马曰小玲珑山馆数年,肆意探讨,所见宋人集最多,而又求之诗话、说部、山经、地志,为《宋诗纪事》一百卷、《南宋院画录》八卷、又著《辽史拾遗》、《东城杂记》、《湖船录》诸书,皆博洽详赡。……所著《樊榭山房集》二十卷,幽新隽妙,刻琢研炼。尤工五言,取法陶、谢及王、孟、韦、柳,而别有自得之趣。兼长诗余,擅南宋诸家之胜。"[1] 厉鹗的《辽史拾遗》、《宋诗纪事》、《南宋杂事诗》、《东城杂记》、《南宋院画录》、《湖船录》等著作都是在小玲珑山馆完成的。

　　小玲珑山馆不光是全祖望、厉鹗经常出没之地,同时也是文人墨客以诗唱和、以文会友的场所。李斗《扬州画舫录》载:"扬州诗文之会,以马氏小玲珑山馆、程氏筱园及郑氏休园为最盛。至会期,于园中各设一案。上置笔二、墨一、端研一、水注一、笺纸四、诗韵一、茶壶一、碗一、果盒茶食各一、诗成即发刻。三日内尚可改易重刻。出日遍送城中矣。"[2]正反映了当时的诗文盛况,而马氏、程氏和郑氏都是徽州籍商人,他们利用这些名园广交天下名流,因此在这里聚集了一大批江南文人学士交流学习、吟诗作画、搜藏古籍、刊刻著述,成为大江南北远近闻名聚集场所。著名的有全祖望、金农、姚世钰、厉鹗、郑板桥、汪士慎、黄慎、闵华、王藻、汪玉枢、方士庶、杭世骏、陈章等都是小玲珑山馆的常客。金农《冬心先生集》这样写道:"少游兄弟性相仍,石屋宜招世外朋。万翠竹深非俗籁,一圭山远见孤棱。酒阑遽作将归雁,月好争如无尽灯。尚与梅花有良约,香

① 《清史列传》卷七十一《文苑传》。
② 李斗:《扬州画舫录》卷八,中华书局 1997 年版。

黏瑶席嚼春冰。"①描写这些文人聚集在小玲珑山馆吃喝玩乐的情景。马曰琯本人也非常喜爱诗词,曾著有《沙河逸老小稿》,其中有一首诗赠汪士慎"交深卅载意绸缪,移居城隅小屋幽。风里寒蛩怜静夜,灯前白苣耐新秋。嗜茶定有茶经都,能画差来画直酬。清骨向人殊落落,懒将岩电闪双眸。"②这首诗意味深长,对汪士慎出道前的同情和后半生双目失明的忧伤。"嗜茶顶有茶经读,能画差来画直酬"。这是说汪士慎在卖画时,不好意思和买画人讨价还价。汪士慎出生康熙二十五年(1686),安徽休宁富溪人。善于做诗,喜弹琴,擅画花卉,随意勾画,清妙多姿。由于家境贫寒,37 岁时,携家带口来到扬州,投奔老乡马曰琯、马曰璐兄弟。其原因主要是扬州是当时经济繁荣的都市,而且文气畅达,字画都有很好的市场。汪士慎受到马氏兄弟的厚待。马氏兄弟把他安排在自家的"七峰亭"。这个亭子,原来是马氏兄弟在家接待文人墨客的一座"沙龙"。汪士慎来后,马氏兄弟请人来将这座亭子整理成住房,让汪士慎一家住在这里。由于这座亭子的四周散布着七块巨石,像七座山峰,因此,汪士慎将这一新居命名为"七峰草堂",并自名"七峰居士"。汪士慎后来成为"扬州八怪"之一,其书画造诣之深,是举世公认的,郑板桥就评价汪士慎说"清品极高"。这与马氏兄弟在最困难时给予汪士慎慷慨解囊的接济和帮助是分不开的。马氏兄弟在扬州是著名的盐商,其财力人力物力之雄厚是远近闻名的,他们交结文人雅士,还不吝金银,资助贫寒学士。特别是善于资助那些有发展前途、崭露头角的寒门士子。当马氏兄弟初识郑板桥于焦山时,喜出望外,爱才若渴,经过一番交流谈心之后,得知其家贫避债来此,便赠送纹银 200 两,让郑板桥克服困难,振作精神。

"小玲珑山馆"成为一批文人士子在扬州活动的场所,同时也是他们雅集唱和、诗文创作交流的一个平台。"小玲珑山馆"主人马曰璐在《小玲珑山馆图记》描述此情此景,诗词唱和,此唱彼和,相互酬答,文人骚客的雅兴和礼节。正如唐代张籍有两句诗将即席唱和的情景写得十分生动传神——"闲来各数经过地,醉后齐吟唱和诗"。图记云:

---

① 金农:《冬心先生集》卷四《马曰琯兄弟招同王歧余元甲汪埙厉鹗闵华汪华沅陈皋集小玲珑山馆》。
② 马曰琯:《沙河逸老小稿》卷二《秋日柬汪近人》。

中有楼二:一为看山远瞩之资,登之则对江诸山,约略可数;一为藏书涉猎之所,登之则历代丛书,勘校自娱。有轩二:一曰透风,披襟纳凉处也;一曰透月,把酒顾影处也。一为红药阶,种芍药一畦,附之以浇药井,资灌溉也。一为梅寮,具朱绿数种,縢之以石屋,表洁清也。阁一,曰清响,周栽修竹以承露;庵一,曰藤花,中有老藤如怪虬。有草亭一,旁列峰石七,各擅其奇,故名之曰七峰草亭。其四隅相通处,绕之以长廊,暇时小步其间,搜索诗肠,从事吟咏者也,因颜之曰觅句廊。将落成时,余方拟榜其门为街南书屋,适得太湖巨石,其美秀与真州之美人石相埒,其奇奥偕海陵之皱云石争雄。虽非娲皇炼补之遗,当亦宣和花纲之品。米老见之,将拜其下;巢民得之,必匿于庐。余不惜赀财,不惮工力,运之而至。甫谋位置其中,借作他山之助,遂定其名小玲珑山馆。适弥伽居士张君过此,挽留绘图。只以石身较岑楼尤高,比邻惑风水之说,颇欲尼之。余兄弟卜邻于此,殊不欲以游目之奇峰,致德邻之缺望,故馆既因石得名,图已绘石之矗立,而石犹偃卧,以待将来。①

马氏小玲珑山馆饮酒吟诗的盛况,参与者甚众,或诗文相交,或意气相投,各自表现为以文会友,以诗下酒。诗人袁枚对这一场景有一个生动的描写:

马氏玲珑山馆,一时名士如厉太鸿、陈授衣、汪玉枢、闵莲峰诸人,争为诗会,分咏一题,裒然成集。陈《田家乐》:"儿童下学恼比邻,抛堕池塘几日巡。折得松梢当旗杆,又来呵殿学官人。"闵云:"黄叶溪头村路长,挫针负局客郎当。草华插鬓偎篱望,知是谁家新嫁娘。"秋玉云:"两两车乘鹡鸰轻,田家最要一冬晴。秋田晒罢村醪熟,翻爱漕床滴雨声。"汪《养蚕》云:"小姑畏人房阁潜,采桑那惜春葱纤。半夜沙沙食叶急,听作雨声愁雨湿。"陈云:"蚕娘养蚕如养儿,性知畏寒饥有时。篱根卖炭闻荡桨,屋后邻园桑剪响。"皆可通也。余题甚多,不及备载。至今未三十年,诸诗人零落殆尽,而商人亦无能知风雅者。莲峰年八

---

① 丘良任:《扬州二马其〈小玲珑山馆图记〉》,《扬州师院学报》1983 年第 3 期。

十三岁,倮然尚存,闻其饥寒垂毙矣!①

　　袁枚的《咏农家乐》叙述了小玲珑山馆文人雅士欢聚一堂,以诗唱和。所言参加两次聚会的分别有马曰琯、闵华、陈章、程梦星、厉鹗、王藻、方士杰、马曰璐、陆钟辉和汪玉枢、陈章、黄慎、唐建中、方士庶、方士杰、马曰璐、闵华、洪振珂、陆钟辉、张四科。这些文酒之会,都是以小玲珑山馆为活动中心的,凸显了扬州经济空前繁荣昌盛,天下文士慕名而来,正如《桃花扇》的作者孔尚任所说:"广陵(扬州)为天下人士之大逆旅,凡怀才抱艺者莫不寓居广陵,盖如百工之居肆焉。"②因此,大批的文人墨客云集扬州,必然要求与之相适应环境提供丰富的精神食粮,而小玲珑山馆就是文人的客栈。

　　各地文人的到访提高了小玲珑山馆知名度和影响力,反之,没有"小玲珑山馆"藏书和"扬州二马"的相助,许多文人的愿望很难实现。因此,离开"扬州二马"的人文情怀关照,离开"小玲珑山馆"诗群的活动,都是难以想象的。清代著名的画家,"扬州八怪"之一郑板桥,晚年曾居住小玲珑山馆,并亲题一联:"咬定几句有用书,不忘饮食;养成数杆新生竹,直似儿孙。"朴实语言,真诚的称赞马氏兄弟对藏书刻书做出贡献,同时也赞扬小玲珑山馆培养了许多人才。

　　马曰琯、曰璐兄弟执着的藏书精神:嗜书、访书、购书、钞书,不是"闭阁不观",亦非"玩物丧志",而是孜孜于藏书、读书、校书,传播中华传统文化。

　　学者阮元说:"征君昆弟业鹾,赀产逊于他氏,而卒能名闻九重,交满天下,则稽古能文之效也。当时拥重赀过于征君者,奚翅什伯,至今无人能举其姓氏矣!"③马氏兄弟虽家资富饶,但从不以盐商自居而奢侈浪费,争奇斗富,而是以崇高优良品格,将大量资财投入藏书文化和乡帮文化建设。如《经义考》之类,不惜千百金付梓,以故丛楼所藏书、画、碑、版甲于江北。"④《经义考》是朱彝尊辞官以后据从前见闻,考察古今经学文献而撰成的,是一部统考历代经议之书。朱彝尊撰《经义考》三百卷。该书原名《经义存亡考》,只列存、亡二例,后分列存、阙、佚、未见四例,因改名《经义考》。由于朱彝尊子孙毫无能力刊刻,延迟将

------

① 袁枚:《随园诗话》卷三《咏农家乐》。
② 孔尚任:《孔尚任诗文集》第三册,第540页。
③ 阮元:《淮海英灵集》乙集卷三,清嘉庆三年小琅嬛仙馆刻本。
④ 维屏:《国朝诗人征略》卷二十八,清道光十年刻本。

近五十之久,在卢雅雨的提议之下,马氏兄弟出资付梓,深受士林重视。清代初年,随着学风逐渐由空返实,学者不约而同倡导经学,注重考据。《四库全书总目》评论该书,于"上下二千年间,元元本本,使传经原委,一一可稽,亦可以云详赡矣。"

第四节　程晋芳与"桂宧"藏书楼

程晋芳(1718—1784),字鱼门,号蕺园,祖籍安徽歙县人。小时依族谱取名志钥,后改名廷簧。因梦天开榜,榜上有晋芳名,故又改名晋芳。束发时读刘念台《人谱》,心慕之,因刘曾讲学于蕺山,而以蕺园为号。祖父因经营盐业贸易而迁居扬州,因而程晋芳出身富商之家。扬州是清代康、雍、乾时期最繁华的都市之一,盐商云集,经济繁荣,文化发达,歙县人在扬州经营盐业贸易者众多,据《歙县志》载:"江村之江,丰溪、澄塘之吴,潭渡之黄,岑山之程,稠墅、潜口之汪,傅溪之徐,郑村之郑,唐模之许,雄村之曹,上丰之宋,棠樾之鲍,蓝田之叶皆是也,彼此盐业集中淮扬,全国金融几可操纵。致富较易,故多以此起家"① 这些歙县大族盐商,经过几代人的经营努力,积累了巨大财富,史称"富以千万计",可见徽商在扬州的势力和影响。程晋芳的高祖程量人,始自歙迁扬州业盐。第12世晋芳的祖父程文阶又由扬迁居淮安,住在河下乾鱼巷西。文阶字羽格,生二子,长梦州,号迁益,即为晋芳之父。晋芳弟兄三人,兄志铨,字元衡,号溉堂,又回迁扬州。这一支在淮安的除程晋芳以外,还有他的堂叔程梦鼐,字巨函,住在绳巷。乾隆十年曾捐修过淮渎庙。他的住宅豪华,是盐商中的翘楚,中有懋敷堂、楠木厅。其余族人都在扬州。至其父程迁益业盐入籍淮安,因娶扬州表妹萧氏,大部分时间也常寓居扬州。有关程晋芳的籍贯问题,各史书记载均有所不同,有新安、淮安、江都、家山阳、歙县等籍贯说,下面就程晋芳的籍贯列有关史料的记载:

---

① 民国《歙县志》卷一,民国刊本。

表2 程晋芳籍贯的不同记载

专著	有关籍贯的记载
《闲渔闲闲录》	新安人
《壬寅销夏录》	新安人
《清秘述闻》	江南歙县人
《晚学集》	新安人
《经学博采录》	新安人
光绪《重修安徽通志》	新安人
道光《安徽府志》	祖居新安
《皖志列传稿》	歙县人
《国朝先正事略》	歙县人
《清代七百名人传》	家山阳
《国朝汉学师承记》	江都人，家山阳
《童山集》	新安人
《国朝文录》	歙县人
《历代名人生卒录》	歙县人
《扬州画舫录》	淮安人
《啸亭杂录》	新安人
《潜研堂集》	歙县人
《清史稿》	江都人
《清史列传》	江都人，家山阳
《文献征存录》	江都人
《红豆树馆书画记》	新安人
《蒲褐山房诗话》	歙县人
《国朝诗人征略》	江南歙县人
《晚晴簃诗汇》	歙县人
袁枚《翰林院编修程君鱼门墓志铭》	祖居新安
徐书受《翰林院编修程鱼门墓表》	祖籍新安

　　通过以上的部分史籍记载,可以得出这样的顺序:程晋芳的高祖程量人,始自歙迁扬州业盐。祖父程文阶又由扬迁居江都(今江苏淮安)。其父程迁益有三子。晋芳兄弟三人,兄志铨,字元衡,号溉堂,又回迁扬州。由于程晋芳喜爱与朋友和文人交往,常往返于淮安、扬州、金陵等地。程晋芳虽出生于淮安,但未入山阳籍,淮安的秀才、举人名单中没有他的名字。有很多史书都说他是江都人,也是不对的。实际上他仍是歙县籍。《明清进士题名碑录》记载他系"江南歙县"人。而他的堂伯父程梦星则入了扬州籍,碑录中即记为"江南江都"人。袁枚撰的《翰林院编修程君鱼门墓志铭》仅说他"祖居新安,治盐于淮。"翁方刚撰的《蕺园程君墓志铭》径说他为"新安程君"。程晋芳为自己长兄志铨撰的《兄溉堂墓志铭》,说他"世为歙之岑山渡人"。我们从程晋芳的诗文和文集中看到,作者都自题是"古歙程晋芳鱼门"。所以就籍贯而言,程晋芳的籍贯当是歙县人。

　　乾隆帝在二十八年(1763)南巡,程晋芳献赋得褒奖,召试第一,赐中书舍人。乾隆三十六年进士,授吏部主事。两年之后,乾隆皇帝下诏设立《四库全书》馆,开始编纂中国历史上最大的一部丛书。它所收集的书籍,上自先秦,下讫清代乾隆,几乎囊括了从古至清中国历史上的主要典籍,并且涵盖了中国传统学术文化的各个学科门类和各个专门领域,因而历来有"典籍总汇,文化渊薮"之美誉。为落实《四库全书》的编纂,乾隆帝设馆委员,饬派正总裁总揽馆事,配副总裁襄助。下设总阅官,总理阅定各书之事;有总纂官,总理编书之事,并分管任编书的纂修官;有总校官,总理校订之事,下辖职责校订的分校官;有总目协勘官,管理协定全书《总目》之事;有提调官,分管提取各处藏书之事;而缮书处则专掌抄书之事,亦设有总校、分校之官;若此等等。四库馆开后,程晋芳被择优录用,旋充总目协勘官。在馆期间,一些馆员校核讹错,会遭到不同程度的遣责,唯独晋芳校核之书,毫发无疵,这是程晋芳对编纂《四库全书》工作的宝贵贡献。程晋芳是个纯粹的学者,而且很有风度,史称他秀眉方颐,有一掬漂亮的长胡须。

　　程晋芳对《四库全书》的贡献另一方面是"进书",他在扬州人进书中仅次于扬州马氏兄弟。当然,程晋芳所进书的数量与质量均远不能与马氏兄弟相比,但除了马氏兄弟在扬州亦无人比得上程晋芳。与马氏兄弟相比,一是所进之书部头小,二是多被列入存目之中,但他所进之书经、史、子、集四部皆有。经部有10种,史部有52种,子部56种,集部28种,据《四库全书总目》中所注"编修程晋芳家藏本"就有 350 种。其中有 183 种书籍共 332 卷被用作为辑编《四库全书》的底本。另有 167 种书籍被作为存目编入到《四库全书总目提要》中。程晋芳所进的特色书是诗集、诗话、词话一类的书,这些书受到四库馆臣的赞赏。如《松泉诗集》、《闺房集》是江都诸生江昱及其妻陈佩二人的诗集,《临汉隐居诗话》一卷、《师友诗传录》一卷续录一卷、《二南密旨》一卷、《容斋四六丛谈》一卷、《东坡文谈录》一卷、《梦蕉诗话》二卷、《碧鸡漫志》一卷、《顾曲杂言》一卷等 25 种,都是很好的版本图书。

程晋芳家世殷富,独嗜图书,自称 13 岁开始嗜好异书,家所故藏五千六百余卷,有室在东偏,上下楼六间,因庭前桂树数株,藏书楼有"桂宧"藏书之称。因此这个"桂宧"藏书楼也是父辈们传下来基业,到了程晋芳时不断发扬光大,并具备一定的规模。他学识渊博,嗜书若渴,藏书颇丰。据民国《歙县志·文苑传》说程晋芳"家素殷富,举族豪侈。晋芳独购书五万卷,招致缀学之士与共讨论。据案开卷,百务废不理。又好施与,略无吝惜。其学无所不窥,星经、地志、尔雅、方言俱宣究根柢。"《桂宧书目》记载了程晋芳家的藏书。综览百家,于学无所不窥,经史子集,天星地志,虫鱼考据,俱有研究。他出入贯串于汉宋诸儒之说,笃守程朱之学,博学淹雅,于《易》、《书》、《诗》、《礼》俱有撰述。积 30 年倾资购书 5 万卷,3 万余册,招致喜文好学之士,互相讨论经史。正如程晋芳自己在《桂宧藏书序》中所说"余年十三四岁,即好求异书,家所故藏凡五千六百余卷。有室在东偏,上下楼六间。庭前杂栽桂树,名之曰'桂宧'。四方文士来者,觞咏其中,得一书则置楼中,题识装潢,怡然得意。吾友秀水李情田,知余所好,往往自其乡挟善本来,且购且钞,积三十年而有书三万余卷。其后家益贫,不获已则以书偿宿矣,减三分之一。自来京师十年,坊肆间遇有异书,辄典衣以购,亦知玩物丧志之无益,而弗能革也。壬辰长夏,病卧一室,取旧时书目阅视,为之慨然。回顾江南,家无一椽片瓦,故书之寄在戚友家者,知能完整如旧否? 而随身书籍尚有万五千卷,足供循览,因就旧目,详为编次,以志余畴昔之苦心,其存者稍为别识,他日或幸有力,犹将补所未备。要之,视范、马、朱氏所藏,终不逮远矣。欧阳子云:足吾所好终老焉可也,遑计其他乎!"① 此序也真实地反映程晋芳藏书的经历,同时也道出其藏书的苦与乐。

程晋芳酷爱藏书,视藏书如生命,不惜金钱在收藏书籍上,特别是在京城为

① 程晋芳:《勉行堂文集》卷二《桂宧藏书序》。

官时,利用职务的方便,能够接触官府藏书。另外,经常往返于书市和书坊,能买则买,不能购置则抄录。辞官后经常出没于淮安、扬州、金陵等地收购书籍,甚至将家业都托付给了家奴去操办,成为一个"痴迷"的藏书家。据《四库全书总目》不完全统计,程晋芳私家藏书有:《易象大意存解》1卷、《周易议卦》1卷、《古文尚书考》1卷、《尚书私学》4卷、《诗论》1卷、《礼经奥旨》1卷、《读左漫笔》1卷、《春秋日食质疑》1卷、《乐律举要》1卷、《韵岐》4卷、《订正史记真本凡例》1卷、《青溪寇轨》1卷、《淮西从军记》1卷、《回銮事实》1卷、《采石战胜录》1卷《平濠记》1卷、《东林始末》1卷、《明倭寇始末》1卷、《孔子论语年谱》1卷、《孟子年谱》1卷、《言行拾遗事录》4卷、《杨公政绩记》1卷、《桐阴旧话》1卷、《元佑党人碑考》1卷、《使西域记》1卷、《两宫鼎建记》2卷、《张邦昌事略》1卷、《十六国考镜》1卷、《西夏事略》1卷、《朝鲜国纪》1卷、《岁时广记》4卷、《四时宜忌》1卷、《溪蛮丛笑》1卷、《河源记》1卷、《常熟水论》1卷、《明江南治水记》1卷、《治水要议》1卷、《江防总论》1卷、《海防总论》1卷、《秦录》1卷、《晋录》1卷、《泉南杂志》2卷、《山左笔谈》1卷、《楚书》1卷、《台湾随笔》1卷、《燕台笔录》1卷、《黔志》1卷、《豫志》1卷、《日畿访胜录》2卷、《历代铨政要略》1卷、《历代铨选志》1卷、《捕蝗考》1卷、《贡举叙略》1卷、《历代贡举志》1卷、《学科考略》1卷、《秦玺始末》1卷、《文庙从祀先贤先儒考》1卷、《邦计汇编》1卷、《拯荒事略》1卷、《元海运志》1卷、《盐法考略》1卷、《钱法纂要》1卷、《国赋纪略》1卷、《救荒事宜》1卷、《明漕运志》1卷、《历代山泽征税记》1卷、《浮梁陶政志》1卷、《宝文堂分类书目》3卷、《宝文堂分类书目》3卷、《蔗山笔尘》1卷、《读史漫笔》1卷、《历代甲子考》1卷、《温氏母训》1卷、《薛子道论》1卷、《传习录略》1卷、《后渠庸书》1卷、《甘泉新论》1卷、《海樵子》1卷、《心斋约言》1卷、《廉矩》1卷、《二谷读书记》1卷、《家诫要言》1卷、《常语笔存》1卷、《学术辨》1卷、《教习堂条约》1卷、《业儒臆说》1卷、《备倭记》2卷、《苴戎要略》1卷、《刑法叙略》1卷、《折狱卮言》1卷、《续刑法叙略》1卷、《沈氏农书》1卷、《上池杂说》1卷、《星象考》1卷、《通会》12卷、《乐府杂录》1卷、《饮食须知》8卷、《居常饮馔录》1卷、《花裹活》3卷、《北墅抱瓮录》1卷、《潜邱札记》6卷、《勤有堂随录》1卷、《雪履斋笔记》1卷、《樵谈》1卷、《青岩丛录》1卷、《华川卮辞》1卷、《类博杂言》1卷、《桑子庸言》1卷、《同子纂》1卷、《经世要谈》1卷、《海沂子》5卷、《庭帏杂录》2卷、《冐繁录》1卷、《木笔杂钞》2卷、《碧湖杂记》1卷、《袖中锦》1卷、《月下偶谈》1卷、《学易居笔录》1卷、《箕斋杂着》1卷、《瓶花斋杂录》1卷、《潇湘听雨录》8卷、《格物麤谈》2卷、《游具雅编》1卷、《飞凫语略》1卷、《游具雅编》1卷、《飞凫语略》1卷、《严山外纪》1卷、《胜饮编》1卷、《课业余谈》3卷、《学海类编》无卷数、《野服考》1卷、《男子双名记》1卷、《妇女双名记》1卷、《南窗记谈》1卷、《昨梦录》1卷、《朝野遗记》1卷、《三朝野史》1卷、《东园友闻》1卷、《石田杂记》1卷、《苹野纂闻》1卷、《孝经集灵》1卷、《谐史》1卷、《拊掌录》1卷、《清异续录》3卷、《按节坐功法》1卷、《寿第一绅言》1卷、《炉火鉴戒录》1卷、《摄生消息论》1卷、《修龄要指》1卷、《养生肤语》1卷、《摄生要语》1卷、《二六功课》1卷、《刘练江集》7卷附录1卷、《澹初诗稿》8卷附见《山堂诗钞》1卷、《今有堂诗集》6卷附《茗柯词》1卷、《质园诗集》32卷、《菱溪遗草》1卷、《松泉诗集》6卷、《闺房集》1卷、《临汉隐居诗话》1卷、《师友诗传录》1卷续录1卷、《二南密旨》1卷、《玉壶诗话》1卷、《容斋诗话》6卷、《容斋四六丛谈》1卷、《吴氏诗话》2卷、《东坡文谈录》1卷、《东坡诗话》3卷、《余冬诗话》3卷、《梦蕉诗话》2卷、《梦蕉诗话》2卷、《全唐诗说》1卷诗评1卷、《诗文原始》1卷、《文脉》3卷、《玉笥诗谈》4卷、《恬志堂诗话》3卷、《余山诗话》3卷、《唐诗谈丛》1卷、《四六金针》1卷、《枣林艺簣》1卷、《漫堂说诗》1卷、《漫堂说诗》1卷、《碧鸡漫志》1卷、《顾曲杂言》1卷、《乐府指迷》1卷、《词旨》1卷、《词品》1卷。

程晋芳不仅是一个藏书家，而且也是清代著名的学者。虽然家里富裕，但他还将大部分时间放在读书和做学问上，同时还常用资金接济家庭困难的读书人，所有购置的图书，不光是供自己占有，而且还提供给那些想读书的人来读，甚至很多家境贫困的人也到这里来读书，而且还提供住宿，与他们切磋学问。清代袁枚称道："独惓惓好儒，罄其资购书五万卷，招致方闻缀学之士与共讨论。海内之略识字、能握笔者，俱走下风，如龙鱼之趋大壑。"①因此，程晋芳也是一个亦贾亦儒"贾而好儒"的徽商代表，他的学术著作有《勉行堂文集》6卷、《勉行堂诗集》25卷、《程氏学论》7卷、《周易知旨编》30卷、《尚书古今文释义》40卷、《尚书古文解略》6卷、《毛郑异同考》10卷、《春秋左传翼疏》32卷、《礼记集释》若干卷、《诸经答问》12卷、《群书题跋》6卷、《桂宦书目》若干卷。

从程晋芳的藏书到其著述，不难发现他的学术主张和倾向。如《周易议卦》、《古文尚书考》、《尚书私学》、《诗论》、《礼经奥旨》、《学易居笔录》、《孝经集灵》、《诗文原始》等藏书和著作以及所作的序中可以窥视其经学思想。所谓

---

① 袁枚：《小仓山房文集》卷二十六《翰林院编修程君鱼门墓志铭》，

经学,简单说就是专指儒家经典学术,即《诗》、《书》、《礼》、《易》、《春秋》。经学产生于西汉,汉武帝掌权之后,为了适应大一统的政治局面和加强中央集权统治,实行了罢黜百家、独尊儒术,经学成为崇高的法定经典,成为中华文化最重的核心思想之一。他的经学思想和来源主要是师承朱筠、戴震等大家的思想。朱筠是大兴(今属北京市)二朱(朱筠、朱珪)学派创始人之一,学派主治经学,注重文字训诂,而经学本于训诂,读书必先识字,对于古籍整理多有贡献。戴震好学善思,博闻强记,于《十三经》占注,也都能全部背诵。他的经学研究,由文字训诂入手以明经义。以研究汉经为宗旨,自然强调汉代经学的家法、师法。并且常言"汉儒训诂有师承,有时亦有附会"。因此,尊奉的实际是汉以来经师研究语言文字的传统。所以,程晋芳在二位大师的影响之下,刻苦好学,治经功力深厚,可以从其经学著作以及自序中窥见经学思想。

程晋芳不仅喜爱藏书、注重学术,而且善于交游天下文士,与当时著名的诗人吴敬梓、袁枚、商盘意、毕沅、翁方纲、赵翼、蒋士铨诸人交厚,关系密切,诗歌来往唱和。程晋芳为人"好周戚友,求者应,不求者或强施之",翁方纲称程晋芳是"豪气真挚,发于天性,嗜书籍如饥渴,视朋友如性命。救人之患,周人之急,犹不减其家全盛时也"。① 特别称道的是程晋芳和吴敬梓私下交情非同一般,有莫逆之交。吴敬梓(1701—1754),字敏轩,号粒民,晚年又号文木老人、秦淮寓客,我国伟大的讽刺文学家。在《文木山房集》收有吴敬梓的第一首诗:《观海》:"浩荡天无极,潮声动地来。鹏溟流陇域,蜃市作楼台。齐鲁金泥没,乾坤玉阙开。少年多意气,高阁坐衔杯"。此诗充分表现了少年时代吴敬梓的奋发意气和广阔胸怀。吴敬梓天资颖异,文章过目辄能背诵。他除精读百家经史典籍外,还广泛涉猎稗官野史、诗词曲赋,因之学识渊博,见解过人,诗文援笔立就。雍正十一年(1733年)33岁的吴敬梓怀着"逝将去汝"的满腔激愤,决然离开故乡全椒,移家南京,寓居于秦淮水亭,开始了生活旅途中新的一页。南京,这个六朝故都,当时为两江总督驻地,交通便利,商贾云集,四方才士争来荟萃。吴敬梓一到南京,即以自己的智慧和交往方式结识了一些品学兼优的知识分子,其中有经济学家、考古学家、诗人、画家、数学家、天文学者等;同时,还以平易近人的态度接触了生活在社会底层的伶工、歌妓等市井奇人,唯独对侯门权贵、富商巨贾以及热衷时文八股的士子不屑一顾。随着结交面的广泛,进一步

---

① 翁方纲:《复初斋文集》卷十四《翰林院编修戬园程先生墓志铭》。

拓宽了他的视野，他历经世态炎凉，看透八股，积十余年之功，终于成书讽刺小说——《儒林外史》。

乾隆六年(1741)程晋芳与吴敬梓开始交往，在程晋芳《严东有诗序》中可以知道："吾友吴君敏轩，……谓余曰：'始识子时，年二十四。吾尝语子，以为子才可及，年不可及。今东有亦如是也。'余心识之。"①两人相识时，程晋芳才24岁，而吴敬梓已是41岁，也就是在此年年底，程晋芳就热情邀请吴敬梓到淮安家中家中作客，两人促膝谈心，交流思想，作赋吟诗，互相赠答，以至双方都感到极为"惬意"，度过了一段极其愉快的时光，同时也奠定了二人之间深厚友谊的基础，直到第二年春天吴敬梓离开。后来程晋芳回忆那段生活，便吟诗一首：

> 寒花无冶姿，贫士无欢颜。嗟嗟吴敬梓，短褐不得完。
> 家世盛华缨，落魄中南迁。偶游淮海间，设帐依空园。
> 飕飕窗纸响，槭槭庭树泣。山鬼忽调笑，野妖来说禅。
> 心惊不得寐，归去澄江边。白门三日雨，灶冷囊无钱。
> 逝将乞食去，亦且赁春焉。外史纪儒林，刻画何工妍。
> 吾为斯人悲，竟以稗说传。

几年之后，吴敬梓再度来到淮安程晋芳的住处，而这次来淮安比上次来淮安有所不同，经济状况不佳，生活逐渐陷入困顿，只身前往淮安，行囊如洗，想求程晋芳在经济上给予接济，这一请求，当然会得以满足。

乾隆十七年(1752)，程晋芳至金陵应试，期间与吴敬梓等友人聚会畅游，交流切磋，相互磋砺。经吴敬梓介绍与江宁严长明相会，并与严长明同出太平门游栖霞。长明纪以诗，诗中讲到晋芳曾筹划重修《宋史》。此年，程晋芳还为程茂题《晚甘园风雨晦明图》。对于这一段相聚情景，程晋芳在《严东有诗序》中道："壬申春，就试金陵，敏轩偕东有来访。(东有)其气凝以深，叩所读书，无不有。索所为诗，则谦让不肯出。独爱余诗，为作骈体序千余言。风晨雨夕，吾三人往来最密也。"②他们湖山游览，赋诗取乐，极尽平生之欢。程晋芳《勉行堂诗集》有诗记其交游情况：

---

① 程晋芳：《勉行堂文集》卷二《严东有诗序》。
② 程晋芳：《勉行堂文集》卷二《严东有诗序》。

敏轩生近世,而抱六代情。风雅慕建安,斋栗怀昭明。
囊无一钱守,腹作乾雷鸣。时时坐书牖,发咏惊鹍庚。
阿郎虽得官,职此贫更增。近闻典衣尽,灶突无烟青。
频蜡雨中屐,晨夕追良朋。孤棹驾烟水,杂花拗芳馨。
惟君与独厚,过从欣频仍。酌酒破愁海,觅句镂寒冰。
西窗应念我,余话秋灯青。①

其诗回忆与吴敬梓在南京交游的情景,让人怡情的自然山水,感叹六朝文化古都南京的历史积淀,襟江带河,依山傍水,钟山龙蟠,石城虎踞,山川秀美,古迹众多。同时也透露吴敬梓经济生活陷于严重困难"近闻典衣尽,灶突无烟青"的局面。

两年后,程晋芳又从淮安来到扬州,两人又一次相聚。这也是他们最后一次相聚。这时,程晋芳家境也起了很大的变化,已从一个赫赫盐商穷到吴敬梓移家南京时的地步。二人见面以后,吴敬梓招待程晋芳等友人酣饮,便执着程晋芳的手,醉后老泪纵横诵读杜牧诗"人生只合扬州死"之句。他们相会了几天,程晋芳便告别回淮,吴敬梓将他一直送到船上,依依惜别。谁知此别竟是永别,程晋芳回到淮安后没几天,就接到扬州送来的讣告:吴已于 10 月 28 日夜逝世了。程闻讯后极为伤心,立即作了《哭吴敏轩》诗一首:

三年别意语缠绵,记得维舟水驿前。转眼讵知成永诀,扪膺直欲问苍天。
生耽白下残烟景,死恋扬州好墓田。涂殡匆匆谁料理,可怜犹剩典衣钱。

回忆二人从认识到离别的情景,讲述吴敬梓"生耽白下残烟景,死恋扬州好墓田"。扬州是东南交通要道,远自隋唐以来,逐渐形成东南沿海地区的经济文化中心,到了清代中叶,由于手工业、商业和交通运输事业的发展,特别是盐业的发展,更加繁盛起来。四方文士学者荟萃于此,园林湖山,诗酒之会,盛于江南,正是对他一生眷爱南京和魂系维扬的真实写照。"涂殡匆匆谁料理,可怜犹剩典衣钱",极其悲惨地结束了他坎坷磊落的一生。另外,程晋芳并作了《文木

---

① 程晋芳:《勉行堂诗集》卷五《白门春雨集》。

先生传》①：

先生姓吴氏,讳敬梓,字敏轩,一字文木,全椒人。世望族,科第仕宦多显者,先生生而颖异,读书才过目,辄能背诵。稍长,补学官弟子员。袭父祖业,有二万余金。素不习治生,性复豪上,遇贫即施,偕文士辈往还,饮酒歌呼穷日夜,不数年而产尽矣。

安徽巡抚赵公国麟闻其名,招之试,才之,以博学鸿词荐,竟不赴廷试,亦自此不应乡举,而家益以贫。乃移居江城东之大中桥,环堵萧然,拥故书数十册,日夕自娱。窘极,则以书易米。或冬日苦寒,无酒食,邀同好汪京门、樊圣谟辈五六人乘月出城南门,绕城堞行数十里,歌吟啸呼,相与应和。逮明,入水西门,各大笑散去,夜夜如是,谓之"暖足"。余族伯祖丽山先生与有姻连,时周之。方秋,霖潦三四日,族祖告诸子曰:"比日城中米奇贵,不知敏轩作何状。可持米三斗,钱二千,往视之。"至,则不食二日矣。然先生得钱,则饮酒歌呶,未尝为来日计。

其学尤精《文选》,诗赋援笔立成,凤构者莫之为胜。辛酉、壬戌间,延至余家,与研诗赋,相赠答,惬意无间。而性不耐久客,不数月,别去。生平见才士,汲引如不及。独嫉时文士如仇,其尤工者,则尤嫉之。余恒以为过,然莫之能禁。缘此,所遇益穷。与余族祖绵庄为至契。绵庄好治经,先生晚年亦好治经,曰:"此人生立命处也。"

岁甲戌,与余遇于扬州,知余益贫,执余手以泣曰:"子亦到我地位,此境不易处也,奈何?"余返淮,将解缆,先生登船言别,指新月谓余曰:"与子别,后会不可期。即景恨恨,欲构句相赠,而涩于思,当俟异日耳。"时十月七日也,又七日而先生殁矣。先数日,哀囊中余钱,召友朋酣饮。醉,辄诵樊川"人生只合扬州死"之句,而竟如所言,异哉!

先是,先生子烺已官内阁中书舍人,其同年王又曾毂原适客扬,告转运使卢公,殓而归其殡于江宁。盖享年五十有四。所著有《文木山房集》、《诗说》若干卷。又仿唐人小说为《儒林外史》五十卷,穷极文士情态,人争传写之。子三人,长即烺也,今官宁武府同知。

① 程晋芳:《勉行堂文集》卷六《文木先生传》。

　　论曰:余平生交友,莫贫于敏轩。抵淮访余,检其橐,笔砚都无。余曰:"此吾辈所倚以生,可暂离耶?"敏轩笑曰:"吾胸中自有笔墨,不烦是也。"其流风余韵,足以掩映一时。窒其躬,传其学,天之于敏轩,倘意别有在,未可以流俗好尚测之也。

　　这是程晋芳为吴敬梓写的传记,生动地描绘了吴敬梓"未可以流俗好尚测之"的相当特殊的性格特点。他"饮酒歌呼穷日夜",不为来日计。冬日苦寒,无酒食,邀同好绕城堞行数十里,歌吟啸呼,相与应和。独嫉时文士如仇,其尤工者,则尤嫉之。程晋芳的《哭吴敏轩》诗和《文木先生传》文,不仅寄托了作者对吴敬梓的深切怀念之情,而且也为我们了解《儒林外史》的创作提供了相当生动而又珍贵的作者史料。

　　程晋芳是一个亦贾亦儒的大徽商,腰缠万贯,其亦善诗,有《勉行堂诗集》,有情感诗、怀古诗、风景诗等。列举一些诗以见一斑。

移居(三首)

择木孤禽岂易安,每缘风劲虑巢宽。眼明乍指琉璃界,襟净旁瞻薜荔坛。
室小闺人传语竞,巷偏客子出车难。深宵始觉南荣好,处处支窗有月看。

风前小酌别花卮,已是丁香破粉时。知尔依人情不浅,惭予入骨俗难医。
过头竹记携罌灌,空腹榆经倚槛窥。辛苦山僧行脚惯,抚筇循玩去迟迟。

厂东西畔结深庐,藏海微身一叶如。听鼓趋衙尘扰扰,打钟吃饭步徐徐。
势家歇马评珍玩,冷客摊钱问故书。倘趁春灯倦游历,煮茶烧笋幸过余。

马陵道怀古

马陵月黑山无路,火照白书看大树。伏骑争驰万弩开,昔日庞涓死此处。
竖子成名一代雄,减灶七万垂奇功。谁言捭阖效鬼谷,十三篇本传家风。
当年共学交何笃,膑也虽贤涓也毒。远召旋将黥刖施,智不如蔡难卫足。
忽逢齐使窃载归,上中下驷参兵机。辎车坐计胜已决,强齐乃藉刑余威。
君不见颈原相倚,解印封王还切齿。假头已见购常山,怒魄空怜堕泜水。
石契兰交起战争,古来恩怨系功名。输他鸥鹭忘机甚,汀月溪风共主盟。

采石怀古十首

闻道秦皇帝,从兹达会稽。石根青突兀,不见李斯题。

顾曲周郎逝,全琮又结营。魏人如鼠伏,不独畏川兵。

十万绣旌旗,伐晋谋大举。朝来引师还,仍在横江渚。

莫唱水中龙,声名怖杀侬。寒矶无故垒,霜寺打秋钟。

石激水潺湲,如闻骂苏峻。遥遥望蒋山,草木含清润。

堂堂石季龙,跃马欲南渡。风吹草树声,似列沿江戌。

可怜魏佛狸,饮马澄江水。勾陈望太微,黄星两消委。

小岘勤王去,长沙故自超。深忧家弟在,余恨咽江潮。

白马渡江来,荷荷唯指口。如何南豫州,但遣王郎守。

一战存微宋,虞公信可人。笔来何足惧,堪笑北朝臣。

独游清凉寺

只洹出人境,暇日聊探寻。残雪覆檐瓦,不知春气深。

稍稍水鸣涧,浙浙风生林。澹然冥群想,对此松柏阴。

萝月自延赏,山禽多夕吟。孤亭峙空祭,更指遥峰岑。

放　歌

老夫行年五十一,百无一能只捉笔。奏牍连行乌作焉,官书篆义十遗七。

讥姗谴诃杂然至,时复关门引微疾。季冬行及仲冬毕,风紧檐头吹瘠篥。

毡帘布幄下层层,宛尔重绵裹虮虱。诗骚子史罗满架,嗜若儿曹慕梨栗。

审音高下勘唐韵,断义精粗申汉律。眼底清明翳障除,胸中磊砢光怪出。

自有萧闲自弗耽,日日从人甘缚桎。不求空山饵芝术,不理荒园种柑橘。

待筑书楼四五间,井深汲用长绳绠。朝光荧荧花散芯,夜深沈沈烛挑型。

数瓯白粥可扶身,三尺乌皮足容膝。视死生如经旦暮,贫贱知非难人术。

生平茹蘖同食蜜,谁信莲枯犹有蕾。蹊田正好为饭牛,啖菹行且潜吞蛭。

掉首终惭出世迟,白发盈颠不堪栉。吴门烟水一千顷,何日归舟月涓吉。

吾蛇尚在喜方溢,吾舌犹存语毋失。窗前雪花洒蒙密,欹枕懵腾上初日。

还家梦

宵分梦还家,兄弟对我泣。怜我多苦辛,感我尚羁縶。我时但俯首,无语重呜咽。

觉来月昏黄,百感忽交集,忆我北行时。千里负书笈,语别向河干,衣袂泪屡汜。

谓言破天飞,翻作入户蛰。生平耽读书,磨砺费墨汁。岂藉博微名,亦将用自立。

经年涉长途,劳苦不暇给。有如辟谷人,中复餐粟粒。长辔安可施,短绠未易汲。

要当隐计成,鞭牛荷蓑笠。

秋　感

秋士易为感,非关秋气悲。月明虫响夕,风急雁来时。

欹枕不成寐,搘颐有所思。自然双泪落,不待怨笳吹。

第五节　汪氏三兄弟藏书秘籍

汪氏兄弟,即汪文桂、汪森(文梓)和汪文柏兄弟三人,安徽休宁人,后移居浙江桐乡。汪氏姓在徽州汪、程、江、洪、潘、郑、黄、许八大姓中居首,在休宁也是望族。三兄弟因藏书在当地影响巨大,而闻名遐迩。汪文桂有裘杼楼、汪森有碧巢书屋、汪文柏有古香楼和摛藻堂,三人嗜书成癖,收藏不遗余力,所收藏珍本秘籍数万卷,既保存了丰富的文献典籍,同时也为博大精深的历史文化传播作出了一定的贡献。清代学者黄宗羲称之为"汪氏三子",这是对他们在藏书事业上的褒奖。

汪文桂,初名文桢,字周士,号鸥亭。由府学贡生考授内阁中书,封奉直大夫,山西道临察御史。为官期间,深入民间,关心民瘼,广施仁政,减少纳税,深受百姓爱戴。据《浙江通志》载:"汪文桂,公举事实桐乡人,事父母孝于三党九族中,殚力周恤。康熙戊子己丑间,旱涝相继设粥厂,立药局,全活甚众。岁丙午被水灾,首倡赈济,以食饥民。他若新文庙筑城垣修桥梁,开河道好义,捐资一无吝色,以子继燿官累封奉直大夫。"① 朱彝尊《小方壶存稿序》:"休宁江晋贤

---

① 嵇曾筠:《(雍正)浙江通志》卷一八七,清文渊阁四库全书本。

氏,徙居梧桐乡。营碧巢当吟窝,筑华及之堂,以燕兄弟宝客。建裘杼楼,以藏典籍。其曰站方壶者,郡城东角里之书屋也。晋贤仕为桂林通判,调太平,迁知郑州事,未赴。"从以上材料说明,汪文桂自幼好学,朝夕勖勉,虽然家境殷实,却非常勤俭节约,在县城中建造"华及堂",内有竹轩、蕉窗、石云居、浮溪馆、桐溪草堂、金粟玉兰山台等处,同时还特别建"裘杼楼"专供藏书所用,聚书万卷,藏书甲于浙西,并且校勘不辍,"藏书之富,海内知名","一时名士云集,觞咏无虚日"。与之交往的海内外名流、文人墨客汇聚一堂,有黄宗羲、王玠右、朱竹垞、汪钝翁诸先生。他们之间吟诗作对,开怀畅谈,甚是热闹。并且还经常互通有无,相互馈赠,或郑重嘱咐,或代为搜求。经过数十年孜孜不倦的苦心经营和辛勤积累,裘杼楼的藏书无论数量之多,还是质量之高,都堪称甲于浙西。裘杼楼藏书最突出的特点就是数量颇多的宋元本。据统计,裘杼楼所藏宋本多达一百余种,元刊本数十种,明清精刻本、名钞、名校本更是不计其数,总计收藏聚书万卷以上。其价值之珍贵,难以数计。

汪文桂不仅致力藏书事业,而且还继承徽州人乐善好施、助人为乐、扶危济困的美德。如康熙四十七年(1708 年)、四十八年(1709 年),桐乡旱涝相继,开当铺的汪文桂"设粥厂,立药局",救济饥民。雍正四年(1726 年)又遇水灾,他首倡赈济,"以食饥民"。平时,汪文桂还为乡里筑城垣、修桥梁、浚河渠,为民义举,从不吝啬。年逾八旬,五世同堂,四举乡饮,子孙科第不绝。玄孙汪如祥以秀水籍大魁天下。其著作有《鸥亭漫稿》、《西湖近咏》、《国朝诗风》、《六洲喷集》等。

汪文梓(1653—1726),名森,字晋贤,号碧巢,文桂之弟,文柏之兄。汪氏三子皆习诗书,文梓尤为好学。清康熙十一年(1672),拔贡入京,历官广西临桂、永福、阳朔知县,广西桂林通判,调太平知府,迁知河南郑州事。官终户部江西司郎中,常拜大师黄宗羲、朱鹤龄、朱彝尊、潘末等,学业有成,并精于文学。在京期间,为祭酒昆山徐公所赏识,名噪一时。不久,因祖父、父亲相继离世,告老还乡于桐乡,归家与长兄汪文桂共同料理家政,并奉养母亲金氏。

汪文梓聪慧好学,具有超强记忆力,凡读之书不忘,读书藏书,不遗余力,多方收罗,整理历代有关广西的诗文。与兄筑裘杼楼藏书外,还建置"碧巢书屋",为著述吟咏之室,筑"华及堂"为宴宾客之所。以藏典籍,聚书万卷,校勘不辍,以藏书、诗、词负名,所藏书为浙西之首。汪森将家藏书编有《裘杼楼书目》问世,著录刻本 530 种,5 565 册,抄本 155 种,720 册,多文集、笔记之类。另有书楼名"小方壶"、"拥书楼"。

汪森在粤西为官长达十余年,深感粤西文献资料奇缺,决心全面整理广西文献。康熙三十九年(1700)秋,他调任太平府(治今崇左)通判,道经平乐、苍梧、浔州(治今桂平)、南宁前往就职。舟行2 000里,一路搜购图书,遍寻山川遗迹,到百姓家翻阅家藏的先人遗籍,搜求郡邑志乘及历代名流迁客诗文,回乡后,汪森杜门不出,潜心搜集、整理历代有关广西的诗文。后又得到江苏常熟毛氏"汲古阁"所藏各省志书,粤西之志大体齐备,并且编辑《粤西诗载》收录了上至秦汉,下至明末有关广西的诗歌,收有唐宋八大家中的韩愈、柳宗元、欧阳修、苏轼和曾巩等五人。宋代四学士中有黄庭坚、秦观。此外,在唐宋有名的诗人词人之中,还有杜甫、高适、王维、白居易、刘禹锡、宋之问、李商隐、朱熹、李纲、陶弼、贺铸、范仲淹、范成大、刘克庄、张孝祥等人。在明代来广西的文人就更多了,如王世贞、王守仁、汤显祖、韩雍、解缙、顾璘、孟洋、张岳、田汝成、董传策等人。在这些文人中,或靖边戍守而来,或宦游讲学而至;或贬谪而放,或远流而过;或送发而题赠,或因事而感赋。① 其中收录的诗作有不少提到"象耕"。例如,唐代柳宗元在《岭南江行》中曾有"山腹雨晴添象迹"的诗句,宋代诗人王禹偁在诗句中也提到"民种山田见象耕"。到了明代,诗人使用"象耕"、"训象"等辞藻的更为普遍。《粤西文载》是一部从秦汉到明末有关广西的文章总集,涉及民族、政治、军事、经济、文教、山水、气候、风俗、物产等各个方面,收录广西有关的历史人物小传1 700多篇,许多人的故事都是正史中查不到的。保存了多种古代的文章体式,有庄严神圣的诏勅檄表,有畅论军国大事的议论考辩,有状物抒情的赋记书序,有谀颂死者的墓志碑铭,还有祝祷神祇的"清词"和民俗应用的"上梁文"等。《粤西丛载》辑录广西山川地理、物产、民族风情、遗闻杂事等,共30卷,30多万字。为广西保存了丰富的乡邦文化遗产。"粤西三载"中,有不少反映广西民俗的珍贵史料,其中就有展现壮族古代耕作方式的"象耕"。也成为后来专家学者研究广西不可缺少的史料。

"粤西三载"被收入《四库全书》,获得极高的评价。总纂官纪晓岚说它"其蒐搜采殊见广备","所录碑版题咏之作,多志乘所未备"。作者也未想到受如此好评,当初只是将三本书仅作"纂辑之书",向人们提供地方历史文献,作为了解和研究之用。

---

① 文丘:《名流迁客吟广西——读〈粤西诗载〉札记》,《广西师院学报》1986年第1期。

汪森除爱好藏书之外,还热衷写诗:

忆秦娥西溪小筑

城隅嫩柳浮,烟色溪桥一。带花遮宅花,遮宅峭寒风。
雨最难禁得,半篙新涨沙。痕碧篱根细,糁苍苔迹苍。
苔迹春泥藜,杖到来吴客。

光孝寺

招提郡西北,旧是虞翻苑。祝发来南能,禅林契深眷。
兹维风与幡,心动随所转。见道发高言,宗风垂一线。
我来趁媛凉,徙倚石栏遍。池荷已萧索,倒影开镜面。
东为菩提坛,夭矫虬龙见。遗植传齐梁,修条郁葱蒨。
霜皮经雨缁,露叶迎风颤。想当结子时,累累若珠串。
闲登卧佛楼,梯级绝攀援。为感法门衰,津梁岂应倦。
岿然铁浮图,千像孰锻炼。舍利知有无,恒人罕流眄。
藏经在一室,贝叶堆千卷。缅怀唐相授,莫睹滩哥砚。
日永钟磬闲,深林坠花片。暑气不侵人,临流撒纨扇。
尘事苦忽迫,佳游谢谈宴。渐觉暝烟生,徘徊有余恋。

香槎歌

香槎千岁搜空岩,一枝沈水同湖嵌。奇珍磊砢不易致,海南贾船驰风帆。
星槎贯月海波漱,石骨并藉昆刀劓。斫成酒器注酎酣,筵前好当金杯衔。
层崖叠嶂堆几案,苍翠郁积高巉巉。周遭向背似飞动,疑有林麓罗松杉。
云埋雪冻虎豹睡,黄精可掘劳长镵。中含巨壑浸潭洞,倾银注泻声渢渢。
天生巨制供快饮,神工鬼斧真不凡。长虹吸川鲸掣海,一饮数斗何嫌馋。
荷苣竹根最琐细,爵斝觥觯都应芟。此杯远至路万里,蛮烟蜑雨留封函。
忆当岭表事跋涉,鹄原老泪凝征衫。恍椰树底剖椰实,炎洲紫燕鸣呢喃。
镫前回首话畴昔,捧杯玉指谁掺掺。人生行乐畅胸臆,对酒那计忧讥谗。
奇材识赏有同嗜,顾我岂独殊酸咸。作歌与尔共倾倒,新诗肯寄双鱼缄。

访赠龚半千

幽人门径别,知在冶城西。适我来相访,逢君出杖藜。

图书纂几列，花草石阑齐。款语曾无几，峰阴日已低。
似子成高隐，无惭处士名。换鹅将乞米，手写代躬耕。
迹已稀城市，交还重友生。风尘余未谢，肯许订鸥盟。

次和过浮溪馆见绿阴之作

春红别树动成旬，池面圆荷贴水新。自分药栏兼竹概，一生长作浣花人。
斜日疏帘碎影铺，卑枝接叶坐莺雏。醉余客散闲吟久，翠滴蕉衫独据梧。

观打鱼歌

漕溪东入大江水，倏忽波涛走千里。蛟龙移窟风雨过，潋潋遂多鲂与鲤。
结庐一向临溪津，溪明日映开青苹。四园集纲如墙列，渔家三五为比邻。
以我远来累晨夕，为引烹鲜话畴昔。黄头奴子手提纲，布纲势若千斤掷。
纲沉波底初无声，举纲忽闻泼剌鸣。银刀霜剑纵横出，水族奔骇波涛惊。
须臾后纲有牵动，收来颇较前时重。竭泽而渔安可常，为命黄头且多纵。
纲外脱漏仍扬鬐，纲中偓促安能施。饔人操刀向磹几，剁葱屑姜鲜羹宜。

草堂春尽独坐寡营偶检东坡集见百步洪诗喜而次其韵

嫣红姹紫随逝波，春光一去如飞梭。嗒然隐几亦何事，强将诗酒空消磨。
舍傍隙地将一亩，乱石点缀差成坡。别有小池才数武，透泥出水浮新荷。
小僮汲绠煎茗熟，沸腾铛内翻千涡。方床梦后起消渴，满啜有同鼠饮河。
昨者薰风生薄暑，已寻刀尺裁轻罗。新栽花竹绕窗户，灌溉每思郭橐驼。
药栏藓砌多位置，蚁封蚓径殊委蛇。篱边一犬自眠路，梁间双燕犹营窠。
物情意态俱可适，兴到觅句能几何。书堂幽悄静如水，不闻邻曲夹呼呵。

魏叔子过草堂旋即言别次和原韵

闻到吴阊久，相期匪浃旬。病扶黄叶路，秋老翠微人。
乱后情多感，宵分话更亲。如何剧回棹，怅望出烟津。

汪文柏（1662—1722），字季青，号柯庭，一作柯亭。收藏家、鉴赏家。"汪氏三子"排行第三，附贡生，康熙时任东城兵马司正指挥，后调北城，改任行人司行人。学术渊博，不亚两兄。海内名流，皆相结纳。为官正直廉明，诗能抒写性情,反映民生疾苦。因好读书藏书,故筑别墅读书其中,名其堂曰"摘藻堂"。又别筑"古香楼"、"拥书楼",专贮典籍名画。收藏古书、法帖、名画极多。与朱彝尊等藏书家有深厚的交往,著有《柯庭馀习》、《柯庭文薮》、《柯庭乐府》、《杜韩诗句集韵》、《古香楼吟稿》、《古香斋书画题跋》等,辑有《汪柯庭汇刻宾朋诗》。汪文柏生平爱写诗,列举一些主要诗:

翠微峰

肩舆望翠微,缥缈如灵鹫。云端出一头,俯领众峰秀。
缓步从山腰,身轻一笻瘦。林峦曲折移,青紫频舒皱。
香多不辨花,韵细知鸣溜。怪石脱云胎,杰阁依山构。
心清圣感僧,晏坐松林茂。宫阙在东南,疏薵成彩绣。
壮哉九重深,宛转千门透。日丽远烟消,气澄新雨后。
可怜大道间,马寸人如豆。

过崇效寺访雪坞上人

墟里绽寒烟,平林扶秋霁。眷兹了心人,苦吟为活计。
夙披霞上篇,未觌心先契。漱茗粲周旋,剧谈忘久憩。
泛览大藏书,深研百千偈。性海慕华严,从师探密谛。
藤叶飔轻幡,黄花补全砌。屋角枣垂红,素令偏新丽。
静对茁清思,启轩延远睇。复恐俗物来,预戒禅关闭。

刺梅园老松行

刺梅园中老松树,三载相思今始遇。果然奇绝不虚誉,起伏犹龙令我惧。
长身苑蜒走当路,猛爪攫挐如欲捕。鳞甲浑身不知数,狰狞头角作吞吐。
嘘气为云喷为雾,奋鬣直往苍穹诉。谁敢攀髯触其怒,任彼登天复回顾。
山魈木客安能附,空中定有雷霆护。慈仁虚名落诗赋,欲补十景惟君助。
蒲轮徵辟未必赴,傥逢尊者无恐怖。是龙是松辨其故,具眼人看方不误。

杏子口

舟藏丘壑深,冈掩林峦集。一径杏花交,探奇从此入。
憩息得精蓝,坦步多原隰。红云深浅间,隐见畸人笠。

花迷紫燕飞,果任白猿拾。干老绣苔侵,根润芳泉湿。
来瞻大医王,岂授董奉业。到此不知津,徘徊空步屦。

北 墅

停舟寻北墅,缓步绕回廊。粉羽撩秋草,醒风拾霁阳。
佛香通小阁,人影倒寒塘。坦腹思幽榭,苔花满石床。

宿洪光寺

携琴来绝壑,脱纲又披缁。已悦听钟宿,翻怜待漏时。
露晞花气集,山峻旭光迟。搔首临清涧,松阴染鬓丝。

盛 泽

矮屋环湫市,洄流界叠塍。夜镫千匹练,秋雨半湖菱。
击榜吴娃捷,评珠贾客能。辛勤终岁力,犹未足催徵。

登烟雨楼

十度凭栏九度晴,今朝烟雨一舟横。雁飞难辨空中字,橹过惟闻暗里声。
软浪成花吹寺壁,冷云如墨滚轩楹。举觞放眼吟长句,始信高楼不负名。

菊 影

丘园高蹈识芳名,入室忘形夜气清。数武淡香分对榻,一窗生意出孤荄。
多情彭泽诗偏少,没骨僧繇画未成。梦断枕屏留傲态,缸花开尽月添明。
篝镫斜照粉墙间,枝叶分明似可攀。竟夜不移香不染,晚年相对意相关。
解衣泼墨临偏反,扣户邀人数往还。嫩蕊酿成光色好,更宜杯底见南山。

汪氏三兄弟汪森、汪文桂、汪文柏同以藏书而盛名,而汪森、汪文桂同建藏书楼,命名为"裘杼楼",聚书万卷,每日校勘不辍。楼名取自《庄子·山木篇》中"孔子辞其交游,去其弟子,逃于大泽,衣裘褐,食杼栗"之语,是汪氏兄弟摆脱现实羁绊、致力藏书著述的真实写照。而汪文柏家有藏书楼"古香楼"、"摛藻堂"、"拥书楼"等,收藏古书、法帖、名画极多。兄弟三人都热爱藏书,在当地被传为佳话。

第三章　徽州独特的藏书家

清代徽州藏书家不仅藏书丰富,而且藏书的质量在全国范围内也是很高的。另外,还有一些藏书家对书籍情有独钟,他们独辟蹊径,一生中对图书的研读、校勘甚至不遗余力地抄写,达到收藏图书的痴迷境界。藏书家精湛的抄本也成为中华文化典籍的瑰宝。

第一节　吴翌凤特色手抄藏书家

吴翌凤(1742—1819),字伊仲,号枚庵(亦作眉庵),晚年自号漫叟,又署小匏。安徽休宁商山人,后因祖辈迁居江苏吴县,住槐树街。清代学者吴寿旸曾写一首诗赠与吴翌凤:"槐市幽栖比鹤巢,高风几为俗情淆。商山此日方山子,万卷藏书手自钞。寒公寂后邈烟霞,望里支硎水墨赊。珍重箧中诗画箑,深山雨过落松花。"①此诗一方面反映吴翌凤家境清贫的生活;另一方面颂赞其通过手抄万卷书成为一名远近闻名的藏书家,在中国藏书史上,还是为数不多、屈指可数的。其实抄书的好处,明朝学者吴应箕就总结抄书三大益处:一为巩固记忆,二为校雠讹误,三为练习书法。另有好处吴应箕没有说出,那就是抄书也能成为藏书家。

吴翌凤深受徽州文化的影响:读书、习文、藏书和刻书,在其身上得到充分实践。徽州自古就重视教育,从小就培养孩子读书,由于自然环境"环新安皆山也,居人肩相摩、衽相接,而膏腴之地鲜,故什一力田,什九服贾"。走出万山之中的很多各界精英人才,无不都是受益于先进的文化教育。吴翌凤家境生活非常窘境,但天生是喜爱读书、习文,再加上才华横溢,聪慧过人,勤奋好学,擅长诗文,精通金石。由于家庭经济困难,买不起书,于是就想到了抄书。浙江向来

---

① 　吴寿旸:《拜经楼藏书题跋记》附录,清道光二十年刻本。

文化底蕴深厚,无论是地区的历史沿革、文化渊源、人文景观、地域环境还是城市的发展、商品经济的发展以及文化教育事业都有良好的基础,在此情况下,浙江在思想学术领域,涌现出永康学派陈亮、永嘉学派叶适等重事功、重现实的思想巨擘;王阳明的心学独树一帜,引领了明代思想解放的滔滔洪流;黄宗羲对政治社会的深刻反思,击中了传统中国的根本弊病。文学领域,则有陆游、朱彝尊、龚自珍等大诗人,更有高明、徐渭、李渔、袁枚等与市场阶层有深刻联系能道时代之先声者,亦有刘基、宋濂、于谦等在政治领域大有建树且文学亦可观者。更有诸多的藏书家、刻书家和文献大家如范钦、严可均等为文化之邦增添了浓郁的文化气氛。这些良好的社会环境为吴翌凤抄书创造了有利条件。

温韬玉在《吴枚庵先生墓志铭并序》中说"吴翌凤性乐闲静,外通内合,家无担石储,而口不言贫"。可见吴翌凤并无家财,也无田地,更无做官,一心痴迷藏书。人穷志坚,勤奋好学,吴翌凤在当地享有很高的人品,而且讲信誉,所借之书,在规定时间内必须归还,并完好无损。久之,大家都肯借书给他抄。对此,一些在当地有名望的藏书家也愿意和他交往,互通有无,这样,他就能借到和抄录很多书籍甚至珍藏秘笈,这不仅大大提高他的藏书量,而且也提升他在藏书界的知名度。好友林钏蕃有很多藏书,而且精品不少,想买无钱,想抄太多,正处在两难之地时,得知林钏蕃喜欢金石书画,将自己多年收藏的金石书画300多册卖给了林钏蕃。因此吴翌凤便以此款购买林钏蕃的藏书,这笔买卖满足了双方的各自爱好。这种嗜书成癖的藏书精神,也受到当时读书人佩服和敬仰,并视其为当之无愧的藏书家。吴翌凤经过不懈努力,藏书也越来越多,终于建立了属于自己的命名为"古欢堂"、"古香楼"、"与稽斋"的藏书室,跻身清代江浙藏书家行列。

吴翌凤藏书的最大特点就是:借书、抄书、藏书。据《中国人名大辞典》(商务印书馆出版)吴翌凤条所载:"手抄书数千百卷,多藏书家所未见。"并与当时藏书之家鲍廷博、吴骞、朱奂、卢文弨等互换互借图书,遇未见之书,必力抄,因抄书过度,以成目疾。正如吴翌凤自己在《古欢堂经籍略序》所说:"迩年来传抄颇广,于吴则青芝堂张氏、滋兰堂朱氏、抱蜀轩王氏、甫里严氏、于浙则抱经堂卢氏、知不足斋鲍氏、拜经楼吴氏,俱不吝以善本相饷。早晚矻矻,遂成目眚。"和这些藏书家结为朋友,自然借书、抄书就不会有困难了。根据有关书目检索,以及在文献中的记载,如《善本书室藏书志》、《荛圃藏书题识》、《荛圃藏书题识续录》、《荛圃藏书题识再续录》、《荛识续录》、《荛识再续录》、《八千卷楼书目》、

《清续文献通考》、《拜经楼藏书题跋记》、《铁琴铜剑楼藏书目录》、《藏园群书题记》、《藏园群书经眼录》《皕宋楼藏书志》等，吴翌凤藏书、抄书和编书目录如下：

《新定九域志》10卷、《石林居士建康集》8卷、《唐卢户部诗集》10卷、《文心雕龙》10卷、《说苑》20卷、《宗系先生文集》3卷、《云烟过眼续录》1卷、《吴越备史》15卷、《使金录》1册、《乌台诗案》1卷、《百川书志》、《渚宫旧事》5卷、《虎丘志》、《北窗炙輠录》2卷、《刘向新序》10卷、《世本》1卷、《东观奏记》3卷、《华阳国志》12卷、《新唐书纠缪》20卷、《真腊风土记》1卷、《疑砭录》2卷、《国朝名臣事略》卷15、《元丰九域志》卷10、《籀史》2卷、《王黄州小畜集》卷30、《沈下贤文集》卷12、《至元嘉禾志》卷32、《剡录》卷11、《游志续编》1卷、《湖山类稿》卷5、《昆陵集》20卷、《钱塘遗事》10卷、《玉照新志》5卷、《谗书》5卷、《洞天清录集》1卷、《新刊巾箱蔡伯喈琵琶记》2卷、《长安志》20卷、《桂林风土记》1卷、《鹿门诗集》3卷、《绛云楼书目》1卷、《韩诗外传》10卷、《西溪丛语》2卷、《宝晋英光集》6卷、《姬侍类偶》1卷、《冀越集》2卷、《山居新话》不分卷、《石湖志略文略》2卷、《河南先生文集》27卷、《东皋子集》3卷、《九贤秘典》1卷、《须溪先生评点简斋诗集》15卷、《耆旧续闻》10卷、《江淮异人录》不分卷、《续名贤小记》1卷、《欧阳先生文集》8卷、《兰亭序考》1册、《宋景文笔记》3卷、《徐骑省集》不分卷、《春渚纪闻》10卷、《文房四谱》5卷、《易林》16卷、《芦浦笔记》10卷、《西阳杂俎》20卷、《幽兰居士东京梦华录》10卷、《近事会元》5卷、《绝妙好词》7卷、《高季迪先生大全集》18卷、《陆游南唐书》18卷、《三楚新录》3卷、《麈史》3卷。

另外，吴翌凤亲笔题跋书目的有：《剡录》卷11、《冀越集》2卷、《河南先生文集》27卷、《石林居士建康集》8卷、《行极》5卷、《文房四谱》5卷、《桂林风土记》1卷、《近事会元》5卷、《西溪丛语》2卷、《山居新话》不分卷、《江淮异人录》不分卷、《湖山类稿》卷5、《新刊巾箱蔡伯喈琵琶记》2卷、《绛云楼书目》1卷、《姬侍类偶》1卷、《长安志》20卷、《谗书》5卷、《玉峰志》卷不详、《东皋子集》3卷、《续名贤小记》1卷、《北山酒经》卷不详、《世本》1卷、《使金录》1册、《兰亭序考》1册、《南部新书》1册、《宋景文笔记》3卷、《籀史》2卷、《麈史》3卷、《北窗炙輠录》2卷、《游志续编》1卷、《沈下贤文集》卷12、《华阳国志》12卷、《虎丘志》不分卷、《列仙传》2卷、《元丰九域志》10卷、《乌台诗案》1卷、《唐先生文集》20卷、《金使录》1册、《刘向新序》10卷、《勌记》1卷、《幽兰居士东京梦华录》10 卷、《芦浦笔记》10 卷、《疑砭录》2 卷、《鹿门诗集》3 卷、《孔氏祖庭广记》12 卷、《列仙传》2 卷、《周易经义》3 卷、《须溪先生评点简斋诗集》15 卷、《王黄州小畜集》卷 30、《说苑》20 卷、《新唐书纠缪》20 卷、《蜀梼杌》不分卷、《渚宫旧事》5 卷。

吴翌凤在抄书的同时，也是一个学习的过程，凭着顽强的毅力，几十年间，仅手抄之书，就达 12 000 余卷。所抄之书，精校精核，书法逸秀、精致完整。张金吾、黄丕烈、石韫玉、戴延年、余萧客、吴骞、谭献等人对其藏书均有记载和诗词酬唱之句。编纂书目《古欢堂经籍略》，王欣夫对其评价较高，称其"可继晁陈之轨"。藏书印有"吴印翊凤"、"吴翌凤家藏文苑"、"枚庵浏览所及"、"爱读奇书手自抄"、"古欢堂抄书"、"枚庵藏本"、"古香楼吴翌凤枚庵珍藏"、"枚庵翰墨缘"、"翌凤详阅"等十数枚。工绘画、山水、人物、花卉。自画借书图：写枯树四五株，矮屋一间，一童负书归，寥寥数笔，绝似倪瓒。王芑孙题其《借书图》诗曰："君昔富搜罗，藏家所争诧。偶食武昌鱼，攸然皆羽化"、"昏灯摩老眼，积渐仍满架"。吴翌凤特别留心于清朝当代文献和吴中地区乡邦文献的保存与传播，具有独特的史料价值。

吴翌凤不仅是清朝乾嘉时期的一位著名藏书家，而且也是一位学者和诗人。所著《逊志堂杂抄》10 卷、《古欢堂经籍举要》2 卷、《灯窗丛录》5 卷、《东斋脞语》1 卷、《怀旧集》20 卷、《印须集》20 卷、《吴梅村诗集笺注》20 卷、《与稽斋丛稿》31 卷、《东窗丛录》5 卷等。辑有《国朝文征》40 卷、《经史 6 种 6 卷、《苔岑诗选》8 卷。自编《艺海汇编》28 种 46 卷。稿本《宋金元诗删》3 卷、《宋金元诗选补遗》（卷不详）、《与稽斋丛稿》16 卷、《曼香词》4 卷。

《逊志堂杂抄》是吴翌凤主持浏阳南台书院时所著，刊刻于光绪十四年（1888）。《逊志堂杂抄》共 10 卷，其实为 10 集，按甲乙丙丁等顺序排列，是吴翌凤抄辑群书中辩证经史文字及掌故异闻，并附录自己见解的一部札记性的著作。当然，杂抄并不代表没有学术价值，不同的杂抄有不同的学术价值，就看从哪一个角度和领域去理解。学术大师梁启超说："大抵当时好学之士，每人必置一'札记册子'，每读书有心得则记焉。盖清学祖顾炎武，而炎武精神传于后者在其《日知录》。……推原杂记之性质，本非著书，不过储著书之资料，然清儒最戒轻率著书，非得有极满意之资料，不肯泐为定本，故往往有终其身在预备资料中者。又当时第一流学者所著书,恒不欲有一字余于己所心得之外。"①其中顾炎武,则说:"一年仅能得十余条,呕心沥血三十余年编次而成","平生之志与业皆在其中",可见其推重与崇仰。重要的是,每一篇、每一则之判断、总结,来自于深厚的、长期的积累,从中列举问题、发现问题、解决问题的途径,得出有益的经验,结果是豁然开朗,思绪万千,这就是杂抄的魅力所在。《逊志堂杂抄》内容多方涉及历代藏书、刻书史实,以及藏书史观,这也符合吴翌凤的藏书思想。主要撰写内容有历史典故、人文逸事、风俗民情、民间故事等,同时还详述历史典故的出处、来源、本意,还考证当时人们对典故的误用。在言语风俗方面,对当地方言称谓作深入发掘和解释,如"支婆"、"女客"、"庶出"、"丈人丈母"等。这些方言是单一体系的方言整体,无论语音、词汇、语法诸方面,都有其自身的规律和共同的特点。另外,还有关于典章制度、书林掌故、山川名胜、经史考证、佛道阴阳和星相医卜作了论述。《逊志堂杂抄》虽说是一部杂抄性著作,但从内容中可以看出,它还是一部具有很高史料价值的学术性著作,也反映了作者渊博的学术知识。正如陈其荣在其序中所言:"自来博物洽闻之士,其耳目所涉历,胸臆所蕴积,必思有以笔之于书,而于经传之沿讹、史家之疏漏,为之考核是非,抉剔疑义;其论列当世,则于国故朝章以及曩吉之言行,考见其实,胥为之纪述,存之俾后之人可稽为掌故者,亦无非识大识小之意焉。吴中吴枚庵先生性好藏书,喜抄秘籍。尝与当世好古之儒游,若卢抱经学士王西庄光绿、吴槎客明经、杨列瓯进士,以及朱文游、鲍渌饮诸君,凡说部别集未著人间者,善本所藏,辄为展转构假手自校录,积储至万余卷。以故得以博观综取记纂成编,而是编只其一尔,逊志堂者。嘉庆初元先生曾主浏阳南台书院,是其斋名也。维时又著有《灯窗丛录》5卷,补遗1卷,其书亦复相类。又有《周礼璪言》1卷,《东斋脞语》等书,今并不存,窃闻先生尝念前人著述孤本未刊者,经乱散佚为多。"②《逊志堂杂抄》最主要的特色是其藏书思想,将藏书或抄之书,不是放之高阁楼台,秘不示人,而是允许藏书之人传抄,读书之人去研究,倡导藏书开放、广泛交流的思想,正如他自己在《逊志堂杂抄·庚集》所说:"杜暹藏书,每遇卷尾以戒子孙:'清俸贾来手自校,子孙读之知圣教。坠之鬻之为不孝。'古人之于书,爱护珍惜如此,予家綦贫,而酷好藏书。未弱冠,即减衣缩食以购之。闲借抄于抱经堂学

---

① 梁启超:《清代学术概论》,上海古籍出版社1998年版,第62页。
② 吴翌凤:《逊志堂杂抄·序》,中华书局2004年版。

士、王西庄光绿、朱文游、鲍以文、吴槎客明经、杨列瓯进士,阅三十年,积有万余卷,颇多善本。无何而饥躯出门,局置它室,托友人司其管钥,仅携零星抄本数十卷,然不敢自秘,如薪水王根石太学、汉阳叶桐封中翰、广宁赵纯斋大令,皆就予传抄,广为流通。惟是吴下所储,恐遭虫蚀,且儿愚不能读书,它时终不知落何人之手。每一念及,为之怃然。"① 这种藏书的豁达态度,更能发挥书籍使用价值。

《古欢堂经籍举要》是吴翌凤的目录学著作,将自己抄书、藏书、读书治学的目录,在四十五岁时编写成藏书目录,并且在该书自序中说:"今以二十年来所得者著于录,曰古欢,盖漫士意中之堂也;曰经籍,从古也,亦尊之也;曰略者,言其少也,即或所谓十阙其九之义也。目为第一集者,止于丙午之夏,后有所得,将次为第二集,而或者三集、四集,以致于十数集,而犹不止也。"吴翌凤吸取和总结了历史上目录学家晁公武、陈振孙、焦竑、钱曾的目录学思想,这部目录著录《易经》33 种、《书经》12 种、《诗经》14 种、《三礼》12 种、《春秋》29 种、《论语》4 种、《孝经》6 种、《孟子》3 种、《尔雅》11 种、《经解》14 种、共计 138 种,1323卷。在吴翌凤著录的书中有不少宋版、抄本等善本书。中国古典文献学专家王欣夫为吴翌凤《古欢堂经籍举要》所写跋文亦云:"余尝见手抄《秘册汇函》、《古香楼汇丛》、《秘籍丛函》诸书,皆巍然巨帙。而自所著稿本,……皆楷书精整。尝谓当乾嘉时,吾吴多藏书家,而劬学笃好,盖未有过枚庵者。"②

《灯窗丛录》,吴翌凤著,但一直未刊,直到民国九年才刊行,并收入《涵芬楼秘籍》。该书主要是记载吴翌凤出游的所见所闻,还有读史心得及书林遗闻。

《怀旧集》,吴翌凤辑,清嘉庆十八年(1813)初刻本。是书仿王渔洋《感旧集》体例,取五十余年来所录前辈及同好中己往者之诗,重加补缀而成。每人各注字号、爵里、著作,间作评断。盖其意亦以诗存人,以人存诗。聊寓怀人感旧之念,故名之曰《怀旧集》。然传世仅此一刻,故流传不广。吴翌凤在《怀旧集》序中说:"其名位通显及诗号大家播在人口者,固不藉是以传。若夫山林寒瘦之士,玄弦孤韵,浮湛隐约,没世之后。遗章零落,恐不免有名字翳如之叹。此余区区采集之微意,窃自附于新城感旧之例云尔。"作者将那些山林寒士的诗文,收集起来,以免被世人遗忘,做到"以诗存人,亦以人存诗",以表明这些民间的

① 吴翌凤:《孙志堂杂抄·庚集》,中华书局 2004 年版。
② 吴翌凤:《古欢堂经籍举要》末,《庚辰丛编》本。

诗文也是中华文化的瑰宝。

《国朝文征》是吴翌凤收录自清顺治至嘉庆二百年间二百多人的文章。以人为次第,附每人小传及文章篇目。此书记载,沈懋德作为江南巨富,轻财好义,广交文士,兴建花园宅第,园名为"江曲书庄",台馆池石,称绝一时。江曲书庄内有万卷藏书,当时四方名士俞樾、吴大澂、洪钧等经常到访,谈文论艺,鉴赏金石古董,品说宋元书画。道光、咸丰年间,沈氏刻书进入全盛时期,从全国各地来的书商、古董商络绎不绝,多的时候甚至会把"江曲书庄"堵塞。沈懋德之孙沈中坚于咸丰年间刻成《国朝文征》。吴翌凤在编选《国朝文征》时,自序其宗旨:"昭代之文尚无选本,……翌凤不揣梼昧,有志搜罗,……就其可征者得二百八十余家,……其忠义节孝,有裨风化或遗文轶事可备掌故者登之。"吴氏在编选此书时,按照"不揣梼昧,有志搜罗"的原则,精心编辑。正如谭献《复堂日记》所评价为:"阅吴翌凤撰《国朝文征》,……乃有绝无传本者。枚庵喜抄秘册,说部、别集,未著人间者往往写藏。乱后零落,而吾乡有丁氏,吴兴有陆氏,闻皆收得数十百卷。今又在肆见残帙,亦盈二三尺,度《文征》之成,不尽据行世刻本也,去取之旨多载替德独行,不事门户,远胜姚春木、李迈堂之识。"①

《东斋脞语》,吴翌凤著,此部书稿刻于嘉庆十一年(1806),后收入张潮辑《昭代丛书》。其书内容主要是记录书林掌故,吴氏自己交游活动,谈到曾拜徐伸、张应诏、张乃翼为师的情况,并且与王丙、杨复吉交结为友。举世闻名的范钦藏书楼天一阁,也在吴翌凤《东斋脞语》中说过:"明季藏书,浙中为盛,而鄞县范氏天一阁尤富,立法亦尽善。其书借人,不出阁,子孙有志者,就阁读之,故无散佚之患。"可见,吴翌凤以一介寒士能编成如此多的书籍,天一阁藏书楼给他抄、给他看是功不可没的。

除此之外,吴翌凤还纂辑过其他一些书籍,这里不再赘述了。吴翌凤是为清代吴中著名藏书家和学者。博学多能,不仅熟知经史,雅好诗书,又精楷法,擅丹青,书画俱有名当时。平生性嗜藏书,同时著名学者、江浙藏书家如卢文、王鸣盛、吴骞、朱文游、杨复吉等皆过从极密,时以各藏善本佳抄互相假借,校雠录副。所抄之书精楷密写,令人想见精力逾常,当时即为人珍重,至今更每成善本。现代目录学家王欣王欣夫先生曾谓:"当乾嘉时,吾吴多藏书家,而劬学笃好,盖未有过枚庵者"。

---

① 谭献:《复堂日记》卷五,清光绪十三年仁和谭氏刻本。

第二节　吴骞"千元十驾"的藏书珍本

私家藏书到清代可以说达到一个高潮时期,不仅在数量上而且在质量上都超过历代。就连乾隆皇帝也大秀藏书文化,动员全国的力量编辑《四库全书》,充分体现了中国古典文献传承的科学体系,从此成为整理中国传统文献的标准与圭臬,为中国传统古籍的梳理提供了永久性的范本。所以在这种读书、藏书和尚学的氛围之下,藏书文化风靡全国。著名藏书家吴骞便是当时藏书家、学者之一。

吴骞(1733—1813),字槎客,又字葵里,号兔床。祖籍安徽徽州休宁人,后定居浙江海宁,居于新仓里小桐溪。吴骞一生与官场无缘,最高的身份仅得"明经"头衔。所谓明经,汉朝出现之选举官员的科目,始于汉武帝时期,至宋神宗时期废除。被推举者须明习经学,故以"明经"为名。到唐代科举以诗赋取士谓之进士,以经义取士谓之明经。到明清时代,明经便作为贡生的别称。吴骞在官场无门时便把人生全部精力寄予购书、藏书、校刊、刻书、读书撰述等文化传承、传播事业上。

一、屈指可数的拜经楼藏书

吴骞一生酷爱藏书,嗜书如命,每遇得意之书或善本之书,从来不计价值,解囊而购。其求书购书生涯艰难曲折,即所谓"自束发迄乎衰老",在漫长的几十年人生道路上,兢兢业业、不知疲倦,潜心索求典籍。在收藏图书过程中曾得到乡贤前辈马氏道古楼、查氏得树楼之残帙,而道古楼藏书主人马思赞善诗词,无意仕途,性藏书,修筑藏书楼,号称"道古楼"、"皆山堂"、"红药山房",所藏多宋元善本。清学者、画家浙江海宁人管庭芬在《海昌艺文志》中评论说:"所居道古楼,插架悉宋元旧本,为东南藏书之冠。"而得树楼藏书主人查慎行也是海宁人,其藏书甚富,是典型的"读书者之藏书",藏书多为实用,质量应是上乘。而吴骞《拜经楼藏书记》说道:"国初吾邑东南藏书家,首推道古楼马氏、得树楼查氏。盖两家插架,多宋刻元钞,而于甲乙两部,积有异本。其珍守已有数世,不仅为充栋计也。"由此可见,道古楼和得树楼为吴骞的藏书提供了大量的宋元精刊本,其数量在千部以上。这不仅提高吴骞藏书的数量,更重要的是提升其藏书质量和档次,以及在当地藏书事业中的影响。

吴骞收藏图书闻名东南,据《海昌备志》载:"海昌百年来藏书家,若前步桥许氏之惇叙楼,今遗籍荡然,楼亦毁矣。胡陈村胡氏华鄂堂,所藏仅有存者。独拜经楼完好无恙,贤子孙善守之效也。"吴骞的藏书生涯,与当时的著名学者黄尧圃、杭士骏、鲍廷博、陈鳣等人的交往甚密有非常大的关系,尤其是与黄尧圃个人的交往和友谊,堪称莫逆之交。而黄尧圃是江苏苏州"百宋一廛"藏书楼的主人,是著名的藏书家,所收藏宋版图书达到百部之多而雄居江左。因此,经过长期积累,吴骞终于"置得书万本,性复喜厚帙,计不下四五万卷"。

积有名刻善本45 000余卷,遂筑拜经楼以庋藏。吴骞的拜经楼建于乾隆四十五年(1780),"拜经楼"藏书楼之名,因沿袭清代学者臧庸之室名。臧庸,名镛堂,字在东,号拜经,"拜经"之义就是尊崇经籍的意思。吴骞与臧庸藏书之志有相同之处,故曰藏书楼为"拜经楼"。其好友鲍廷博得知吴骞藏书楼取名为"拜经楼",恰巧得到一幅明代画家郑旼绘制《拜经图》名画便送给吴骞。拜经楼与《拜经图》这一寓意深刻的巧合,也象征着两大藏书家互相交融、相互借鉴共谋藏书之道。欣喜之余,吴骞吟诗一首以记之:

> 学古名楼事偶符,故人携赠出天都。
> 只缘个里诗书气,不共烟云化绿芜。
> 三径荒烟带草青,千竿纤竹自娉婷。
> 主人未必全如我,不解穷经只拜经。

诗并非是吴骞的专长,但从诗中可以感受到对鲍氏的感激之情和对拜经的崇拜。吴骞也经常与江浙一带藏书家互通有无,借抄借校。特别是吴骞与黄丕烈、陈鳣三人之间,彼此互通秘笈,鉴赏析疑,互相抄校,每校一书,必撰题跋,兴奋之余还作诗相互应答。吴骞家藏宋人所撰《临安志》三种100卷,便专门刻一藏书印,即"临安志百卷人家",然而陈鳣家也藏有此书。乾道《临安志》是卢文弨转录于吴氏,卢氏散出后归于陈鳣。然而嘉庆十四年(1809),陈鳣从吴中书商手中购买一部淳祐《临安志》6卷,而此书被吴骞、黄丕烈二人所抄录。陈鳣获得这部善本秘籍之后诗兴大发,并赋诗一首:

> 输钱吴市得书夸,道是西施入馆娃。
> 宋室江山存梗概,乡邦风物见繁华。

> 关心志乘忘全帙，屈指收藏又一家。
> 况有会稽嘉泰本，赏奇差足慰生涯。

吴骞在陈鳣家抄得副本，并读到陈氏的诗，感慨万千，藏书家的苦与乐，其辛苦往往只有自己知道，吴骞在《愚谷文存·桐阴日省编》中说道："吾家先世颇乏藏书，余生平酷嗜典籍，几寝馈以之。自束发迄乎衰老，置得书万本，性复喜厚帙，计不下四五万卷。分归大、二两房者，不在此数。……竭平生之精力而致之者也。"把藏书上升到一个崇高的境界："寒可无衣，饥可无食，至于书，不可一日失。"于是为陈鳣赋诗一首：

> 凤舞龙飞讵足夸，钱塘遗事失官娃。
> 天教南流支残局，人想东京续梦华。
> 朱鸟歌成空有泪，冬青种后已无家。
> 与君鼎足藏三志，天水犹悬碧海涯。

作为好友，黄丕烈看到他们二人互相赋诗，也不甘落后，也作诗附和：

> 甄别奇书却自夸，秦娥未许混吴娃。
> 阙疑向已无年号，微显今还识物华。
> 半壁河山留六卷，累朝兴废得三家。
> 东南进取忘前鉴，空使宗臣泣海涯。

后来黄丕烈感觉没有给吴骞赋诗有点欠缺，于是又补上一首诗给吴骞道：

> 千元百宋竞相夸，引得吴人道是娃。
> 我为嗜奇荒产业，君因勤学耗年华。
> 良朋隔世亡双璧，异地同心有几家？
> 真个苏杭闻见广，艺林佳话遍天涯。

从以上三人的诗中可以看出，他们之间的关系密切、友谊之深，为了藏书事业，耗尽了精力和钱财。然而一旦获得稀世珍品和秘籍，各自又兴奋不已！他们终生以购书、抄书、校书、赏书、藏书和读书为乐,为传承中华文化的发展、积累文化财富等方面作出了重要的贡献。

吴骞曾得宋本《咸淳临志》91 卷、《乾道志》3 卷、《淳祐志》6 卷,刻一印曰"临安百卷人家"。在收藏古书的同时,也收藏了不少文物古董。陈鳣《愚谷文存·序》中说:"吴骞筑拜经楼,聚书数十万卷。丹黄甲乙,排列几筵,又有图绘、碑铭、鼎彝、剑戟、币布、圭璧、印章之属,丹漆、象犀、竹木之器充牣其中,皆辨其名物制度,稽其时代款识,著作谱录。"

二、"千元十驾"善本秘籍

拜经楼藏书得到马思赞"道古楼"、查慎行"得树楼"两家遗书的充实,而且两家藏书皆以宋元珍本著称于书林,再加上先世遗留下来的藏书,图书 144 部共 381 册,还有各类书画法帖 21 种,这也是一笔藏书财富。正如吴骞在《观复堂藏书总目》中说道:"吾家先世藏书颇鲜,逮予佰氏性喜书籍,购置浸广。"在此基础之上,再加上吴骞用毕生精力倾于藏书、校书和刻书,尤其是搜罗宋元刻本,而且精品至多,其中还有诸多宋本宋抄,吴骞还为其中多数典籍校勘加以题跋,如陶渊明、谢玄晖诸家专集,并加以刊刻。在购得宋刻本《咸淳临安志》、《乾道志》、《淳祐志》后,异常高兴,并刻一枚藏印章"临安志百卷人家",加盖印章后妥善保存。在得到宋刊《百家注坡先生》时,并以苏诗名义取名藏书处为"苏阁"。这些都被称为典籍中稀世瑰宝。吴骞其子吴寿旸汇编的《拜经楼藏书题跋记》披露了吴骞为收藏大约 300 余种善本书所写的题跋 321 篇。我们从中可以窥视到吴氏藏书、撰写题跋的有关情况。这其中有 45 种宋元刻本,150 种宋元旧抄本、抄本和影宋抄本,50 至 60 种名人校本、自校本,16 种稿本。另外,《拜经楼书目》还著录吴骞珍藏 1 000 余种书目,如果按四部分类,则经部大约 200 种,史部 150 种,子部 250 种,集部 550 种。

吴骞所藏宋元珍本,受到好友乾嘉时期藏书家黄丕烈的挑战,黄氏曾为自家藏宋元旧本命名"百宋一廛",且在《席上辅谈跋》说:"余藏书所曰'百宋一廛',海昌吴槎客闻之,即自题其居曰'千元十驾',谓千部元板,遂及百部之宋板,如驽马十驾耳。潜研老人《十驾斋养新录》即此十驾之义。"所谓"百宋一廛",廛,是古代一房屋的意思,面积约为 2.5 亩,即百种宋版书集于一室之意。吴骞心醉于购书、藏书,才使得其拜经楼富甲一方。据郑伟章《文献通考》载:"吴氏拜经楼藏书精品极多,仅据《拜经楼藏书题跋记》即有宋本二十一种;元本二十四种,有蒙古中统本《史记》、元钞本《方叔渊稿》;稿本朱彝尊、查慎余等十六人手稿,旧抄及自抄一百五十余种,名人校本五十余种。"

　　吴骞的藏书和刻本并不逊色于黄丕烈,为了与"百宋一廛"一比高下,不甘落后,吴骞将自己的藏书楼命名为"千元十驾",千元为元代刻本一千侨汇卷,一驾即一马车,意为我一马车元代千卷,抵得上你一屋子宋版书籍。"千元十驾"的"驾",有不少人误以为是书"架",其实不然,实质是为"驽马十驾"之"驾"。吴骞"千元十驾"是取《劝学》篇中有言"骐骥一跃,不能十步;驽马十驾,功在不舍",比喻吴氏千部元本可抵黄家百种宋版,不仅有相敌,有竞争,而且有锲而不舍,后来赶上超越之意。后来蒋光煦在《东湖丛记》中说:"黄荛圃主政百宋一廛,吴兔床明经以千元十架相敌,故老风流,犹令闻者色飞眉舞。"吴氏、黄氏这两位藏书家围绕"百宋一廛"、"千元十驾"在藏书界和学林传为佳话。清末著名藏书家和金石学家叶昌炽一生着力辑古佚书、校理群籍、搜集碑版、抄书作文。他在《藏书纪事诗》中用诗歌赞美"百宋一廛"、"千元十驾"收藏盛事,诗曰:

　　　　为慕一廛藏百宋,更移十驾度千元。
　　　　生儿即以周官字,俾守楹书比孝辕。

　　诗中"生儿即以周官字",还有一个不为人所知晓的秘密,那就是吴骞每购一部心爱的古籍之后,就专刻一印章,如"临安志百卷人家";当得到宋椠本百家注《东坡先生集》,并以苏诗为其藏书处取名"苏阁";或以书名作为自己儿子的字号,将其二儿子吴寿旸,字周官,号苏阁,周官和苏阁都是以所得书而命名的。可见,吴骞对藏书的痴迷。

　　吴骞一生沉醉于搜书、校书、刻书、读书,所以虽仕途无成,但在藏书史上颇受人称赞,好友陈鳣的一首诗这样写道:"人生不用觅封侯,但问奇书且校雠。却羡溪南吴季子,百城高拥拜经楼。"高度称赞了他全心藏书不问名利之举。

　　吴骞的藏书完全靠个人嗜书而努力收藏致富。而拜经楼之所以名倾一方,则是靠他本人以一介穷书生之身辛勤搜讨的结果。吴骞的藏书楼得到同乡马氏"道古楼"和查氏"得树楼"这两家藏书,大大充实了自家的藏书楼。此后,吴骞还搜讨益勤,并经常与江浙一带藏书家互通有无,借抄借校。在藏书的过程中,吴骞也感慨颇多,他曾经在64岁时说道:"吾家先世颇鲜藏书,予兄拙巢先生始稍稍购置,然尚不多。予乃有独嗜,盖由束发及壮,无日不以此为事。奈所居僻左,邻里又乏同志者,每出游过通都大道,恒遍阅于市肆,日夕忘返,比归必载数篦以还,置之瓦屋东西,以借对床之乐。乾隆岁在庚辰(二十五年,1760),先君子以食指殷繁,为予兄弟析箸,凡资产器物三股分授,而书籍、字画、碑帖亦均作三股阄分,大房得□字号,二房得□字号,三房得仁字号。予既受而藏之,念门类未广,乃益多方搜觅,又常苦力有不足,往往摒挡称贷,仅而获酬。间闻人有异书,则必展转借录,露钞雪购,具费苦心。盖自少迄老,孜孜矻矻,数十年如一日,亦不自知其所以然。昔人方诸衔姜之鼠、穴纸之蝇,殆不为虚语矣。每自顾姿禀凡平,不能沉研精讨,为淹通博贯之儒,良用内愧。忽忽年逾耳顺,精力日衰,学殖益落,一切世味皆淡漠视之,惟嗜书之癖如故。今年(乾隆六十年,1795)春,与儿辈逐加点检,先成《草目》,以备寻觅,约可三四万卷,九千余册,虽不为多,亦一生心力之所萃也。"[①] 所述藏书"自少迄老,孜孜矻矻,数十年如一日,亦大自知其所以然。……一切世味淡漠视之,惟嗜书之癖如故。"可见,吴骞喜爱藏书到了一种痴迷的程度,同时也反映了他在藏书的过程中用情于书、执着专注的情感。

吴骞在藏书生涯中,有一件令他终生难忘的事,那就是拜经楼藏书遭受一次窃贼,虽然平时也采取了一些防灾防窃的措施,但还是遭受偷窃,此事记载于徐康《前尘梦影录》:"槎客拜经楼丛书中,有《国山碑考》等书,皆客宜兴时所作,碑则亲至张渚手携毡蜡剔藓于荒郊寂寞之处,穷数日之力,乃缩抚其文,丝毫不苟,可谓极诣矣。《砂壶考》则与老于砖埴之工,讲求其事,兼采辑先辈及同时名人之题咏成书,一帙真非易易楼中所藏碑帖、书籍、字画,因居住幽僻,未遭兵火劫。有飞凫人结伴至其家,捆载至申,约直三千余金。盖与槎客酬酢者,皆乾嘉名士,不但卷册等可得厚值,即往复诗笺尺牍,无不争先购去。唐蕉翁得南宋巾箱本《老子》《文子》二种,又钞本记明末国初事野史数册。"[②]藏书遭窃虽未受到一定程度的影响,但吴骞感到痛苦至极。

吴骞藏书不仅数量多,而且藏书质量很高,不仅在浙江,而且在全国亦有很高地位。其一生酷爱读书,同时也将毕生精力倾其藏书,值得关注的是其藏书

---

① 　吴骞:《拜经楼书目》自序,清抄本。转引陈心蓉《嘉兴藏书史》,国家图书馆出版社2010 年版,第 125 页。

② 　徐康:《前尘梦影录》卷上,清光绪二十三年江标刻本。

具有特色:首先,藏书范围很广,以收藏宋元旧本益稀、旧抄、精本等,曾有"千元十驾"的珍本秘籍称号。即谓千部元板,遂及百部之宋板如驽马十驾耳。其次,拜经楼藏书的特点是荟萃许多名家题跋。特别是名家学者如杭世骏、卢抱经、钱辛楣、周松霭、查慎行、陆贴典、吴伟业、朱彝尊诸先生,鲍豫饮、周耕崖、朱巢钦、张苗堂、钱绿窗、陈篱疰、陈鳣、吴翌凤、丁杰、顾之逵、顾广圻、黄尧恩诸良友对吴骞藏书均有题跋,这一现象在中国藏书史中上很少见到。如宋本《前汉书》载录"仁和朱朗斋明经跋"、"吴趋黄尧圃主事跋"、"东里卢抱经学士跋";明本《逸周书》载录顾广圻、陈鳣跋;宋本《咸淳临安志》载朱彝尊、吴焯、杭世骏、鲍廷博等跋。题跋的内容如《春秋属辞》下题:"旧刻本。每页二十六行,行二十七字。后列校刻氏名。为曝书亭、道古楼二家藏书,有其图记,俱极精雅。"《大广益会玉篇》下题:"右三十卷,元刻本。每页二十四行,行二十一字。前有'朱氏与耕书堂'长墨印,又有'永乐丙申至嘉靖改元107年重装'墨笔一条及锡山施金、贡先诸图记。"《宋史全文》下题:"此书三十六卷,目录题'续资治通鉴长编',三十卷后每页题'增入名儒讲义续资治通鉴长编',三十六卷末又编度宗、少帝事,称'宋季朝事实',不著撰人名氏,惟列'丰城游明大升校正'一行,盖荟萃诸家纪传而成者。纸墨精好。每页二十二行,行二十五字。"《本草衍义》下题:"《本草衍义》二十卷。每页二十四行,行二十一字。首行题'本草衍义卷之一',次题'通直郎添差充收买药材所辩验材寇宗奭编辑'。首张缺前半页,后半页第一行'圣旨寇宗奭特与转壹官依条施行添差充收买药材所辩验药材',二行'右札付寇宗奭',三行'政和六年十二月二十八日',五行'宣和元年月本宅镂版印造',六行'妵宣教郎知解州解县丞寇约校勘'。纸墨古雅,有'汪文柏'、'柯庭'、'休宁季青家藏书籍'图记。面页题'摛藻堂藏'。"《栾城集》下题:"抄本,前集五十卷,插花山马氏藏本。首页有'玉音孝友著于家庭信隆于乡党'朱文印,卷内有'古盐官州马思赞之印'、'马寒中印'、'华山马仲安家藏善本'及'秀水朱氏潜采堂图书'诸印记,抄写及书侧题识俱精整。"另外还有黄丕烈题跋《周礼纂图互注重言重意》道:"宋刻《周礼》所见有三本:一为余仁仲本,藏于小读书堆,系中版。独阙《秋官》。倚树吟轩有蜀本,止《秋官》二卷,则大板也,见为余有。陶筠椒有纂图互注本,却无阙卷,有阙页,板子适中。惟此又系巾箱中本。余所见有《左传》题曰婺本,此《周礼》题曰京本,盖同一例矣。惜少《春夏官》,安得汇而叙之如百衲《史记》乎,为古书发一叹云。抱冲作古,书籍不轻假人。筠椒以待贾而沽,未能借校。致今槎翁之书留余百宋一廛中,仅得与蜀残本一校，未尽其善，又可惜也。还书之日，书数语于尾，以质诸槎翁。槎翁想亦同慨已。时嘉庆丙寅谷雨后二月，黄丕烈识。"陈鳣题跋《图绘宝鉴》道："《图绘宝鉴》五卷，元吴兴夏文彦撰。是本量墨色漫坏，然犹是元版而明印者，远胜今本之窜乱混淆矣。卷首抱遗老人叙草书极佳，盖系铁厓手书付梓。叙称云间义门夏氏，则文彦又为云间人。是书每册有庐江王图记，王藏书甚富，就余所见凡数种，皆善本云。"丁杰题跋《尚书全解多方》道："乾隆丁酉，予在京师，从琉璃厂五柳居书肆借抄此卷，乃《永乐大典》本也。"又题跋《淳祐临安志》道："吾杭在南宋建都为临安府，其志凡三修：一为乾道时周淙撰，一为淳祐时施谔撰，一为咸淳时潜说友撰。《乾道志》十五卷，久佚。同郡孙晴厓从都下得宋椠本，止三卷，余曾录副本。《咸淳志》一百卷，秀水朱竹垞从海盐胡氏、常熟毛氏先后购得宋刻八十卷，又借抄十三卷，尚缺七卷。后归吾乡马氏道古楼收藏，钱唐吴绣谷购抄其半，继而垞孙稼翁又以宋椠十七册售于同郡赵氏小山堂，赵氏复从吴本补录其余，未及装整，即归王氏宝日轩，又转归于吴氏存雅堂。乾隆三十八年，歙鲍绿饮从平湖高氏得宋椠本二十二册，中间节次缺失，而尽于八十一卷。每册有季沧苇图记，……因斥去季氏补抄施《志》六卷，就赵本补录，通得九十五卷。未几归于吾乡吴氏拜经楼。"吴骞题跋《元丰九域志》道："家枚庵侨居吴下，性喜藏书。每遇秘本，辄手为传录，盖今之方山也。王正仲《九域志》流传绝少，而有'古迹'者尤为难得。癸卯夏，从枚庵借得，因亟抄而藏诸拜经楼。"又云："壬子仲春，复以钱遵王影宋抄本及嘉兴冯氏新刊本重校一过。"吴骞题跋《毛诗阐秘》道："宋牧仲尝欲购此书刻之，斧季靳而弗与。后归休宁程某，休宁令虞山丁斌又为之跋。丁未夏日，予于吴门书肆得之，犹是汲古精抄，装潢题识皆无损真可宝也。"又题跋《春秋尊王发微》道："予收得旧抄本《春秋尊王发微》，书体颇端楷。玩其图记，盖虞山钱遵王先生藏本，尝载诸《读书敏求记》者殆即此也。述古堂之书后尽归于季沧苇侍御，沧苇既没，又复散去。此虽昆山片玉，犹足以想见当时之盛也。"

中国传统藏书名人题跋，由于受体裁和条件的限制，题跋往往文字简洁，在版本形态记述方面多有专门术语，然后叙说中，亦时能见动心的妙笔。因此，藏书题跋的可读性要略逊于读书随笔，这就凸显题跋的学术价值。据《拜经楼藏书题跋记》不完全统计，收有宋版 21 种、元版 24 种、蒙古中统本《史记》、元抄《方叔渊稿》及 16 人稿本，抄本 150 余种，名人校本 50 余种及大量题跋及其校勘的古籍。可见"拜经楼"藏书的品位之高。

吴骞不仅是一位著名的藏书家,而且也是一位学术造诣很深的学者。《清史列传》则说吴骞"生负异禀,过目成诵",说明读书的天赋很好,不但工诗善文,而且绘画山水,实为多才多艺的大儒。浙江海宁藏书家陈鳣在《愚谷文存·序》中是这样描写道:"吾乡以儒林著者,晋则有干令升,梁则有戚公文,陈则有顾允,南唐则有褚宏度,宋则有张子韶,明则有董硕甫、朱康流、谈孺木、祝开美诸先生,及先五世从祖乾初府君,后百余年而有吴槎客先生焉。先生品甚高,谊甚古,而学甚富,著述等身,顾不屑为流俗之文,夙共当世贤士大夫相往还,与之上下其议论。晚年益深造自得,远近学者宗之。筑拜经楼聚书数十万卷,丹黄甲乙排列几筵,又有图绘、碑铭、鼎彝、剑戟、币布、圭璧、印章之属,丹漆、陶旒、象犀、竹木之器,充牣其中,皆辨其名物制度,稽其时代款识,著之谱录,暇则驾扁舟泛江湖,历山谷探奇吊古,吮墨含毫于遗文,坠简广为搜访,遇孝忠节烈之大端,尤必竭力阐扬,殆得于古者,深积于中者,厚而粹然为儒林之望也乎。鳣幸得从先生游有年矣,渊渊乎如临秋水,而心鉴其清焉。蔼蔼乎如披春风,而身受其和焉。观其家雍睦一堂,竞尚儒雅,令子若从子相继,登贤书欣欣向荣。先生夷然视之,惟沈酣典籍,谈艺论文,年七十余,耳目聪明,行不须杖,咸称为寿者。相云先生既刻《拜经楼诗集》十二卷,钱辛楣詹事叙之。今又刻《愚谷文存》十四卷,属鳣为弁言,以鳣之固陋,何敢叙先生之文。然数十年交情之笃,则莫如鳣。故不自掩其短,而识其生平大略如此。若夫文笔之高,坚词旨之敦厚,固世之有目共赏者,无庸鄙人插齿牙于其间也,嘉庆十有二年冬十一月既望。"① 而"学甚富,著述等身"则是对吴氏一生的学术高度评价。

吴骞的著述非常丰富,据《善本书室藏书志》、《八千卷楼书目》、《清通史》、《清文献通考》、《(光绪)重修安徽通志》、《清续文献通考》、《(民国)杭州府志》、《清史稿》、《海宁州志》、《中国古籍善本书目》等不完全统计,吴骞著有:

《唐石经考异》2 卷、《蜀石经毛诗残本考异》1 卷、《典裘购书歌》1 卷、《遗训笺释》1 卷、《涉园修禊集》1 卷、《皇氏论语义疏参订》10 卷、《拜经楼诗话》4 卷、《沈蘧翁寿怀歌》1 卷、《桐阴小牍》1 卷、《休宁吴氏济美集》1 卷、《海宁经籍志》1 卷、《海宁经籍备考》2 卷、《海宁倭事始末》2 卷、《惠阳山水纪胜》4 卷、《蜀石经毛诗考异》2 卷、《耕厓先生传》1 卷、其子编《题辞》1 卷、《海宁州志校勘记》1 卷、《壶口辨》1 卷、《西湖纪胜》2 卷、《拜经楼书目》不分卷、《小桐溪录》1

---

① 陈鳣:《简庄诗文钞》续编卷一,清光绪刻本。

卷、《随笔》2 卷、《尖阳丛笔》10 卷、《尖阳载笔》1 卷、《槎客日谱》6 卷、《尺苑》2 卷、《阳羡名陶录》2 卷、《续录》1 卷、《国山碑考》1 卷、《阳羡摩崖纪略》无卷数、《子夏易传义疏》2 卷、《子夏易传释存》2 卷、《孟子外书附订》4 卷、《拜经楼诗草》不分卷、《拜经楼诗稿续集》1 卷、《兔床清玩录》、《粤东怀古诗》2 卷、《拜经楼研录》1 卷、《愚谷文稿》不分卷、《愚谷文存》不分卷、《诗谱补亡后订》1 卷、《孙氏诗评摭遗》1 卷、《吴氏仪则》1 卷、《烟云供养录》1 卷、《尺苑》不分卷、《拜经楼杂钞》1 卷、《商卣唱和诗》1 卷、《拜经楼诗话》4 卷、《拜经楼诗话续编》2 卷、《万花渔唱》1 卷、《观复堂藏书总目》1 卷、《分目》1 卷、《拜经楼分拨总记》1 卷、《拜经楼碑帖目录》1 卷、《陈乾初先生年谱》2 卷，撰《兔床日记》不分卷、《桐阴日省编》不分卷、《白虎通义校稿》1 卷，辑《扶风传信录》1 卷、《南宋方炉诗》1 卷、《四朝经籍志补》、《东江遗事始末》2 卷、《蠡塘渔乃》1 卷、《拜经楼》正续 17 卷、《愚谷文存》正续 16 卷、《桃溪客语》5 卷、《明诗综姓氏表》不分卷、与清黄虞稷同辑《千顷堂书目》32 卷附《四朝经籍志补》、《集俎》1 卷、《汪义妇辞》1 卷、《论印绝句》2 卷、《小桐溪吴氏家乘》8 卷、《许氏诗谱钞》、《孙氏尔雅正义拾遗》、《唐开成石经考》2 卷，校订《明党祸始末记》2 卷，校注《疑年录》4 卷，还辑《董令升遗事》不分卷、《哀兰集些》1 卷并辑《挽篇》1 卷、《愚谷诗稿》5 种 6 卷、《禺园悼往录》不分卷、《金楼子附校》6 卷、《古今乐府声律源流考》1 卷、《孙氏尔雅正义钞》1 卷、《蛟桥折柳图题咏》1 卷、《辀轩续录》1 卷，辑宋潜说友纂修《(咸淳)临安志钞》不分卷、编《海昌丽则》5 种 10 卷，纂修《休宁厚田吴氏宗谱》6 卷等著作辑注等近百种。

　　从以上的吴骞著作看，大部分作品都流传于世，而且大多被列为全国古籍善本，为后世的研究提供了宝贵的资料，也彰显吴骞著作的质量之高、版本价值之大。正因如此，一生专于学问的吴骞，终于成为杰出的版本目录学家。

　　在博的基础上，吴骞力求藏书之精，他的藏书楼富有宋元旧椠、旧抄，且校勘精审。他将其中的精品藏书出资刊刻，编为《拜经楼丛书》，传播天下，为人称道。多年来，吴骞的主要活动就是购书、藏书、校书、刻书，但他浸淫其中，乐此不疲。吴骞一生笃嗜典籍，兼好金石，遇善本书，不惜倾囊购之，所得不下五万卷，筑拜经楼为藏书室，他自定的藏书铭是"寒可无衣，饥可无食，至于书，不可一日失"，道出了其中的甘甜。吴之淳在《尖阳丛笔跋》道："昔先生大父聚书万卷,手不停披,潜志探讨,兼好网罗遗事轶闻,搜剔名迹古器,多所表著。"① 拜经楼藏书由吴骞勤奋、刻苦、艰辛创业,并具一定的规模,到其子吴寿旸及其孙吴之淳、吴之澄等藏书传承,历经三世,鼎甲浙江近百年,对中华文化典籍的保存做出很大的贡献。

第三节　张钧衡及其"适园"藏书

张钧衡(1873—1927),字石铭,号适园主人,他的先祖是安徽休宁人,于康熙年间迁到浙江南浔,世代经商并以盐业致富。祖父名张颂贤,字竹斋。同治初年平定太平国之后,颂贤受浙江巡抚委办恢复浙西盐场的户销,使得"商利益滋,官课以充,而公之家亦日丰"。② 颂贤长子名张宝庆,字质甫,即钧衡的父亲,光绪元年入县学,以后又捐花翎候选郎中,以孝友行义著名乡里,可惜年仅42岁而卒。张钧衡幼年失怙,由母亲桂太夫人抚育,幼授经学,笃嗜典籍,对本邑先辈藏书大家鲍廷博、刘桐、严可均等仰止神往不已。光绪十六年(1890)入县学,二十年中甲午科乡试举人,会试不第后捐主事分兵部车驾司候补,并在上海经营商业。一年后张钧衡将他的祖父在江苏常熟所置田产一千余亩,捐建"张氏义庄"以济助族人。张钧衡一生中的大量时间用于藏书和刻书。

一、张钧衡"适园"藏书楼

张钧衡在光绪二十年(1894)稍前即已着手进行藏书工作,以后在南北各地搜购,光绪三十三年(1907),他在南浔的南栅补船村筑成一座园林,取《史记》中季膺适志的典故称为"适园"。园在浔溪支流鹧鸪溪畔,与刘承干家的小莲庄毗近,为明末遗民董说"丰草庵"的故址,占地二十余亩,有池馆亭台之胜,其中的"六宜阁"是张钧衡藏书所在,宣统元年郑孝胥曾为他撰写一篇《适园记》。

以后张钧衡移住上海,在辛亥革命之际收得不少善本,加上和缪荃孙、沈会植、费景韩等人的交往,民初几年中适园已经藉藉其名。到他的儿子张乃熊时,搜书之兴不下其父。于是适园所藏更加美富,与密韵楼及嘉业楼一时并称于上海,适园藏书的特点如下:

---

① 叶昌炽:《藏书纪事诗》卷五《吴骞》条王欣夫补正。
② 周庆云:《南浔志》,清刊本。

首先,收藏大量善本和宋元古本。民国五年张钧衡编印《适园藏书志》时,已拥有宋本45部、元本50部;到民国三十年张乃熊编《菦圃善本书目》的时候,他所藏的宋本增为88部、元本是74部,巧合的是宋本恰与"传书堂"相同,元本则和"嘉业堂"一样。如蒋汝藻父子两人的目录两相对照,可发现适园藏书志中的宋元本,并未全部包括在菦圃善本书目中,只是半数稍多而已,推测是因为张钧衡死后诸子分产的缘故。

在适园父子相继传藏的宋本中,较特殊的如《东都事略》130卷,在目录后有"眉山程舍人宅刊行,已申上司不许覆板"两行版记,可知我国对于著作权的保护,起源甚早,至迟在公元12世纪的宋代,这部《东都事略》曾经清代怡贤亲王所藏,因此书上钤有"怡府世宝"、"明善堂"和"安乐堂"等印记,后来流落到东瀛,民初为董康所得,携回国内以千元价转让给适园。

适园中还有两部珍藏《北山小集》和《李贺歌诗编》,都是宋代利用废旧的公文纸背面印刷的,甚至还留有不少的关防朱印,这两部书用的是宋孝宗乾道年间(1165—1173)手写的官府帐簿册纸,其中官衔和人名、年月都历历可辩,800年前古人的爱惜物力留下难得的"史料",令人深思。

其次,抄稿本是适园藏书的一大特色。由于印刷成书的数量远在手抄之上,因此一般人的藏书中,必然绝大多数是刊印本,可是适园中的抄本,却与众不同地达到和刊本相埒的地步。在张钧衡藏书时期,这是适园藏书最大的特点,920部左右的善本中,抄本和刊本都在460部间,各占半数;到张乃熊手中,适园善本增加到1 200部,虽然他藏书的方向有所转移,但抄本仍维持有他父亲时候的数目,只是占全部藏书的比例,降到约40%左右。

适园抄本中,不乏名家精抄之作,张钧衡曾大批收购朱学勤"结一庐"、张蓉镜"小琅环福地"、吴骞"拜经楼"、顾沅"艺海楼"等家旧藏,这几家原都是以收藏或从事抄写著称的;张乃熊陆续收入的韩应陛"读有用斋"、张元济"涉园"中,又有不少的抄本,杨守敬在日晒所抄所得,也有13部让售给适园,如就适园全部抄本而言,则影宋抄的44部最具版本学上的价值,足供校勘订正明清刊本之用。

第三,收集黄丕烈校跋本。这是适园藏书在张乃熊时期最突出的一个特色,江苏吴县的黄丕烈(1762—1825),是清朝乾嘉以来最著名的一位藏书家,他的"士礼居"收藏本200部以上,而且他对藏书校订题跋的繁多和精审,也最为人钦服乐道,他在目录、版本和校勘三方面的创获,百余年来影响极大。道光初年黄丕烈过世以后,士礼居散出的藏书成为大家争相搜购甚至悬价以求的目标,特别是经他校跋品题过的所谓"黄跋本",其价更倍增不止,到民国初年,只要拥有 20 来部的黄跋本,便足以在藏书界傲视群侪,蒋汝藻的 44 部、韩应陛的 65 部,已是凤毛麟角,可是他们都还远不如杨氏海源阁的 99 部,更不能与独占鳌头的适园 101 部相比了! 张钧衡时的黄跋本已近 30 部,张乃熊继承大部分外,他又自行搜求了 82 部,可以说是他最专注的一项藏书了。目前所知世上收藏黄跋本最多的是北京图书馆。

1914 年年底,张钧衡先后请叶昌炽、缪荃孙为其编撰藏书志,于 1916 年完成《适园藏书志》16 卷,以钧衡名义付刊,分四部著录善本 960 多部;还刻印《张氏适园丛书初集》、《适园丛书》、《择是居丛书》,以及宋本 47 种、元本 64 种、明本 302 种。

二、注重刻印丛书

张钧衡刻过 3 部丛书,最早是宣统三年排印的《张氏适园丛书初集》7 种、10 册。民国初年他向缪荃孙请教刻书之道,正巧刘承干不约而同地也向缪荃孙请教,有趣的是缪荃孙一函两复,除就采书、办书等分项说明外,曾颇为张、刘同时大举并刻担心,恐将使上海一带的工匠有不足之虞。

张钧衡依缪氏的指点,又刊刻了两部丛书:《适园丛书》和《择是居丛书》。《适园丛书》系民国二年到六年所刻,仿鲍廷博的《知不足斋丛书》体例,以得书之先后,随辑随刊,不分门类,共 12 集,收书 78 种,192 册,委托缪荃孙校勘监刻。其中如明孙能传、张萱的《内阁藏书目录》、清黄虞稷的《千顷堂书目》、元吴师道的《敬乡录》、清查继佐的《鲁春秋》、钱谦益的《国初群雄事略》自来无有刻本;唐许敬宗的《文馆词林》则是从各处辑出汇成 23 卷付刻;清黄丕烈的《百宋一廛书录》、清瞿中溶的《汉石经考异补正》,则据原稿本付样。是书付刻两次,而且不断提高底本质量,如综记宋至明末著述的黄氏《千顷堂书目》,1913 年初次刻印,是据陆心源的十万卷楼藏旧抄刊刻,后来又据卢文弨、吴骞抄校本改刻,虽然今天看来两本仍很疏略,错误和遗漏也很多,但还是反映了辑者不断求精求善的精神。

张钧衡汇辑《适园丛书》总共十二集,其内容为:第一集,《百宋一廛书录》1卷,清黄丕烈撰,劳季言钞本,民国四年刊。《魏书地形志校录》3 卷,清温曰鉴撰,拾香草堂稿本,民国四年刊。《汉石经考异补正》2 卷,清瞿中溶撰,稿本,民国四年刊。《敬乡录》14 卷,元吴师道撰,文澜阁传抄本,民国四年刊。《内阁藏书目录》8 卷,明孙能传等撰,明张萱等撰,人月双清馆本,民国四年刊。《大唐郊祀录》10 卷,唐王泾撰,旧钞本,民国四年刊。《月隐先生遗集》4 卷,外编 2卷,明祝渊撰,拜经楼藏本,民国四年刊。《古泉山馆金石文编残稿》4 卷,清,瞿中溶撰,适园编本,民国四年刊。《烬宫遗录》2 卷,明 阙名撰,小琅福地校稽瑞楼本,民国四年刊。《对客燕谈》1 卷,明邵宝撰,茶梦主人手抄本,民国四年刊。《鲁春秋》1 卷,明查继佐撰,查东山稿本,民国四年刊。第二集,《千顷堂书目》32 卷,清黄虞稷撰,十万卷楼钞本,民国二年刊。第三集,《后村先生题跋》13 卷,宋刘克庄撰,大全集本。《后村诗话前集》2 卷后集 2 卷续集 4 卷新集 6卷,宋刘克庄撰,大全集本。《攻媿题跋》10 卷,宋楼钥撰,旧钞本。《国初群雄事略》12 卷,清钱谦益撰,汉唐斋藏钞本。《文馆词林残》23 卷,唐许敬宗等奉敕编,杨氏佚存古逸及新出钞本。第四集,《唐大诏令集》130 卷,宋宋敏求辑,明钞本。第五集,《广川书跋》10 卷,宋 董逌撰,何义门校本。《广川画跋》6 卷,宋董逌撰,何义门校本。《建炎以来朝野杂记》甲集 20 卷乙集 20 卷逸文 1 卷,宋李心传撰,明钞校聚珍本。《东都事略校记》1 卷,清缪荃孙撰。《东都事略校勘记》1 卷,清钱绮撰。《历代职源撮要》1 卷,宋王益之撰,日本旧钞本,民国三年刊。《续吴郡志》2 卷,明李诩撰,旧钞本,民国五年刊。《蒋子万机论》1 卷,魏蒋济撰,清严可均辑,四录堂辑本。《桓氏世要论》1 卷,魏桓范撰,清严可均辑,四录堂辑本。《刘氏政论》1 卷,魏刘[广异]撰,清严可均辑,四录堂辑本。《典语》1 卷, 吴陆景撰,清严可均辑,四录堂辑本。《杜氏笃论》1 卷,魏杜恕撰、清严可均辑,四录堂辑本。第六集,《西吴里语》4 卷, 明,宋雷撰,旧钞本。《五代史记补考》24 卷,清徐炯撰,稿本。《滋溪文稿》30 卷,元苏天爵撰,旧钞本。第七集,《得树楼杂钞》15 卷,清查慎行撰,民国三年刊。《山谷先生年谱》30 卷,宋黄𥊍撰,明嘉靖本。《围炉诗话》6 卷,《西昆发微》3 卷,清吴乔撰,旧钞本,民国四年刊。《谈龙录》1 卷,清赵执信撰,旧钞本, 民国四年刊。《沧浪严先生吟卷》3 卷,宋严羽撰,旧钞本。《新编醉翁谈录》8 卷,宋金盈之撰,拜经楼抄足本。《湖西遗事》1 卷《虔台节略》1 卷,《彭节愍公家书》1 卷,清彭孙贻撰,旧抄本民国四年刊。《左传杜解集正》8 卷,清丁晏撰,颐志斋稿本,民国三年刊。《出塞图画山川记》1 卷,清温睿临撰。《闽行随笔》1 卷,清范光文撰,天一阁稿本。《逸经补正》3 卷,清朱彝尊辑,清冯登府补,小石经阁稿本。《岭海焚余》3卷,明金堡撰,传钞本。第八集,《汪氏珊瑚网法书题跋》24 卷,明汪砢玉撰,梦华藏钞本。《汪氏珊瑚网名画题跋》24 卷，明汪砢玉撰，梦华藏钞本。第九集，《后山先生集》30 卷，宋陈师道撰，民国三年刊。《还山遗稿》2 卷补遗 1 卷附录 1 卷，元杨奂撰，明嘉靖中刊本。《贞一斋杂著》1 卷，诗稿 1 卷，元朱思本撰，旧钞本。《珊瑚木难》8 卷，明朱存理撰，旧钞本。《春秋传礼征》10 卷，清朱大韶撰，稿本，民国四年刊。第十集，《求是斋碑跋》4 卷，清丁绍基撰，稿本。《太平治迹统类》30 卷，宋彭百川撰，校玉玲珑阁钞本。第十一集，《孟子师说》7 卷，清黄宗羲撰，文澜阁本。《简庄疏记》17 卷，清陈鳣撰，稿本，民国四年刊。《花村谈往》2 卷补遗 1 卷，清花村看行侍者撰，持静斋旧藏足本。《藏一话腴》甲集 2 卷乙集 2 卷，宋陈郁撰。《广元遗山年谱》2 卷，清李光廷撰，稿本。《祇欠庵集》8 卷，明吴蕃昌撰，传钞本。《后汉艺文志》4 卷，清姚振宗撰，稿本。第十二集，《三国艺文志》4 卷，清姚振宗撰，稿本。《重刊湖海新闻夷坚续志》前集 2 卷、后集 2 卷、补遗 1 卷，元阙名撰，旧钞本。《镫下闲谈》2 卷，宋阙名撰，江郑堂手钞本。《成都氏族谱》1 卷，元费著撰，罟里瞿氏本。《桐谱》2 卷，宋陈翥撰，罟里瞿氏本，民国六年刊。《新纂香谱》2 卷，宋陈敬撰，旧钞本。《吹景集》14 卷，明董斯张撰，崇祯二年刊本。《深柳堂文集》1 卷，清沈登瀛撰，稿本。《叠翠居文集》1 卷，清纪庆曾撰，稿本。《勘书巢未定稿》1 卷，清温曰鉴撰，稿本。《秋水文丛》外集 3 卷，张鉴撰，清桂荣注，稿本。《鱼计轩诗话》1 卷，清计发撰，桂琴甫钞本。

《择是居丛书》，"择是居"原是张钧衡的又一个书室名称，大凡适园中校珍贵的古书，每卷第一页上端都有这个朱文椭圆的印记，他在民国十五年前后刊刻的《择是居丛书》，也是以宋元本为主，全部 19 种中便占了 16 种。张钧衡刻的 3 部丛书，共收书 100 种，许多版本后来由张乃熊捐赠给浙江省立图书馆。

张钧衡《择是居丛书》主要内容为：《尚书注疏》20 卷附校勘记 1 卷，汉孔安国传 唐陆德明音义，唐孔颖达等疏，校勘记，民国张钧衡撰。《乐书正误》1 卷，宋楼钥撰。《相台书塾刊正九经三传沿革例》1 卷，宋岳珂撰。《唐书艺文志》4 卷，宋欧阳修撰。《孙谏议唐史记论》3 卷，宋孙甫撰。《唐书直笔新例》4 卷，《新例须知》1 卷附校记 1 卷，宋吕夏卿撰，校记民国张钧衡撰。《南朝史精语》10 卷，附札记 1 卷，宋洪迈撰，札记民国缪荃孙撰。《经子法语》24 卷，宋洪迈辑。《吴郡志》50 卷附校勘记 1 卷，宋范成大撰，校勘记民国张钧衡撰。《荀子考异》1 卷，宋钱佃撰。《改正湘山野录》3 卷，续 1 卷，宋释文莹撰。《却扫编》10 卷，宋徐度撰。《宾退录》10 卷，宋赵与时撰。《茅亭客话》10 卷，宋黄休复撰。《反离骚》1卷,汉扬雄撰。《寒山诗集》1卷附《丰干拾得诗》1卷,唐释寒山撰,附录,唐释丰干撰,唐释拾得撰。《范文正公政府奏议》2卷,宋范仲淹撰。《此山先生诗集》10卷,元周权撰。《诗品》3卷,梁钟嵘撰。

三、徽州文化对"适园"的影响

张钧衡成为藏书家和刻书家固然原因很多,但概括起来不外乎三个方面:

首先,张氏家族深受徽州文化的影响。徽州地区,古称新安。据史书记载"新安自昔礼义之国"、"文献之邦"。从宋朝开始,徽州文化发展起来,衣冠之族注重谈吐、风仪、识鉴,"以诗书训子弟"。于是,科举登第者日多。读书风气较浓厚,"虽十家之村,不废诵读"。所以徽州人大多自幼就"习儒业"。这里值得提到的是,南宋时期在徽州出了一位大儒朱熹,自从出了朱熹,学风更炽,所以徽州人多是"读朱子书,取朱子之教,秉朱子之礼"。明清两代置徽州府,下设歙、休宁、祁门、黟、绩溪、婺源6县,根据6县统计,中举者,明代298名,清代698名,中进士人数也相当多,歙县在清代就有"连科三殿,十里四翰林"之誉。仅乾隆一朝就有黄轩、金榜、吴锡龄三名状元。其人才之盛,可见一斑。徽州读书、著述之风盛行。要读书必须有书,要有书必须藏书。宋以后,徽州藏书家代不乏人。张氏家族虽然迁出徽州,但深厚浓郁的徽州人"沾着乡土的心理"以及社会风俗习惯,对张钧衡的藏书和刻书都产生一定的影响。

其次,张氏家族的影响。张钧衡的祖辈是经商之家,家世以盐业为主,祖父张颂贤在盐业经营中,积累了雄厚的资本和利润。明人汪伟曾说"天下之民寄命于农,徽商寄命于商",所以藏书和刻书,是"贾而好儒"的徽商特色之一,为张家的藏书活动提供了经济基础。在通常情况下,藏书、刻书既可射利又可射名,自然成为"贾而好儒"的徽商所热衷的活动。张家是挟雄资的徽州商人,便将其部分资金转向藏书、刻书业,并且随着他们经商活动,由徽州本土移向江浙等地,使藏书、刻书业更加商业化,加入整个商品流通领域。这样的家世为张钧衡后来藏书和刻书起了铺垫的作用,功不可没。

第三,张钧衡个人的爱好和追求。由于张氏家族是经商、读书之家,培养了张钧衡的兴趣的爱好。张钧衡嗜好藏书,尤好宋元刊本,曾请缪荃孙校订所藏,共得宋版45部、元版57部、著名的黄丕烈跋本近30部,这已是很难得的佳藏。张钧衡死后,其子乃熊又比乃父精于鉴别、搜求更勤,以致所藏更为美富。一般藏书家总是普通本多于善本,只有张氏相反,所藏的《适园藏书目录》中,除普通本约600种以外,善本竟加倍达1 200种之多,内有宋本88部、元本74部、明本407部、黄丕烈跋本101部,这些珍贵的版本是适园藏书最大的特点,因此在数量上虽远不及嘉业堂,其价值则毫无逊色,各有千秋。

南浔人既善于创造财富,又重视传承文化。在商品经济日趋繁荣之时,南浔始终充盈着浓浓的文化气息。明代时就有"九里三阁老,十里两尚书"之谚。宋、明、清三朝,南浔籍进士有41人。许多名人著书立说,学术研究成果丰硕。浓厚的文化气息使南浔一直书香绵延,张钧衡家族不仅是名噪一时的儒商巨富,而且是清末民初重要徽州籍藏书家。弱冠即收书,所藏多精善,他不惜重金收购善本、古本和孤本。于宋元旧刊钞本名校刻意搜求,藏书共十余万卷。于光绪三十三年在南浔南栅补船村鹧鸪溪畔建筑藏书楼名为"适园",适园因而得以与蒋汝藻"密韵楼"、刘承干"嘉业堂"藏书楼并称于世。为南浔清末民初四大藏书家之一。珍贵的适园藏书版本,给后人留下宝贵精神财富。

第四节　张潮及其"诒清堂"藏书

张潮(1650—1708),字山来,号心斋,又称三在道人,安徽徽州歙县人。张潮出生于官宦之家,少年受到家学的影响,勤奋好学,能尚诗文。父亲张习孔,字念难,号黄岳。顺治六年(1649)进士,后任刑部郎中、山东督学。由于母亲年岁已高再加上身体不佳,辞官归里,从此不再出仕,在家乡授徒讲学,并常游历淮安、扬州一带。而幼年的张潮开始学习八股文,准备走科举之路。十五岁时,张潮受业于温陵孙清溪门下,同年考中秀才,曾获得贡生资格,取得翰林院孔目职衔。康熙十二年(1673),平西王吴三桂、平南王尚可喜、靖南王耿精忠三个藩镇王发起的叛乱事件,历史称为三藩之乱。徽州地区也遭受兵荒马乱,张习孔携子张潮迁往扬州定居。对于这段往事张潮在《塾讲规约跋》道:"吾乡故有紫阳书院,每岁于朱子寿日,六邑之士咸聚,拜祝之余,讲学而退,诸君子以是为疏,于是更联塾讲法,诚善也。忆先子于会日做讲诗九章,后以乙卯来邗,遂不获复与斯讲,时犹与施君虹玉往复辩论《西铭》《太极》之旨焉。夫吾乡为程朱阙里,宜其讲席之盛如此。圣天子重道崇儒,御书匾额颁赐天下书院,吾乡紫阳山亦其一也。诸君子际此昌时,咸能不负所学,不诚为吾里之光哉? 心斋张潮题。"① 张潮在这里没有忘记故乡的紫阳书院、程朱阙里、朱子理学等徽州文化的影响。

张潮虽然身在他乡,但并没有忘记深深眷念的故乡文化,尤其是紫阳书院和程朱阙里。紫阳书院建于南宋淳祐六年(1246),并由皇帝御题"紫阳书院"匾额,主要是以祭祀朱熹、宣扬朱熹理学思想为主旨,也是传播朱学的重要阵地。据史载:"自文公归里,乡先生受正学者甚众,今论定高弟子十二人",分别为程洵、程先、李季札等。其弟子及再传弟子还有程大昌、朱升、曹泾、唐桂芳等人。他们以发挥朱子义理、维护朱学正统为己任。紫阳书院到清代,康熙、乾隆皇帝先后御题"学达性天"和"道脉薪传"两匾额,以褒奖书院传承程朱理学的贡献。后来以"紫阳"命名的书院很多,分布在徽州、苏州、杭州、漳州、汉口等地。紫阳书院与程朱理学和清代皖派的兴衰都有密切的关系,成为徽州地区的学术和文化中心,被视为传播程朱理学的圣坛。所以,张潮对紫阳书院在徽州的贡献和作用都是给予积极肯定。另外,张潮在《塾讲规约跋》中还特别提到"程朱阙里"。理学在徽州传播和影响极深,其奠基人洛阳程颢、程颐和集大成者婺源朱熹的祖籍都在歙县篁墩,故称其为"程朱阙里"。从南宋到清乾隆年间,以程颢、程颐和朱熹为代表的理学领军人物开创的程朱理学理论在徽州维系了600多年,对徽州社会文化的发展产生了很大影响。在这一学术理论的指引下,徽州地区涌现出大批的人才,涉及政治、经济、哲学、经学、文学、艺术、科技、工艺、建筑、医学、雕刻、印刷、绘画、戏剧、餐饮等各个领域。"以才入仕,以文垂世者"越来越多。所谓"一科同郡两元者","兄弟九进士,四尚书者,一榜十九进士者","连科三殿撰,十里四翰林"等佳话频传。据文献记载,明清徽州中举者达2 600人,进士达960余人,其中状元17人。徽州博大精深的文化深深地扎根于张潮心中。

第一,张潮在文坛上广交朋友。

在明清时期,扬州曾是徽州商人"藏镪百万"、"富比素封"的聚集之地,所谓"扬州之盛,实徽商开之"。扬州与徽商是互相依赖、互相提供各自所需。明清扬州是两淮盐业的营运中心,这里舟车辐辏,万商云集。张潮因受到徽商的影响,经营盐业向来获利丰厚,因此,也投入到经营盐务行业中来,虽然盐务规模不大,但足矣使家业殷实、隆兴。而张潮利用家庭富裕条件,投身于文化产

---

① 张潮辑:《昭代丛书》卷七,上海古籍出版社1990年版。

业。于是开始和当时许多文人交往，除扬州本地之外，还有徽州文人以及侨居扬州徽州籍的文人，另外还有江浙等地来往于扬州的文人。如前辈有黄周星、冒襄、余怀、吴绮、殷曙等；同辈有王晫、孔尚任、陈鼎、江之兰、卓尔堪等。

黄周星（1611—1680），明末清初戏曲家。字九烟，又字景明，改字景虞，号圃庵、而庵，别署笑仓子、笑仓道人、汰沃主人、将就主人等，晚年变名黄人，字略似，别署半非道人。金陵（今江苏南京市）人。崇祯六年（1633）癸酉科顺天乡试中举，十三年（1640）中庚辰科进士。十六年（1643）授户部主事。入清后不仕，往来吴越间，以授徒为生。工诗文，通音律，擅作戏曲，好结社与文人游，在杭州集"寻云榭社"，广陵集"木兰亭社"，金陵集"古欢社"，以诗酒廋词相娱，颇得当时文人喜爱。张潮常与黄周星诗酒唱和，抒发着共同的情感。张潮在《酒社刍言·跋》道："余尝同黄先生饮，所谈亦复不拘何事，大约不喜苛耳。余则谓苛于令可也，苛于酒，不可也。令取其佳，酒随乎量，俾客不以饮酒为苦，而以觞政为乐，不亦可乎。"①可见张潮经常和黄周星以诗酒唱和，感情甚笃。另外我们从张潮给黄周星的书信中也可以看到二人之间的关系，说："潮自束发受书以来，即知有黄九烟先生，然以为天上神仙，无从识其面也。今先生以老前辈居然设帐此间，使潮得以亲承色笑，何幸如之。理应执贽，以备门墙之末。"②可见张潮对老前辈的尊敬和推崇。

冒襄（1611—1693），字辟疆，号巢民，一号朴庵，又号朴巢，私谥潜孝先生，明末清初的文学家。他出生在如皋城一个世代仕宦之家，幼年随祖父在任所读书，14岁就刊刻诗集《香俪园偶存》，襄少年负盛气，才特高，尤能倾动人。与桐城方以智、宜兴陈贞慧、商丘侯方域，并称"四公子"。文苑巨擘董其昌把他比作初唐的王勃，期望他"点缀盛明一代诗文之景运"。在扬州张潮与冒襄比邻而居，俩人之间关系甚秘，张潮与冒襄书曾写道："仆于贵邑置别业者，意欲亲聆教益耳。乃尚未枢谒，遽蒙先施，复示以种种大著，顿使寓斋生色，何幸如之。"③对冒襄的仰慕之情溢于言表，在编辑《昭代丛书》时，特将冒氏的《芥茶汇钞》、《宣炉歌注》、《兰言》也收入其中，并在《兰言·跋》道："巢民冒君，以朋友为性命，金兰之契，遍于海宇。九畹馥而百晦芬。宜其叙兰事，如数家珍也。"④可见，冒

---

① 张潮辑：《昭代丛书·甲集》卷三十九，上海古籍出版社1990年版。
② 张潮：《尺牍偶存》卷一《与黄九烟先生》。
③ 张潮：《尺牍偶存》卷一《与冒辟疆》。
④ 张潮辑：《昭代丛书·甲集》卷四十九《兰言》，上海古籍出版社1990年版。

襄如此重视朋友之间的友谊。

余怀(1616—1696),字澹心,一字无怀,号曼翁、广霞,又号壶山外史、寒铁道人,晚年自号鬘持老人。福建莆田黄石人,侨居南京,清初文学家。他与杜浚、白梦鼎齐名,时称"余、杜、白"。张潮与余怀相识于康熙元年(1662)左右,余怀在《幽梦影·序》说道:"其《幽梦影》一书,尤多格言妙论,言人之所不能言,道人之所未经道。展味低徊,似餐帝浆沆瀣,听钧天广乐,不知此身之在下方尘世矣。至如'律己宜带秋气,处世宜带春气'、'婢可以当奴,奴不可以当婢'、'无损于世谓之善人,有害于世谓之恶人'、'寻乐境乃学仙,避苦境乃学佛',超超玄著,绝胜支、许清谈。人当镂心铭腑,岂止佩韦书绅而已哉。"① 称其内容为"言人之所不能言,道人之所未经道"来评价其独特性。后来两人的交往长达三十年之多,主要是用书信方式。

吴绮(1619—1694) 字园次,一字丰南,号绮园,又号听翁。江都(今江苏扬州)人。顺治十一年(1645)贡生、荐授弘文院中书舍人,升兵部主事、武选司员外郎。康熙五年(1666)官至湖州知府,出台许多惠民政策,湖州人称为"三风太守",谓"多风力,尚风节,饶风雅"。康熙八年后辞官,再未出仕。吴绮能作诗,摹仿徐陵、庚信,以清新为尚,他的骈文学李商隐,以秀逸见胜,比诗名更著。张潮与吴绮是在扬州文人雅士聚会时相互认识的,二人的志向和爱好有很多相似之处,情投意合使他们以后交往频繁,张潮在回忆与吴绮交往时的两首诗可佐证:

一

昔日清风携两袖,于今无累美闲身。
家移水国堪娱老,诗出仙才不染尘。
玩世何妨渔作伴,休官才许德为邻。
门前若有跫音到,知是心斋访故人。

二

惆怅无人慰索居,粉妆巷里自今疏。
谁添一字当焚砚,纵有三瓻莫借书。
天上文星惟我识,世间高节孰能如。

① 张潮:《幽梦影·序》,江苏古籍出版社2001年版,第218页。

新衔此后非同昔,不号吴公号老渔。①

　　张潮此两首诗,把道别作暗场,而写别后的寂寞之感,惆怅、离别之情。诗仙、挈音、故人、文星、高节等词汇称赞友人的文坛才华和高尚品质,诗句世情含意极丰,世事如浮云,字里行间都抒发出两位文人之间的友谊。

　　殷曙(1624—?),安徽歙县人,字日戒,号竹溪,著有《竹溪杂述》。张潮在《竹溪杂述跋》道:"壬寅夏,日戒就先君子招,予时年甫十三。"②从这句话中得知,张潮与殷曙初次相识于康熙元年(1662)夏,当时张潮年仅13岁。而日后张潮在回忆时且说:"窃欣慕之,因始学为诗,就正殷子,殷子出其胸中所有,为予言娓娓不倦,予日闻所不闻。"③看出张潮非常羡慕和崇拜殷曙,常求学于诗的写作,而殷曙也毫无保留孜孜不倦地施教,可以说张潮在清初扬名诗坛与殷曙的指教有非常密切关系。故张潮日后评价殷曙说:"其为人如秋空野鹤,历落嵚崎,其腹笥如山谷原泉,挹之不竭。即以作者自任,夫复何难及。"④张潮将殷曙比喻秋空野鹤,而野鹤也常为历代文人墨客自封号的代名词,如"野鹤先生"、"野鹤老人"等,意为野居林鹤,性格孤僻而高尚。称赞"其腹笥如山谷原泉,挹之不竭",说明殷曙腹中装载许多书籍,同时具有渊博知识,从内心里佩服和敬仰。康熙三十二年(1693)春天,张潮特邀请殷曙到故乡歙县一游,张潮《竹溪杂述跋》道:"逾年旋即别去,后予侨寓广陵,与日戒益疏,私以为其人必且诡随混俗,以取悦于世,及癸酉春重晤故乡。"⑤关于张潮个人对殷曙的认识以及在歙县的热情款待,殷曙在给张潮书信中这样说:"十载怒饥,忽蒙垂顾,已出望外,乃复重以评跋和章,过情奖借,在老世台不忘旧谊。"⑥从而打消了张潮的日渐疏远的顾虑,两人的友谊更加深厚。

　　王晫(1636—?),初名斐,字丹麓,号木庵,自号松溪子,浙江钱塘人。顺治时秀才。后放弃举业,专攻读书,广交士大夫至武林宾客。据《清史列传》载:

---

① 张潮:《心斋诗钞》载于《百名家诗选》卷四十六,康熙绿荫堂刻本。
② 张潮辑:《昭代丛书·甲集》卷十五,上海古籍出版社1990年版。
③ 张潮:《心斋聊复集》见《殷日戒集跋》,清康熙刻本。
④ 张潮:《昭代丛书·甲集》卷十五《竹溪杂述》,上海古籍出版社1990年版。
⑤ 张潮辑:《昭代丛书·甲集》卷十五《竹溪杂述》,上海古籍出版社1990年版,第34页。
⑥ 张潮辑:《尺牍友声》二集,乾隆四十五年(1780)刻本。

"性好博览,聚所藏经史子集数万卷,于霞举堂纵观之。每读一书,必首尾贯穿,始放去。其所论著,终始条贯,斐然成一家言。"①其藏书处为霞举堂、墙东草堂,是一个热爱藏书、出版、著述的学者。康熙三十三年(1694),张潮遇到对他一生事业有重大影响的人王晫。他们邂逅于西子湖畔,二人从此成为莫逆之交,对于这次相识张潮是这样形容的:"甲戌初夏,于湖上晤王君丹麓,廿载神交,不期而会,固已大乐。"②两人虽然生活在扬州和杭州,但彼此是通过书信的方式进行联系,在《尺牍友声》中至今还保存王晫致张潮二十七封信函,而在《尺牍偶存》中还存世张潮致王晫三十三封信函,真是人生难得一知己,这些保留下来的实物,有力证明二人之间的关系非同一般。王晫以霞举堂、墙东草堂为编刊、校勘基地,特邀请张潮参与编辑《檀几丛书》。张潮还担任了初稿校订的工作,而且还为其增补稿件。王晫还请教张潮说:"时贤杂著,除斁架所有外,谨录副本并厚稿共三十七寄上,倘得先生即为选刻,感戴不独在仆一人也,其式或仿《快书》五十种刻法何如?"③二人合作完成了《檀几丛书》初集、二集和余集的编辑和刊刻。除二人在文献编辑之外,张潮还特邀王晫去美丽故乡歙县一游,张潮在《松溪子跋》道:

> 松溪子性爱松,每往溪上听松,心有所得,录而藏之。今阅其书,不啻松涛之谡谡,溪响之潺潺,谓非得力于松溪而如是乎!吾家在万山中,松枝偃盖,溪水萦回,其妙殆无以过。使丹麓乘兴来游,吾当与之把臂入林,乐而忘返,又不知增几许佳话矣。④

王晫的藏书以及著述对张潮都是开放的,"心有所得,录而藏之",说明张潮每次到王晫府上都有丰硕收获,"吾家在万山中,松枝偃盖,溪水萦回,其妙殆无以过"。此话道出"新安处之万山中,山之奇峭皆其几案间"的真实状况,这里峰峦叠嶂、山泉潺潺、林木葱郁,奇峰、怪石、驿道、古树、茶亭、廊桥,青林古木之间处处掩映着飞檐翘角的民居,是一个风景如画的钟秀之地。王晫到徽州实地一

---

① 王钟翰注解:《〈清史列传〉卷七十,中华书局 1987 年版。
② 王晫、张潮辑:《檀几丛书·初集》张潮序,上海古籍出版社 1992 年版,第 1 页。
③ 王晫:《致张潮》载《尺牍友声新集》卷一,乾隆四十五年(1780)刻本。
④ 张潮辑:《昭代丛书·甲集》卷十八《松溪子跋》,上海古籍出版社 1990 年版,第 36 页。

游,领略到博大精深的徽州文化。康熙三十八年(1699)夏天,刚到五十而知天命的张潮"误堕坑阱中",因受一起政治案件的牵连而被捕入狱。究竟什么原因? 历史文献没有具体记载,也无从考证。但也有人认为这是一场政治迫害,此案件对张潮的人生打击非常之大,情绪低落,不久出狱谢绝与人交往,而这时王晫还书信安慰张潮说:

> 五月廿二日捧读尊札,有堕入坑阱之语,不胜骇异,以先生之为人,生平极谨慎自爱而犹不免意外之变,世事之不可测度如此。幸而先生好客,喜刻书,早已书传海内,名满人间,若舍此不事,一意经营,倘并此亦耗失焉,岂不更可惜耶。设想至此,先生所得尚多,不必以此介怀也。①

王晫给张潮的书信,可以说是患难之交见真情,困难中的友谊好比漆黑长夜中的一盏烛光给人温暖、力量和希望。

孔尚任(1648—1718),字聘之,又字季重,号东塘,别号岸堂,自称云亭山人。山东曲阜人,孔子六十四孙,清初诗人、戏曲作家。时人将他与《长生殿》作者洪升并论,称"南洪北孔"。康熙二十三年(1684),康熙帝南巡,路过曲阜,到孔子庙祭孔,经人举荐,由孔尚任在天子前讲经学,受到康熙赏识,被任命为"国子监博士"。十年后,孔尚任迁任户部主事。康熙二十四年(1658)初,孔尚任正式走上仕途,即奉命随工部侍郎孙在丰往淮扬,协助疏浚黄河海口。淮扬一带是明清之际政治军事斗争的重要地区。在这里,孔尚任驻足于南明江北河防之地。在扬州登梅花岭,拜史可法衣冠冢;在南京过明故宫,拜明孝陵,游秦淮河,登燕子矶,到栖霞山白云庵。第二年,孔尚任还结交萃集在这些地方的明代遗民,其中有与明末政治斗争有密切关系,或与清政权持不合作态度的冒襄、黄云、邓汉仪、许承钦、龚贤、石涛,谈古论今。有一次在广陵文人聚餐时,张潮认识了孔尚任。此事记载于孔尚任的《广陵听雨诗序》:"今予以使客之槎,久系邗上,兴怀往迹,游览几遍,凡骚人墨客,皆得通名刺焉。"②在这次聚会中,不善言谈、不苟言笑、木讷而羼弱的张潮却独领风骚。他与孔尚任这次相识开辟二人

---

① 王晫:《致张潮》载《尺牍友声新集》卷一,乾隆四十五年(1780)刻本。

② 徐振国主编:《孔尚任全集》卷八,齐鲁书社2004年版,第1124页。

交往长达十几年之友情,以后主要以鸿雁往来传递真情和友谊。孔尚任致张潮的信件共二十封,而张潮回复也达十八封。二人之间不仅是书信来往,而且还各自馈赠作品,以求教于对方。如孔尚任《致张潮》道:

> 听雨之会,得足下为领袖,遂觉觞筹生色,吟啸可传。是日发辞吐论,惟足下为雄;载卷携书,惟足下为富,盖不止一诗之冠冕集中也。别后时时驰念,每逢同人,即赞服不置口。所赐诸藏集,已捧致阙里,增辉奎宿矣,足下杂著,典丽娱好,亦皆细读密圈,把之过日。至于令牌、韵牌,精雅可玩,亦时时在手。虽未洞测高深,乍观毛羽,便识吉光,再摩肤理,益惊琬琰矣。近作想益宏深,仍望次第检示耳!①

从孔尚任给张潮信中,我们可以洞悉张潮的一些信息,孔尚任是赞叹还是吹捧张潮都不重要,重要的是信中几个关键词值得认真研究,“为领袖”、“为雄”、“为富”,凸显张潮在当时文坛独领风骚的地位和著述、藏书丰富的特点。康熙三十八年(1699)三月,孔尚任被免职,有人以“命薄忍遭文字憎,缄口金人受诽谤”代指他的遭遇,从这些诗句看,他这次罢官很可能是因创作《桃花扇》得祸。对此,孔尚任致信张潮泄露自己内心深处愤怒和郁闷,其函云:

> 今年在铜臭中,不为所染,自觉潇洒。而长安僚友多不相信。偶得句云:“铜山金坞势峥嵘,暴富乞儿恬不惊。每日垂鞭归第邸,有人来看孔方兄。”料江南故人知我者深,不肯以世俗相待耳。②

孔尚任在最困难、落泊时想到给张潮写信,虽然自己处在铜臭之中,但却出污泥而不染,身处逆境,并没有太多的束缚,感觉很自由快活潇洒,向张潮倾诉自身的处境和感觉。这充分说明孔尚任与张潮之间的关系非常密切,否则也不会向张潮吐露心声。

陈鼎(1650—?),字定九,又字九符、子重,号鹤沙,晚号铁肩道人。江阴周庄镇人。少年随父远至云南、贵州,长期生活在云贵高原,对西南少数民族的风

---

① 孔尚任:《致张潮》载《尺牍友声初集》乙集。
② 孔尚任:《致张潮》载《尺牍友声二集》壬集。

俗民情、地理和历史均有研究,后又返回故里。陈鼎是一位著作等身的著名历史学家、旅游文学家和文献学家。他少喜任侠,性情豪爽,年轻时以锄强扶弱为己任,后发愤读书,立志著述,尤其注意乡邦文献,《滇黔游记》是其代表作。该书记述了他在云南、贵州两省的旅游考察,客观地反映了那里的山川风貌以及西南少数民族地区人民的生产和生活,这是研究云贵高原历史和民族情况的重要资料,也是继《徐霞客滇黔游记》之后的又一部记游写实著作。他一生著作颇丰,传世著作有传奇小说如:《留溪外传》、《留溪附传》、《留溪别传》、《留溪托传》、《邵飞飞传》等;有地方历史文献:《武备略》、《云贵人物志》、《十五国人物志》、《西隁志》、《九边志》、《海岛志》、《洞天志》、《黄山史概》等。张潮与陈鼎是在康熙三十五年(1696)相识于扬州,据《留溪外传》载:"岁丙子予客邗上者几一载,为文多就正先生。先生亦以为孺子可教,不吝评阅。"① 这次两人相识,又让张潮多了一位文坛上的朋友。陈鼎花费多年的心血完成《留溪外传》共十八卷,分十三部:《忠义》、《孝友》、《理学》、《隐逸》、《廉能》、《义侠》、《游艺》、《苦节》、《节烈》、《贞孝》、《闺德》、《神仙》、《缁流》,所记载皆明末至清初之事,出版之前特到扬州邀请张潮为该书写序,张潮序道:

> 江阴陈定九,足迹遍天下,交游亦遍天下,就其闻见所及,作外传若干卷,皆忠臣孝子节妇畸人,为世所未及知或中而不得其详者,悉搜讨而备载之。……其忠孝节义于私史之中,则在定九并不可谓之幸,而在诸君子则幸。有定九其人,直可云千秋知已也矣。②

陈鼎为获得张潮的手迹序言,在扬州整整寓居三年之久,当然陈鼎并非要办这一件事,还有其他诸事,但足以说明张潮与陈鼎关系甚密。

张潮除和以上文人交往之外,还和安徽歙县人医学专家江之兰交往甚密,另外还同卓尔堪、石涛、吴肃公、邓孝威、冒青若、尤侗、王士祯、查二瞻、张道深等众多名人文士交往甚密,相互砥砺,力求上进,对张潮人生爱好如藏书、刻书、创作和思想认识都产生重要影响。

第二,张潮广搜博聚天下奇书。

---

① 陈鼎:《留溪外传》卷六《心斋居士传》。

② 张潮:《心斋居士传序》,载《留溪外传》。

　　由于张潮的科举之路并不顺畅,但聪慧的他却及时幡然转行,弃儒从商,谋求商业发展,开辟人生新的未来,重拾祖辈商贾之业,来到扬州经营盐业贸易。而明清时期政府把盐业垄断管理机构两淮盐运史和两淮盐运御史设在扬州,使扬州成为全国最大的食盐集散地,而在扬州经营盐业的主角就是徽州商人。张潮也想在这一领域大显身手,便发挥个人的优势特点,撰写了《盐价叹》《私盐行》《灶户谣》等篇章,证明他也是盐商行业一员。张潮在扬州经营的盐业主要营销到湖北汉水一带,并在安徽芜湖开有大川盐店。盐业生意做得虽然不是家财万贯、富甲一方,但对张家来说也是殷实富裕。张潮的父亲为官十余年,后侨居扬州,并在自己的住宅建了一座以藏书、刻书为主的"诒清堂",成为当时著名的藏书家和刻书家学习园地。张习孔去世后,张潮继承父业,接管"诒清堂",开始走以盐养书的藏书、刻书、编书和著述事业。

　　张潮性嗜搜书藏书,平生无所嗜好,遇到异书,则不啻性命而求之,可见藏书精神和毅力值得称赞。张潮《昭代丛书序》中道:"仆赋性迂拙,于世事一无所好,独异书秘籍,则不啻性命以之。"这种广搜博聚天下奇书,把保存与传播文化典籍视为生命的重要组成部分。另外张潮还在《檀几丛书序》说:

　　　天下非无书可读之为难,而聚书为难;非徒聚书之为难,而聚而传之为难。聚之者所以供我之读,传之者所以供天下千万世人之读也。夫书之为类,亦至不一矣。有翼经者,有论史者,有庄语者,有谐语者,有谈饮谑者,有识物产者,有能维风化者,有能广见闻者,有促供吟啸者,有足资考订者。我一人读之而乐,则天下之人读之而乐,从而知矣。天下之人读之而乐,则千万世之人读之而乐,亦从可知矣。夫至天下与千万世之人皆读之而乐,则著书者之心与聚书者之心不咸大慰乎哉。夫天下人之心犹我一人之心也,昔之人有其书焉,昔之人为之聚而传之,如《汉魏丛书》、如《唐人小说》、如《津逮秘函》、如《百川学海》、如《说郛》、如《秘笈》、如《快书》五十种,我今日得而读之,因有以知昔人之心,必甚乐乎。我今日之读之也,则今人所著之书,今日为之聚而传之,非谓著书者之赖我而传,盖谓所著之书不能聚于一室,即能聚于一人而不能聚之人人。苟能使天下后世之人咸莫不有读书之乐,则聚而传之者之心不更大乐乎哉?吾知世之得是编者,迷者读之而悟,俭者读之而腴,愁者读之而喜,狂者读之而息,拘者读之而旷,躁者

135

读之而静,病者读之而瘳,愤者读之而平,倦者读之而起,寂者读之而慰,郁者读之而爽,悲者读之而忘,孤者读之而偶,怯者读之而壮。其始也,以聚而传之者之心博读者之乐;其既也,以读者之乐偿聚而传之者之心。则是编也,其为功于作者犹小,而其为功于读者则甚大矣。余之蓄此志也,盖已有年,所恨藏书不广,搜辑维艰,甲戌初夏于湖上晤王君麓,廿载神交不期而会,固已大乐,而丹麓复出此编,相示披览一过,则所为翼经者有之、论史者有之、庄语者有之、谐语者有之、谈饮谑者有之、识物产者有之,以维风化、以广见闻、以供吟啸、以资考订,莫不各有之。予复增入数种,以公同好,初非吾与丹麓两人之计,而实所以为天下万世读书者之计也。康熙乙亥七夕新安张潮题于扬州之诒清堂。

从这篇序来看,张潮对藏书、读书、编书的理解非常深刻,而且还乐于分享这种精神和"聚而传之"的使命感,才始终以积累和传播文献为己任,特别是对因篇幅短小而不能独立成书的作品和无力梓行的无名文士作品的搜集,认为这些是很有价值的第一手资料,使许多有价值的稿本、抄本、短小单行本,得以保存传世。曾说:"穷愁著书,乃其人一生精神学问所存,原欲流传于世,未及梓行,势必终归淹没,故仆前后诸选,于友人未刻钞本,尤所萦怀。"[1]可见,张潮这种求真务实精神,对保存文献有积极作用。

张潮在《幽梦影》道:"藏书不难,能看为难;看书不难,能读为难;读书不难,能用为难;能用不难,能记为难。"[2]这是一个很有哲理的名言,向世人剖析很多人将买回来的书后束之高阁,无暇去看,倒不如借来的书看得多,所以道出"藏书不难,能看为难"颇有道理的现象。"看书不难,能读为难",读书一般分为泛读和精读;同时有功利读书与非功利读书。这里只能说仁者见仁,智者见智,读书人的境界和追求不一样,其目的也不一样,所谓"十载寒窗苦,金榜题名时",这就是读书人的快乐和结果。读书的最终目的就是益智博学,学以致用,真正能将知识与实践有机结合并灵活运用者为数不多,故"读书不难,能用为难"。当然,书海无涯,人生有涯,人的记忆力极其有限,能记住书中的智慧,不再遗

---

① 张潮辑:《昭代丛书》甲集例言。
② 张潮:《幽梦影》,江苏古籍出版社2001年版,第99页。

忘,对于每一个人来说都不太可能,所以张潮深刻感叹"能记为难"。因此,张潮主张有选择性地藏书、看书和读书,并指出读书真正的难点在于能用、能记,在于用智慧启迪人生、用愉悦充实生活。真正的读书不是赶鸭子上架,而是一种精神默契。读书之乐,乐在修身。读书只有经过日积月累、不断地汲取书中的营养,启迪思想,陶冶情操,开阔视野,积累智慧,才能真正地美化自己的心灵,升化自己的行为。张潮之所以有良好的读书方法,是源于其聚书之缘、藏书之乐。

据史料不完全记载,张潮藏书有:王仕云《格言仅录》,孔尚任《出山异数纪》,释道态《奏对机缘》,余寀《塞程别纪》,许承宣《西北水利议》,王士禛《广州游览小志》、《陇蜀余闻》、《东西二汉水辩》,魏禧《日录里言》,魏际瑞《偶书》,宋荦《漫堂说诗》,王言《西华仙录》,黄周星《将就园记》,洪玉图《歙问》,闵麟嗣《黄山松石谱》,尤侗《外国竹枝词》,南怀仁《西方要纪》,李仙根《安南杂记》,毛先舒《声韵丛说》,黎遂球《花底拾遗》,王士禛《然脂集例》,徐继恩《逸亭易论》,阎若璩《孟子考》,宋瑾《人谱补图》,姚廷杰《教孝编》,吴仪一《仕的》,宋瑾《古观人法》,丁雄飞《古人居乡法》,崔学古《幼训》、《少学》,方象瑛《俗砭》,李淦《燕翼编》,徐元美《艾言》,陈芳生《州蒙条例》,刘芳《拙翁庸语》,李日景《醉笔堂三十六善》,黄宗羲《七怪》,东荫商《华山经》,陈鼎《荔枝谱》,冒襄《兰言》,王晫《龙经》,王士禛《长白山录》、《水月令》,毛奇龄《三江考》,黄元治《黔中杂记》,方亨咸《苗俗纪闻》,金人瑞《念佛三昧》,毕熙旸《佛解》,王士禛《渔洋诗话》,江之兰《文房约》,冯京第《蕈溪自课》、《读书灯》,王概《学画浅说》,魏禧《日录论文》,毛先舒《韵问》、《南曲入声客问》,王言《连文释义》,孔衍栻《画诀》,王士禄《焦山古鼎考》,张炤《瘗鹤铭辩》、《昭陵六骏赞辩》,林佶《汉甘泉宫瓦记》,张英《饭有十二合说》,张永祥《广惜字说》,丁雄飞《古欢社约》,张莅《彷园清语》,程羽文《鸳鸯牒》,张芳《黛史》,丁雄飞《小星志》,叶琼章《艳体联珠》,黎遂球《戒杀文》,丁雄飞《九喜榻记》,丁雄飞《行医八事图》,张仁熙《雪堂墨品》,宋荦《漫堂墨品》,钱朝鼎《水坑石记》,程雄《琴学八则》,高兆《观石录》,汪镐京《紫泥法》,周高起《阳羡茗壶系》、《洞山岕茶系》,黎遂球《桐阶副墨》,张惣《南村觞政》,张万钟《鸽经》,王晫《更定文章九命》,吴肃公《天官考异》、《改元考同》、《五行问》,梅文鼎《学历说》,姚廷杰《教孝编》,吴仪一《仕的》,宋瑾《古观人法》,张能鳞《进贤说》,施璜《塾讲规约》,甘京《夙兴语》,毛先舒《家人子语》、《语小》,甘楗《心病说》,魏禧《日录杂说》,周文炜《观宅四十

137

吉祥相》,沈捷《增订心相百二十善》,殷曙《竹溪杂述》,汤传楹《闲余笔话》,狄亿《御试恭纪》,王晫《松溪子》,林云铭《读庄子法》,徐沁《谢皋羽年谱》,徐士俊《十眉谣》,李沂《秋星阁诗话》,徐增《而庵诗话》,黄周星《制曲枝语》,宋曹《书法约言》,尤侗《戒赌文》、《酒社刍言》,蔡祖庚《懒园觞政》,冒襄《齐茶汇钞》、《宣炉歌注》,余怀《砚林》,周嘉胄《装潢志》,郑旭旦《牌谱》,郑晋德《三友棋谱》,王晫《兵仗记》,洪嘉植《毛朱诗说》,黄元治《春秋三传异同考》,吴肃公《读礼问》,张愉曾《十六国年表》,刘师峻《北岳历祀考》,叶燮《江南星野辨》,毛奇龄《三年服制考》,魏禧《师友行辈议》,王士禛《国朝谥法考》,金德纯《旗军志》,方象瑛《封长白山记》,王士禛《纪琉球入太学始末》,孔尚任《人瑞录》,王士禛《纪恩录》,董文骥《恩赐御书记》,徐秉义《还驾纪》,唐彪《身易》,魏际瑞《论文》。

张潮除了热爱藏书之外,还利用大量时间著述:《心斋聊复集》、《心斋杂俎》、《幽梦影》、《笔歌》、《尺牍偶存》、《心斋诗钞》、《诗幻》、《花影词》、《张山来诗集》、《心斋词》、《奚囊寸锦》、《清泪痕》、《咏物诗》、《书本草》、《七辽》《联骚》、《联庄》、《笙诗补辞》、《补花底拾遗》、《忆闻录》、《亦禅录》、《玩月约》、《酒律》《饮中八仙令》、《花鸟春秋》、《贫卦》、《八股诗》、《南北礼考》、《凯旋诗歌》、《钮灯长歌》。另外还编辑有《檀几丛书》、《昭代丛书》、《虞初新志》、《尺牍友声》、《古文尤雅》、《唐音丹笈》、《焦山古鼎考》、《三字经闺训》、《禅世说》、《仙世说》等;刻有《珂雪词》、《读书论世》、《三家诗评语》、《南崖集》、《手让文》、《卧游录》等书籍。

第三,张潮藏书思想的文化渊源。

张潮的藏书思想并非偶然,而是有着深厚的家庭背景和地域环境因素。张潮的祖父张正茂,号元晨,生而颖敏,过目成诵,嗜书忘寝食,励志于学,能通诗书,善书画,精金石丝竹,喜交名人雅士,有《张正茂传》道:"公为人清癯如竹竿,体弱善病,不务家人生产,箧中稍有,则市书充栋,弗厌体稍康,则摊书娱笔墨为山水游。工行草篆隶诸书法,作画别为一种潇淡,多生趣,下至镌镂金石、丝竹讴唱,无不精像。公诗高旷隽逸,将表歔然宗人时所与游者汤司成、嘉宾邹学宪彦吉暨梅禹金、潘景开、郝子荆。"并且还说:"南都有凤池之选,公以儒士科应试礼部。朱公之蕃见公笈,大奇之,拔为中翰冠军,旋以病不支,归舍,郁郁赍志而殁。殁之日,公母犹在,惟以弗可终养为恨。"① 可以看出张正茂虽一介农夫,但喜爱诗书、书法和写作,著有《元晨山人集》。

张潮的父亲张习孔为人忠厚老实,孝敬父母,勤奋好学,顺治三年(1646)成为举人,顺治六年考取进士,历官刑部郎中,外放山东督学金事,诰授奉政大夫,在官场和名流都享有很高的声望,性孝友,尚气节,笃于学,乐善好施。晚年侨居扬州,并建"诒清堂"从事藏书、著述和刻书活动。年八旬还潜心研究,手不释卷,还著有《诒清堂文集》、《大易辨志》、《檀弓问》、《云谷卧余》、《七劝口号》、《家训》、《系辞字训》、《使蜀纪事》、《近思录》。而张习孔对张潮从小的教育和培养都是非常严格,特别重视在文化方面教育,以提高张潮文学功底。张习孔在《家训》中说:"书香不可绝,书香一绝,则家声趋于卑贱。家声既卑陋,人既鄙陋,则上无君子之交,下无治生之智。""儒者以治生为急,岂能皆读书。如一家有数子,以其半读书,其半治生可也。治生者无读书者助其体面,则生计亦不成。读书者,无治生者资其衣食,岂能枵腹而读哉。故两者恒相资,不可相厌。"② 从《家训》中可以看出,作为诗礼之家,张习孔对书香传世看得还是比较重的,这给张潮以耳濡目染,曾说:"仆生平无所嗜好,唯好读新人耳目之书。"③ 所以,张潮受父亲的熏陶影响,自幼好学,长大以后一直谨遵其父"贫莫贫于无才,贱莫贱于无志"的教导,励志勤学,这无疑对张潮的藏书、著述和编刻事业有着深刻的影响。

除了家庭文化因素影响之外,徽州区域文化对张潮的影响也非常之大。张潮出生于安徽歙县,是徽州府治所在地、徽州文化的发祥地,有着厚重历史文化底蕴,也是徽商的主要发源地。生长在这种文化氛围中的张潮,从小就接受传统思想的熏陶,受到尊儒和尚文风气的影响。因此对故乡怀有深厚的情感,对徽州人的著作格外重视和广泛搜集。这方面的情感体现在编辑《昭代丛书》初辑:王晫撰《更定文章九命》、《松溪子》、《快说续记》、《兵仗记》、《龙经》,吴肃公撰《天官考异》、《五行问》、《改元考同》,梅文鼎撰《学历说》,张能鳞撰《进贤说》,施璜撰《塾讲规约》,甘京撰《夙兴语》、《心病说》,毛先舒撰《家人子语》、《语小毛》、《声韵杂说》,魏禧撰《日录杂说》,周文炜《观宅四十吉相》、《观宅四

---

① 程芳潮:《新安张氏续修宗谱》卷二十九《张正茂传》,清顺治十六年家刻本。
② 张潮、王晫辑:《檀几丛书》卷十八《家训》,上海古籍出版社 1992 年版,第 86 页。
③ 张潮:《尺牍偶存》卷九《与褚人获书》,乾隆四十五年(1780)重刻本。

十吉相》、沈捷《增订心相百二十善》、殷曙《竹溪杂述》、汤传楹撰《闲余笔话》、狄忆撰《畅春苑御试恭记》、林云铭撰《读庄子法》、胡渊撰《蒙养诗教》、徐沁撰《谢皋羽年谱》、王言撰《西华仙录》、黄周星撰《将就园记》、《制曲枝语》、《廋词》、《酒社刍言》、洪玉园撰《歙问》、闵麟嗣撰《黄山松石谱》、尤侗撰《外国竹枝词》、《戒赌文》、南怀仁撰《西方纪要》、李仙根撰《安南杂记》、黎遂球撰《花底拾遗》、徐士俊撰《十眉谣》、李沂撰《秋星阁诗话》、徐增撰《而菴诗话》、宋曹撰《书法约言》、蔡祖庚撰《嫩园殇政》、冒襄撰《芥茶汇抄》、《宣炉歌注》、《兰言》、余怀撰《砚林》、周嘉胄撰《装潢志》、郑旭旦撰《牌谱》、郑晋德撰《三友棋谱》、陈鼎撰《荔枝谱》。涉及徽州作者就达近 20 人,涉及徽州事的著作也有很多种,如施璜撰《塾讲规约》、殷曙《竹溪杂述》、洪玉园撰《歙问》、闵麟嗣撰《黄山松石谱》等。

不仅如此,而且在编辑乡邦前辈的著作的同时,还对著作进行评点并且发表有关联想。在编辑《塾讲规约》时,就联想到朱子之学,特题跋说:"吾乡故有紫阳书院,每岁朱子寿旦,六邑之士聚拜祝之馆,讲学而退。以是为疏,于是更联塾讲法,诚善也。……夫吾乡为程朱阙里,宜其讲席之盛如此。"在编辑洪玉园撰《歙问》时,并作《小引》道:"吾歙在郡之东南,声名文物,甲于诸邑,其为故老所传闻者,真足令人神往。……犹记其一事:王弇州(王世贞)来游黄山时,三吴两浙诸宾客从游者百余人,大都各擅一技,世鲜有能敌之者,欲以傲于吾歙。邑中汪南溟先生闻其至,以黄山主人自任,偬名园数处,以至琴弈、篆刻、堪舆、星相、投壶、蹴鞠、剑槊、鼓吹这属,无一不备;与之谈,则酬酢纷纭,如黄河之水注而不竭;与之角技,宾时或屈于主。弇州先生大称赏而去。呜呼!可谓盛矣!"[①]从这些描述,充分体现徽州文化对张潮的影响非常深刻,也是对故乡的浓浓情深厚意。

第五节　汪梧凤的"不疏园"藏书

汪梧凤(1725—1773),字在湘,号松溪,自号不疏园主人,安徽歙县郑村镇西溪村人。出身富裕盐商家庭,曾三次应省试三黜,便潜心读书于不疏园中。祖父汪景晃,字明若,号旭轩,家族中有大房、二房、三房、四房,是当时地方显赫

---

① 张潮辑:《昭代丛书》甲集卷二十四。

一时的名门望族。汪氏家族不光出现达官显贵、豪商巨富,且看西溪西侧的四大建筑,即"善述堂"、"和义堂"、"善继堂"和"务本堂"就足够显示汪氏里祠的庞大和宏伟。汪氏家族偌大的基业,是如何起家? 在清康熙年间,徽州商人足迹"几遍禹(宇)内"。明清时代徽商称雄商界长达二三百年,有"无徽不成镇"之说。徽州的棠樾、郑村、西溪、潭渡时称"滚绣乡",已是人文荟萃,经济繁荣、文化发达。而汪景晃携同二兄景旻、三兄景昱、四兄景遑、六弟景昂等兄弟五人(长兄景昌,康熙二十四年中进士,三年后因病仙逝京师),毅然同往浙江兰溪,弃儒行贾,这在明清时期已成为一种普遍的社会现象,同时在社会中掀起一股士人弃学经商的热潮。兄弟五人在异地他乡进行商业拼搏十余载后,家业昌隆。

到父亲汪泰安时,并没有满足于现状,而是另辟蹊径,向西到湖南谷水经营官盐和当铺。特别是官盐乃独门生意,国家垄断行业,只赚不赔的生意,于是很快腰缠万贯,年到知天命时回归故里,精勤治家,以施济为己事。《汪府君墓志铭》曰:"然府君非其仲子之贤,虽好施,未必如其志意也。仲子讳泰安,字永宁。生十岁而丧其母吴安人,厝在浅土;而尊自以春秋高,尝欲自立生藏。仲君用是不敢自暇逸,力求所谓'乘生气之理'。常不避冷炎,徒步行数十里,以求吉壤,冀得免水泉蝼蚁之患。府君既一以施济为事,不复问家之有无,好施久而所人不足以供;仲君常拮据万方以应其求取,而惟恐府知之。府君遂称心给舍,忘其家之非复曩时。即其姻戚僚友,亦咸谓府君素封能博施不匮也。"[1]汪泰安乐善好施、济困助贫、热心公益事业,这种"惠及乡里"的义举行为,在汪梧凤《家父六十事略》里有更多的记载:"初家大父好施与,年逾艾即传家事,而一以笃于乡邻族党,急人之急为务,岁积常百千,而财将不赡,家父不敢言,第忧无以称家大父之施与,恐家大父知之无以自乐也,乃私与家母谋,母曰:以母息子利不穷。遂出嫁时物,售其值得数千缗,用以益生产,佐大父施与之赀,于今数十年如一日。前四载,婺源江慎修先生纪家大父行事为叙传,凡睦姻任恤,岁费缗钱,具载其事。然家父之左右其间,供家大父取携之便,而无虑于匮者,梧凤私识之,外人固不能知也。"[2]汪泰安不仅是一个商人,而且也是一个有远见的儒商。常谓其家人曰:"一家饶裕,而族有四穷,耻也"。家有不疏园,设施精美,环境优美。汪

①　刘大櫆:《刘大櫆集》卷八,吴孟复点校,上海古籍出版社1990年版,第249页。

②　汪梧凤:《松溪文集》,北京出版社1998年影印本,第170页。

泰安还非常好读书,也喜欢藏书,人称"活事毕,则篝灯阅书史至丙夜膏尽乃止"。他对汪家藏书的建设,做出重要贡献。汪梧凤在《勤思楼记》中阐述道:"先君子治田为园,之所以以'不疏园'命名,园北有堂,颜之曰不疏,盖取陶诗'暂与田园疏'意而反之,亦欲使后之读书其中者常守厥志,不致苟于利禄,而饕餮于宠荣也。""不疏"二字原是取为堂名,意在让后人读书其中,时刻警觉,不要疏远田园而一意追逐功名利禄。汪泰安退田还园,出于这样的想法,修建了一座典型徽派风格的"不疏园",成为文人雅士研学、藏书、聚会的场所。

汪梧凤中举后不应会试,而是以读书自娱,享受快乐。曾先后从淳安方楘如学制义,从婺源江永学治经,从桐城刘大櫆学古文。在父辈藏书的基础上,汪梧凤在一点一滴地日积月累收藏书籍,并斥资大量购买图书,被人称之为"藏书极富"。"不疏园"坐落于西溪竹树扶疏、亭轩掩映之处,有地处人间仙境之感,为父汪泰安所建,在园林西边五丈地建有半隐阁,半隐阁邻近的建筑是四部书楼,两个建筑中间有一过道相通。半隐阁之所以题名"半隐",是因为它有半边延伸在曲池的水面上。半隐阁是椭圆形的建筑,读书人可以在上面休息或观赏风景。"四部书楼"也称作"勤思楼",楼中收藏有"二十四橱书",它是不疏园中最主要的藏书楼,意在供后人偃仰本息、读书其中,希望儿子汪梧凤研讨经史成为好学之士,并不希望梧凤走科举成为士人入仕的正途,博取功名。七十二岁的江永应不疏园主人汪泰安的盛请,前来设馆课徒并著书治学。江永,字慎修,是婺源江湾人,却一生不仕不商,教书治学50多年,著作等身,成为清代著名经学家(注解儒家经典的学问家)、音韵学家、天文学家和数学家,是宋明理学没落后中国儒学向清乾朴学发展的奠基人。江永曾于1752年至1758年住馆不疏园,期间他在这里讲学、读书、著述,与学术界朋友商讨学术问题,江永在"不疏园"共住了7年之久,这里的好山好水给了江永以很大灵感,他的《算学》、《乡当图考》、《律吕阐微》和《古韵标准》4部重要著作都是在"不疏园"期间完成的。一生著述有:如《礼书纲目》、《春秋地理考实》、《周礼疑义举要》、《翼梅》、《数学补论》、《岁实消长辨》、《恒气注历辨》、《脾至权度》、《七政衍》、《金水三星发微》、《中西合法拟草》、《算剩》、《方园幂积比例补》、《正弧三角疏义》、《推步法解〉、《律吕新论》、《律吕阐微》、《古韵标准》、《音学辨微》、《四声切韵表》、《近思录集注》、《乡党图考》、《乡党图考》、《四书典林》、《深衣考误》、《礼记训义释言》、《河洛精蕴》、《孔子年谱辑注》、《群经补义》、《仪礼释例》、《仪礼释宫谱增注》、《历学补论》、《考订朱子世家》、《读书随笔》、《兰棱萧氏二书》、《卜易圆机》、《论语琐言》、《纪元部表》、《慎斋文钞集》等。江永一生教书，有教无类，无论是乡里顽童稚子，还是京师学界泰斗。他一生授门人无数，且多有出息，桃李满天下，出自他教授的学生有3人中状元，他的很多学生都是皖学大家。江永博通古今，擅长于考据，著书极多，有27部著作被收入《四库全书》。后人评价他的书为："考证精核"、"持义多允，非深於古义者不能也"。江永治学，主张"经世致用"。读书做学问，他努力做到"博"、"精"、"新"。"博"，就是要"博通古今"、"广摅博讨"、"搜集散见"。江永加盟不疏园，对提高其知名度和学术地位都是大有裨益的。

据《歙县志》载："不疏园在西溪，汪梧凤故宅。梧凤藏书甚富。江慎修于此著《乡党图考》并讲学。戴东原辈时来就学。郑虎文、刘大櫆、汪容甫、黄仲则均尝集此。咸丰时园毁。"[1] 可见，不疏园不仅是藏书场所，而且也是文化学术交流平台，徽派朴学大师云集的不疏园还同时吸引了被后人称为吴派经学家（郑虎文、刘大櫆、汪容甫、黄仲则等为吴派的经学家），以及驰名海内的文辞学家往来其间，形成当时空前的学术交流的良好氛围，使得不疏园成为当时学术讨论的重要基地。号称江门（江永）七子（郑牧、汪肇龙、戴震、程瑶田、方矩、金榜、吴绍泽）齐集于不疏园，向江永求学，其中六个是歙县人，一个是休宁县人，其家距离西溪都不远，为了方便听江永老师讲课与学习，他们甚至常在不疏园吃住，从四五年到十几年都有，汪家的不疏园，对于徽州学术文化的发展实在举足轻重，是徽州开展学术文化活动的一个重要窗口，声名震于四方。

歙县人吴定曾在《郑用牧先生墓志铭》中说："先生休宁人，休宋与歙境相邻，而先生产于两县人文最盛之日。当是时，以考订之学名天下者，有戴东原、程易田、金藥中，以古文名者，有吴蕙川；以制举之文名者，则有潘在涧、胡澹中、胡佩声、胡授毂、方雨三、方晞原以逮先生。先生与此数君皆友善，数相过从，各以所长相攻错。"[2] 吴定论述歙、休二县可以说是人文荟萃、人杰地灵，文化积淀深厚，千百年来，孕育出众多的杰出人物。上述提到戴震、程瑶田、金榜、吴蕙川、郑用牧、方晞原等都曾是汪梧凤不疏园的常客，同时也是利用不疏园的藏书进行学术研究。

不疏园是文人墨客汇聚之地，也是交流、学习和研究的重要平台，常常是宾

---

① 许承尧：《歙县志》卷七，民国铅印本。
② 吴定：《紫石泉山房诗文集》卷十，光绪丁亥（1887）秋月黟县杨氏刻本。

客盈门、高朋满座。在这里曾有戴震、汪梧凤、汪肇龙、程瑶田、郑用牧、方晞原六人被誉为"新安六君子"。郑虎文在《松溪书屋图序》道:"新安士之健于文者,有六君子。汪君在湘其一也。君以名诸生五应省试不第,弃去,抱遗经诵之,旁及子史百家之学,恢博贯统,靡所不究,足不入城市,城市人亦罕与接。惟其徒五君子者从之游,则两忘其趋。五君子者,郑用牧,学宗宋儒,戴东原震,学宗汉儒,皆休产也。君少同笔研,尝合刻经义数十首,朴山方先生序而行之,所谓《新安三子制艺》是也。其三人则同邑宗人稚川肇龙以经,程易田瑶以诗,方晞原矩以文,皆互相切劘,务为根柢之学。而六君子之名乃大著。四方知名者客新安,必得其接引为重。而君尤爱闲恶嚣,客非因五君子以通者,鲜得至其室。"①上述列出的大家,后来在学术上都有深厚的造诣,大多受益于不疏园的藏书,以及不疏园的学术氛围。郑虎文在《汪明经松溪行状》指出:"君制义师淳字方氏楘如,古文师桐城刘氏大櫆,经学则与休阳戴氏震,同里汪氏肇龙同出婺源江门。汪氏精三《礼》。而戴氏于诸经所得独多,为江门大弟子,其学与江氏相出入。君亚焉。江氏作君祖传即称君与戴震俱研经学,有著述闻于远近也。君既师江而又客戴氏、江氏于家,汪为尤久,久处,昕夕无他语,语必经义,义疑辄辨,辨必力持不相下,则辨益疾。而君故口吃,尝咽塞不能出声气,须眉动张,童仆往往背立睍视匿笑。已乃复辨,必彼我意通乃已。"②可见,不疏园的浓厚学术氛围,学术自由,大家可以敞开心扉发表不同的意见,成为当时徽州学子们的学术沙龙,这是和汪梧凤的家庭的理解支持密不可分的。正如近代歙县人许承尧在《歙事闲谭》所说:"江慎修《乡党图考》一书,属稿于吾乡西溪江氏之不疏园,尝闻父考言,慎修先生时馆于汪氏。所谓不疏园者,即今廢庐旧址,其主人为清初汪氏巨室。光绪中汪氏子孙于破楼上,检得一小箧,内藏缩小制古衣裳,记尺过甚备。云是慎修先生著书时遗物。"③进一步说明不疏园是高朋满座、热闹非凡的学术园地。

从不疏园走出来的大学者戴震,就是徽州人的骄傲。戴震,字慎修,一字东原。安徽休宁人,出身徽州小商贾之家,幼从塾学,遍览诸经及小学之书。乾隆举人,屡考进士不中,年方二十的英俊少年,在郡城紫阳书院师从徽派朴学的创

---

① 郑虎文:《吞松阁集》卷二十六《松溪书屋图序》,清嘉庆十四年(1809)刻本。

② 郑虎文:《吞松阁集》卷三十五《汪明经松溪行状》,清嘉庆十四年(1809)刻本。

③ 许承尧:《歙事闲谭》卷十一"江安甫"条,黄山书社2001年版,第372页。

始人江永,受汪梧凤之聘至不疏园,并先后两次(1752 年和 1761 年)与程瑶田、金榜、郑牧、汪肇龙、方矩等同学入住歙县西溪不疏园学习研究。不疏园成为"好学之士日夜诵习讲贯"之所。戴震住馆不疏园的第二年(1753)完成著作《诗补传》。接下来,戴震跟着江永研究的课题是《古韵标准》、《诗韵举例》,开始音韵学的研究。在不疏园里,有这样崇儒好学、输财纳士的男主人,又有贤惠知礼、热情周到的女主人余氏,可以肯定戴震一班人在不疏园定有宾至如归、春风拂面的感觉。戴震苦读六经秦汉之书,析疑义,通晓典章制度,成为以戴震为代表的皖派学术活动中心,对皖派学术的形成起着至关重要的作用。此后,因以避仇家入京师,借馆于翰林名士纪昀家。纪昀读其著作,大为惊服,为之广为延誉。翰林院学者王鸣盛、钱大昕、王昶、朱筠"观其书,莫不击节叹赏。于是声重京师。名公卿争相交焉。"戴震著述繁富,天文算法类有:《筹算》、《续天文略》,及文集中之《勾股割圆记》、《迎日推策记》、《原象》等。地理类有:《校正水经注》、《直隶河渠书》、《汾州府志》、《汾阳县志》等。语言文字学类有:《转语》、《尔雅文字考》、《声韵考》、《声类表》、《方言疏证》。考据注疏有:《考工记图注》、《屈原赋注》、《诗补传》、《尚书义考》等。哲学类有:《原善》、《孟子字义疏证》等。戴震的考据学理论与方法,对后来学术界、思想界的影响甚为深远,成为皖派汉学的集大成者,而不疏园功不可没。

汪梧凤的儿子汪灼,收集了当时文人墨客赞美不疏园题匾和对联,共有《不疏园十二咏》:

六宜亭　　歙县巴慰祖

雪月花时,宜酒宜诗宜画;山回水次,宜耕宜钓宜樵。
孤亭涉星汉,山弯水亦弯;坐观樵牧者,不及灼心闲。

别韵轩　　秀水郑文虎

十一树梅开,香中别韵来。冲寒唯一色,身坠白云堆。

拜经草堂　　宛平朱筠

庚子拜五经,日程分卷读。皓首一经通,毛郑传家塾。

松溪书屋　　歙县程瑶田

老松挟风雨,往往作龙鸣。夜夜桂花静,溪流口有声。

山响泉　　桐城鲁滨

叠石笋千峰 飞泉分两道；忽露米家山，淋漓当雨后。

勤思楼　　密庵方辅

高楼何所有，二十四橱书。我尚惭王俭，陆澄知有无。

双桐得夏阴　　休宁戴震

我桐三尺强，斗大高十丈。绿影散空阶，便生壕濮想。

竹北华南藏书室　　怀宁邓石如

小篆断空　两面如一；夜映烛光　字影射壁。
紫绶一层层，翠筠垂个个；四壁尽书围，逼坐青毡破。

半隐阁　　桐城刘大魁

未识金藏坞，何妨半俯池。看山开一面，晴雨总相宜。

听雨楼　　淳安方茅如

菡萏亭亭立，芭蕉树树阴。云根催雨足，散荡最清心。

不浪舟石舫　　江都汪中

明月照平畴，动荡湖光满。风生浪不生，醉卧孤舟隐。

黄山一角　方外老渔（汪灼别号）自书

六六峰殊状，青空一角秋。柔风香暗发，先满向南楼。

不疏园经过几代人的经营，到汪梧凤时，已成为藏书、研究、聚会的重要学术园地。而汪梧凤以江（永）为师，以戴（震）为友，招来的"好学之士"，成为当时经学研究的中心，是徽州学子们的学术沙龙，皖派汉学的发祥地，不疏园将永远铭刻在历史的丰碑上，而汪梧凤也成为不疏园一个举足轻重的人物。

第四章 徽州藏书家对徽州文化的贡献

清代徽州私家藏书可以说是呈现鼎盛气象,无论是从藏书人数和藏书数量以及影响来说,都超过以前任何一代。特别是像鲍廷博、马氏兄弟、程晋芳等这样一批徽州藏书大家,为我国的藏书事业做出重要贡献。与此同时,他们也造就了清代徽州灿烂的藏书文化。中华灿烂的文化,正是由于涓涓细流的私家藏书汇入,许多珍贵的典籍通过私家藏书这一绵延不绝的渠道得以保存和流传。这些私人藏书家出于对社会的责任感,千方百计地收集、校勘、刻印、保护图书,清代徽州私家藏书,在安徽以至全国藏书史上都占有重要的一页。

第一节 藏书家与刻书业的发展

清代徽州藏书家,大多也是刻书家。徽州地区藏书和刻书在全国都享有很高的知名度。徽州的藏书有着得天独厚的条件,一是徽州刻书业繁荣昌盛,是全国四大刻书中心之一。官刻、家刻两个系统继续保持和发展,徽州刻书事业突飞猛进,私家坊刻众若繁星,刻铺比比皆是,为徽州刻书业带来了蓬勃生机。二是徽州历史上,曾有过三次大的中原衣冠南迁,即西晋末的"永嘉之乱"、唐末的"安史之乱"和北宋"靖康之乱",三次大规模北方居民南迁徽州,成为徽州75个姓氏的主要来源。这些中原士民的迁入,不仅使汉越文化进行了三次大融合,而且将中原文化科技带入徽州,有力地促进了该地区生产力的发展,并逐渐在徽州社会生活中起着支配作用。三是浓厚的文化底蕴也是徽州藏书业发达的一个主要原因。徽州文风极盛,形成良好的社会氛围,文人墨客吟诗作对,著书立说,留下了宝贵的文化遗产,这些为徽州的藏书和刻书的发展提供了对象。徽州有着丰富的藏书、精美的古籍版本和饱览群书的博学之士立功、立德、立言,从而大大丰富了出版业中的刻书资源,为藏书提供了保障。

徽州的刻书业是以藏书为基础,藏书和刻书互为表里,一脉相承。二者之间相互依存、共同发展的统一体。早在明代隆庆、万历后,浙江的吴兴和徽州地区的刻书业崛起,明代学者谢肇淛就刻书业曾这样说道:"宋时刻本,以杭州为上,蜀本次之,福建最下。今杭州不足称矣。金陵、吴兴、新安三地,剞劂之精者,不下宋版。楚蜀之刻,皆寻常耳。闽建阳有书坊,出书最多,且版、纸最滥恶,盖徒为射利计,非以传世也。"① 明胡应麟也认为:"余所见当今刻本,苏、常为上,金陵次之,杭州又次之。近湖刻、歙刻骤精,遂与苏、常争价。"②说明徽州地区的刻书已和苏、常并驾齐驱,到万历后已超过苏、常走到刻书业的前列。

清代徽州无论是本地私家藏书和刻书还是旅外私家藏书和刻书,都闻名海内外,世称新安徽派、歙刻,又称新都刻本,其刻书业的发达也是首屈一指的,无论是官刻还是私刻都是非常兴盛。徽州著述繁荣昌盛,刻书业的发达,尤其是以家刻、坊刻为主体的徽州民间刻书趋于鼎盛,形成了以徽州为中心辐射周边地区包括宁国府、太平府的徽州刻书圈。从而使书籍易于流传,文化氛围更为浓郁,为徽州文化的传播和发扬奠定了坚实的基础。

清代徽州歙县藏书大家鲍廷博,终身以实际行动承诺自己所说的"生以书为命",为弘扬和传承传统文化做出重要贡献。他不仅以藏书而著称,而且刻书也为民族文化树立了丰碑。鲍廷博与当时著名藏书家、学者如阮元、袁廷梼、顾广圻、黄丕烈、钱大昕等都有广泛交往,并且还从他们手中得到好的精品秘籍刊刻于世。鲍廷博藏书特别值得称赞之处,就是他善于运用"以散为聚"的收藏思想,这主要表现在鲍廷博的刻书事迹,在《歙事闲谭》有详细记载:

> 鲍廷博,字以文,号渌饮。家浙江,事祖若父,以孝闻。以父性嗜读书,乃购书以养志。久之,所得益精且多,遂蔚然为大藏书家。寻补县学生。乾隆三十八年(1773),诏开四库馆,采访天下遗书,乃集其家所藏书六百余种,命子士恭由浙进呈。既著录,复诏还其原书,赉以《古今图书集成》《伊犁得胜图》《金川图》。其中《唐阙史》及《武经总要》并御制诗题之。嗣刊《知不足斋丛书》即以《唐阙史》冠首,志一时之荣遇焉。"知不足"者,故廷博藏书斋额。嘉庆十八年(1813),方受畴抚浙,以续刊之第二十六集进,奉旨赏给举人,时已年逾八十矣。

---

① 谢肇淛:《五杂俎》卷十三,中华书局1959年版。
② 胡应麟:《少室山房笔丛》卷四《经籍会通》,中华书局1958年版。

居恒好学,耽吟咏,不求仕宦,天趣清远。每遇人访问古籍,凡某书美
惠所在,意指所在,见于某代某家目录,经几家收藏,几次钞刊,真伪若
何,校误若何,莫不矢口而出,问难无竭。既因进书受知两朝,名闻当
世,谓诸生无可报称,惟有多刊善本,公诸海内,使承学之士,得所观
摩。年八十六,丛书至二十七集,未竣遽卒。遗命子士恭继志续刊,今
存者共凡三十二集。秘册孤编,率赖以传。按:渌饮以巨富居浙,藏
书、进书、被奖,皆与汪㓐庵同。汪传印而鲍刻书,同时所成就皆极大,
真所谓乡里珍闻也。①

　　许承尧先生大致概括鲍廷博藏书和刻书的一生。鲍廷博淡泊名利,将富饶
的家财投入到藏书、刻书事业,为其提供了坚实的物质基础。中国古代刻书有
官刻、私刻和坊刻之不同,而鲍廷博的刻书当然属私刻一种。据刘尚恒先生著
《鲍廷博年谱》,来新夏序言载:"鲍廷博刻书始于乾隆十年以花韵轩名义刻锁冯
普之《古今姓汇》,多为私藏珍善本零种书和朋友著述。乾隆三十一年,鲍廷博
助成浙江严州知府赵起杲青柯亭刊蒲松龄《聊斋志异》16 卷本。这使《聊斋志
异》改变以抄本流传,篇卷有差异的状况,为中国文学史研究做出一定贡献。"②
另外,鲍氏对几近灭绝、有抄本而无刻本、流传久远而版本已经散失难以得到的
书籍,都竭力求购网罗,刊刻行世,决不吝啬。如元代王逢诗集《梧溪集》7 卷,
明末流传极少,清初藏书家钱遵王曾购得洪武年间刻本《梧溪集》前 2 卷,兴奋
不已,遗憾的是残缺不全,经过十几年之后,巧遇顾修远借得后 5 卷抄本,成为
全本。后来鲍氏得到汲古阁藏明景泰刻本,刻入《丛书》。再如宋苏过著《斜川
集》,南宋以后流传很少,直到清康熙皇帝曾下诏求此书,也未得到。由于此书
价值很高,从元代时,世上赝品大出,后吴长元抄录孙溶稿本,又从《宋文鉴》、
《东坡全集》、《播芳大全》诸书考订讹舛,增补阙遗,厘为 6 卷。鲍廷博得知吴长
元有此书,并写信求之,吴以录本寄之,鲍氏刻入《丛书》。唐李淳风注《孙子算
经》、宋人《皇宋书录》、《吴船录》、《道命录》、《庆元党禁》、《五代史纂误》、《百
正集》,元李冶《测圆海镜细草》等有抄无刻本,曾敏行的《独醒杂志》,历 600 余

　　① 许承尧:《歙事闲谭》卷九《鲍渌饮刊〈知不足斋丛书〉》,李明回等点校,黄山书社
2001 年版。
　　② 来新夏:《鲍廷博年谱·序言》,见刘尚恒:《鲍廷博年谱》,黄山书社 2010 年版。

年无刻本,鲍廷博用重金求购之,刻入《丛书》。鲍廷博刊刻最有成就感的是,将家藏珍籍数百种,从乾隆四十年起直到道光三年止,历经五十年祖孙三代的努力,终于刊刻编为《知不足斋丛书》,共 30 集,收书 207 种,内容广泛,有经史考订、算书、金石、地理、书画、诗文集、书目等,为我国著名大型丛书之一,显示出清代图书再编纂事业中具有较高质量的成果,颇受广大学人的参阅,世称善本。鲍廷博及其子鲍士恭辑刻的《知不足斋丛书》有以下特色:第一,凡收集刻本之丛书,即在世面上有抄本而无刻,有稿本而未流传于世作品,对于那些刻本行世久远、旧板散亡者,需要勘误、校正才能入此丛书。第二,刊刻此丛书,主要是以鲍家藏书为底本,另外,还收集一批著名的藏书家的藏书,如汪氏飞鸿堂、孙氏寿松堂、赵氏小山堂、汪氏振绮堂、郑氏二老阁、吴氏瓶花斋等私家藏书之精华。第三,刊刻此丛书必须经过鲍廷博、卢文弨、顾广圻等大家的精心审核和校勘,所刻之书,必借诸家藏书之善本,相互校对,如有不同之处,则择善而从,以还书的本来面目。在此之后,高承勋的《续知不足斋丛书》、无名氏的《仿知不足斋丛书》、鲍廷博的《后知不足斋丛书》,都是在《知不足斋丛书》的影响之下而仰慕鲍廷博编刊的。

鲍廷博所刻《知不足斋丛书》,其收辑的内容非常丰富,其学术价值也是多方面、多层次的。清代许多学者如钱大昕、李调元、王鸣盛等学者都很推崇此《丛书》,并视鲍廷博为藏书、刻书界之泰斗。李调元说:"近年来海内皆推崇鲍氏所刻《知不足斋丛书》善本。"由此可见,鲍廷博刊刻《知不足斋丛书》一个重要目的就在于把珍本秘籍公之于世,以嘉惠后学,"使承学之士,得所观摩"。

"扬州二马"即马曰琯、马曰璐,徽州祁门人,二人在扬州是以盐商著称,在行商的同时兼顾藏书事业,成为扬州的突出代表,其藏书没有家世渊源,完全凭借雄厚的财力,靠大量购买图书积累而成。二人不仅藏书丰富,而且也以刻书著称。当然,藏书和刻书并非纯粹是为了附庸风雅,而是出于"好儒"的精神追求。马氏兄弟在扬州建小玲珑山馆,广交天下文人墨客以及社会名流,在其住处可以博览群书,专心研究。当时著名学者全祖望、厉鹗、金农、陈章、郑板桥等人都是小玲珑山馆的常客。明清时期的徽州,刻书业已蔚然成风,传世的名著很多都是在徽州刻印出来,如《资治通鉴》、《两汉书》、《世说新语》、《文选》、《花间集》、《水浒传》、《红楼梦》、《聊斋志异》等,马曰琯、马曰璐虽然不在徽州,但他们继承了徽州人刻书的优良传统,再加上扬州自古以来就是文化发达的重镇,刻书业到清朝时相当繁荣,最著名的《全唐诗》就是在扬州所刻,并获得成功。马氏兄弟喜爱藏书,并勤于考订、校刊典籍,家中设有刻书坊,聘用了很多高级刻工,不惜资金刻印善本、孤本、稿本等。他们在刻书这一领域做到精益求精,选择最佳纸墨。他们具备良好的刻书条件:一是有雄厚的家庭经济实力做后盾;二是富于藏书,藏书数量在当时徽人藏书中居于首位;三是有渊博的学术知识,能够辨别出书籍真伪,以至能刊刻出好的书籍;更重要的是有一颗推动文化事业发展的热忱之心。因此,他们所刻之书,校勘之精,版式之美,均属上乘,其业绩很快就昭彰于世。马氏所刻如《干禄字书》、《五经文字》、《困学纪闻》、《经义考》、《说文解字》、《蠙谷词》、《沙河逸老小稿》、《南斋集》、《南斋词》、《焦山纪游集》、《说文系传》、《玉篇》、《广韵》、《宋本韩柳二先生年谱》、《字鉴》、《许氏说文》、《新加九经字样》、《班马字类》、《宋诗纪事》、《小玲珑山馆丛刻》、《摄山游草》,时人称为"马版"。马氏兄弟刻印坊在60年的时间里,刻书多达五六万卷,这在手工业作坊的年代,绝非易事。马氏兄弟平生勤学好客,不惜家资用于藏书和刻书,正如清代学者阮元在《淮海英灵集》称赞道:"征君昆弟业鹾,资产逊于他氏,而卒能名闻九重,交满天下,则稽古能文之效也。当时拥重资过于征君者,奚翅什伯,至今无人能举其姓氏矣。"① 指出马氏兄在扬州盐商中并非最富,然而很多大的盐商后来皆默默无闻,唯独马氏兄弟在文化史上的贡献独留人间。其刻书热情,无疑极大地促进了当时文化的繁荣昌盛。

歙县人汪启淑家道富厚,世受封赏。一生酷爱文学,好古藏书,其开万楼、飞鸿堂等成为著名藏书楼和刻书坊。曾编辑书籍《飞鸿堂印谱》40卷、《讱庵集古印存》32卷、《汉铜印存》8卷、《汉铜印原》16卷、《汉铜印丛》12卷、《退斋印类》10卷、《退斋印谱》8卷、《时贤印谱》40卷、《袖珍印赏》4卷、《撷芳集》80卷、《于役新吟》1卷、《飞鸿堂印人传》8卷、《水曹清暇录取6卷》、《焠掌录》2卷等。汪启淑同时有自刻自著或精刻古籍多种。重刻明陈宗夔辑本宋郑樵《通志二十略》52卷、刻南唐徐锴《说文解字系传》40卷、刻宋夏竦《新集古文四声韵》5卷、刻自撰有《兰溪棹歌》1卷、《讱庵诗存》8卷等。汪启淑刻书精美,举世瞩目,并且具有印制精美的特色,为收藏家所珍视,绝大多数被列为馆藏善本。综合现存版本及诸家书目著录,汪启淑刊行各类图书多达27种之上,共计有500卷。

歙县人程晋芳,是两淮盐商世家,后定居扬州,其藏书楼为"桂宦"。在刻书

---

① 阮元:《淮海英灵集》乙集卷三《马曰琯》。

上的最大贡献是将清吴敬梓撰《儒林外史》刊刻问世。另外,还刊刻自著,如《蕺园诗集》10卷,《蕺园近诗》2卷,《勉行堂诗集》24卷等。

汪氏兄弟即汪森、汪文桂、汪文柏,休宁人,三兄弟以盐业为生,居桐乡,家拥有裘杼楼、古香楼、摛藻堂、桐溪草堂、华及堂、小方壶、碧巢书屋等。其刻书以汪森、汪文柏为著,先后刊刻朱彝尊、汪森辑《词综》30卷,汪森辑《粤西诗载》25卷、《文载》75卷、《丛载》30卷计3种130卷,汪森精刊自撰《小方壶存稿》18卷,汪森刻自辑《华及堂视昔编》6卷,汪森刻自辑《小方壶文钞》6卷,还刻明程本立撰《巽隐程先生诗集》2卷、《文集》2卷。康熙年间汪森自刻《裘杼楼诗稿》6卷,刻自撰《摛藻堂诗稿》1卷《续稿》5卷,另刻自撰《古香楼吟稿》3卷《词稿》1卷、《柯庭文数》不分卷、《西山纪游诗》1卷,刻《柯庭余习》12卷,还刊有《桐溪三子集》,有黄宗羲序。另外,王昶《明词综》12卷、王昶《国朝词综》48卷、黄燮清《国朝词综续编》24卷,也是汪森家刻本。汪文柏刊自辑《汪柯庭汇刻宾朋诗》7种11卷。康熙四十六年(1707)古香楼刻汪文柏辑《杜韩诗句集韵》3卷。

汪氏兄弟后人继承刻书事业,特别是在乾隆六年(1705)里,汪氏古香楼精刊汪文柏撰《柯庭余习》12卷。光绪八年(1882)古香楼校刊汪文柏辑《杜韩集韵》6卷。主要是以家刻先人、本人著述为主,成为浙西桐乡著名的家族学术繁衍的典型代表和重要家刻群体。

张潮出身于富裕家庭、书香门第,受徽州文化熏陶较深。因经营盐业而获利丰厚,使家业殷实、隆兴,因而利用家庭富裕条件,除了忙于商业活动之外,投身于文化产业,很快家富藏书,但却还谦和认为:"所恨藏书不广,搜辑维艰",从而兢兢业业广泛搜集天下奇书秘笈,张潮曾云:"仆赋性迂拙,于世事一无所好,独异书秘笈,则不啻性命。"[①]因此,其主要贡献就在于编书和刻书,使许多有价值的善本、孤本、珍稀书籍得以保存传世。张潮的父亲张习孔原有家刻"诒清堂",刊刻自著和家谱。迨及张潮时仍延"诒清堂"号,而且已成为清初徽州府最大的坊刻主,校刊地主要在扬州、杭州,今传世的刻本包括丛书子目达300余种,一生中前后编刻了《昭代丛书》、《檀几丛书》和《虞初新志》等几部大型丛书。

《昭代丛书》是张潮领衔编刻的一部大型清人杂著丛书。以"昭代"为书名,着重体现当代王朝兴盛,也彰显文化繁荣。张潮自编甲、乙集,与张渐合编丙集,每集50种,50卷,分别于康熙三十六年(1697)、三十九年(1700)、四十二

---

① 张潮辑:《昭代丛书》甲集序。

年(1703),为丛书刊刻行世。

张潮把毕生的精力主要放在藏书、刻书和编辑出版事业,其编辑出版思想为:第一,以读者至上的编辑原则。张潮说:"天下非无书可读之为难,而聚书为难;非徒聚书之为难,而聚而传之为难。聚之者所以供我之读,传之者所以供天下千万世人之读也。""我一人读之而乐,则天下之人读之而乐,从而知矣。……夫至天下与千万世之人皆读之而乐,则著书者之心与聚书者之心不咸大慰乎哉!"①原来张潮热衷于聚书编辑出版,乃是为了供天下千万世人之读也,可见其立意之高,胸襟之开阔。为达到此崇高目的,他甘心"为他人作嫁衣裳",从他人作品中选择精品进行编刻,如《虞初新志》、《古代尤雅》和《友声集》的成功编刻。张潮编刻丛书,也是在前人研究基础之上,认真加以总结和创新,特别受影响和启迪,如《汉魏丛书》、《唐人小说》、《津逮秘函》、《百川学海》、《说郛》、《秘笈》、《快书》等,对这些丛书进行认真的研究,发现丛书的文献学术价值非常之高,而且丛书容量大,内容丰富,便于保管,不易丢失。因而起到"零金碎玉,赖此不泯","通行传世"②的作用。第二,注重编辑当时贤人作品。张潮生活在"康乾盛世",社会政治稳定,经济快速发展,促使文化大发展大繁荣。私人的学术著作不断刊刻问世,为丛书的编刻奠定了基础。正如张潮所云:"盖以世间之书,日多于前,古书之必当读者又不可减,吾人一生年力有限,书之可读者日出而无穷,专于前者必遗于后,安能既读前代之书乎? 复读近代之书乎?"③并且还指出《黄山续志》适与鄙意相符,忆中洲上曾语北云后来续修山志者,因多录近年当事之作,必致删逸前辈佳篇,未免可惜。弟谓续修者止当托始某年,不必更及前代,与史家之体相似,不但不致删逸旧文,亦且易于成书。即此后又有好事者,三集、四集皆可踵行。中公亦以弟言为是,高贤所见,亦复相同,快甚快甚。"④可见,作者注重借鉴《黄山续志》的编辑思想,"多录近年当事之作",强调编辑当代人著作和人物。因为这些作品反映现实社会生活、社会风貌,满足广大读者对最新作品的阅读需求,以扩大社会影响力。

徽州刻书到明代嘉靖时已形成了一定规模,至清代前期刻书呈现一派繁荣景象。徽州府六邑刻书坊林立,特别是以歙县和休宁两县为重点的全国四大刻

---

① 张潮辑:《檀几丛书》甲集序。
② 张潮辑:《昭代丛书》丙集序及例言。
③ 张潮:《尺牍偶存》卷三《与迁庵》,清乾隆四十五年重刻本。
④ 张潮:《尺牍偶存》卷四《寄复汪栗亭》,清乾隆四十五年重刻本。

书中心之一。不少徽商、藏书家和官员学者还把刻书坊设在南京、扬州、杭州、苏州、常州等大都市,徽州成为后来居上的崭露头角刻书基地,形成徽州刻书特色。藏书家刻书的目的就是保存文献,传播中华优秀传统文化,使珍贵历史文献代代相传。如徽州藏书家张潮刻的《昭代丛书》,是清代最大的专收清人小品专类丛书,保存了很多珍贵的掌故琐记资料。明代藏书甚富的程敏政辑刊的《新安文献志》,收录南北朝以后新安地区文章1138篇,诗1053首,其搜罗之宏富,为地方总集所罕见。从而使一些孤本、善本得以继续传世,避免了最终灭绝的命运,同时也为学者研究提供了线索和有重要价值的资料。

第二节　藏书家兴建藏书楼

徽州藏书家也和全国藏书家一样,热衷于藏书楼建设。徽州藏书家对藏书楼的建筑构造都是精心布局,对藏书楼的命名更是煞费苦心,深谋远虑或引经据典,或仰慕前贤,或炫耀典藏,或有所寄托等,真是各有千秋,彰显藏书文化的深厚底蕴。

徽州藏书家绝大多数是商人或是商贾后代,他们深受儒学的影响,如鲍廷博、汪启淑、程晋芳、马曰琯、马曰璐、吴骞、张钧衡、张潮等都是饱学之士,他们注重藏书楼意境和典故相结合,显示徽州私家藏书的文化品位,以寄情存志,喜欢读书、藏书、做学问,揭示藏书家对藏书楼命名的文化意蕴。

第一,引经据典,彰显文化。鲍廷博的藏书楼取名为"知不足斋",即取孔子《礼记·学记》:"虽有嘉肴,弗食不知其旨也;虽有至道,弗学不知其善也。是故学然后知不足,教然后知困。知不足,然后能自反也;知困,然后能自强也。"确实,不登高山,不知天之高;不临深渊,不知地之厚。读书学习亦然,越读越感到自己知识的不足,越学越感到本领的缺少。鲍廷博就是从这里得到经验和体会,以至于引经据典,来提高藏书楼的文化品位。鲍廷博少时为歙县秀才,亦勤学好古,不追求功名,喜购藏书秘籍,经过了相当长的时间收购,知不足斋藏书甚富。再加上鲍廷博与江浙一带著名藏书家频繁交往,互相借抄,并广录先人后哲所遗手稿,八十余岁仍往来于杭、湖、嘉、苏数郡之间,所抄书籍不计其数。

汪氏兄弟,即汪森、汪文桂、汪文柏,安徽休宁人,以藏书而著称,藏书甲于浙西,"世称汪氏三子"。汪森、汪文桂同建藏书楼,取名为"裘杼楼"。楼名取自《庄子·山木篇》中"辞其交游,去其弟子,逃于大泽,衣裘褐,食杼粟,入兽不乱群,入鸟不乱行。"另外,藏书楼也取《韩诗外传》中"君子之居也,绥若安裘,晏若覆杯"之句,以藏典籍,聚书万卷,校勘不辍,以藏书、诗、词享负盛名,所藏书为浙西之首。

安徽休宁藏书家张钧衡在浙江南浔,世代经商并以盐业致富,凭借雄厚财力及爱书痴书的内在因素,到光绪时私藏图书已成一定规模。并建藏书楼,取名为"适园楼"。是以《史记》"季膺适志"典故取名"适园",此后,在张钧衡长子张乃熊、孙子张珩的传承接力下,"适园"藏书楼日渐丰赡,达到1 200部,其中仅宋刊本就有88部,元刻本74部,皆为珍稀秘籍。于是,在浙江南浔先后出现张氏"适园"、蒋氏"传书堂"、刘氏"嘉业堂"三大藏书家。

第二,炫耀典藏,尊仰先贤。清歙县藏书家汪启淑,侨居杭州,藏书丰富,在进献《四库全书》时,是当时全国私人献书五百种以上只有四家,徽州占三家,而汪启淑就是其中之一。马(裕)家献书最多,鲍(廷博)家献书数量少于马氏,屈居第二,而质量则为翘首,且大多属善本,汪(启淑)家最专,均俱特色。汪启淑的藏书楼取名为"开万楼",正如他自己在《水曹清暇录》中夸耀说:"江浙藏书家,向推项子京白雪堂、常熟之绛云楼、范西斋天一阁、徐健庵传是楼、朱竹垞曝书亭、毛子晋汲古阁、曹倦圃古林、钮石溪世学堂、马寒中道古楼、黄明立千顷斋、祁东亭旷园。近时则赵谷林小山堂、马秋玉玲珑山馆、吴尺凫瓶花斋及予家开万楼。"其藏书楼号称"藏书百橱"及"古印万纽"。

吴骞,祖籍安徽徽州休宁人,后定居浙江海宁,并以"千元十驾"为藏书楼名。千元是指拥有元刻本千部,"十驾"出自《荀子·劝学》"骐骥一跃,不能十步,驽马十驾,功在不舍"。就是说,无论治学、办事,一定要有"锲而不舍"的精神,不能半途而废。而当时苏州藏书家黄丕烈则以藏书"百宋一廛"著称于世,而吴骞取"千元十驾"之意,就是以千部元刻来对比百部宋本之意,从数量上也远远超出同行,就是靠着这种锲而不舍的精神。另外,吴骞"拜经楼"藏书,是当时浙江最负盛名的藏书楼之一。因吴氏家族世代经商,家庭富饶,是典型的徽州"贾而好儒"者,他嗜书如命,每遇珍本秘籍,"倾囊购之弗惜"。筑拜经楼于海宁,"置得书万本,性喜厚帙,计不下四、五万卷"。而拜经楼藏书的主要来源,据《拜经楼藏书书题跋记》载,有钱牧斋、钱遵王、朱竹垞、曹秋岳、马寒中、查慎行、吴天凫、黄俞邰等诸家的遗失展转的旧物。还有江浙藏书家交往互换、抄录所得。正如浙江嘉兴藏书家钱泰吉所称赞:"当与四明范氏天一阁并峙,而为浙东宛委之藏"。

第三,寄托情怀,幽静雅致。历代许多藏书家,将自己的藏书楼建在人文气息浓厚或环境优美之处,即使没有好的自然环境,也将营造一个良好的藏书氛围。徽州歙县藏书家程晋芳就是如此,自从迁居江都(今江苏淮安),在编辑自己诗作《桂宦集》中说:"余书屋前,频年种桂,淮浦地寒,……考《尔雅》,室东北隅谓之宦,而桂适在焉。因颜曰桂宦,且以编集。"在其后编《桂宦书目》,自撰《桂宦藏书序》云:

> 今海内藏书家,相传无若宁波范氏天一阁。闻阁之四面池水回环,客有借钞者,自置糇糒,具纸笔,坐阁中,不限月日,竣事乃去。
>
> 扬州马氏,余之族姻也,以数万金购得传是楼、暴书亭藏书。余尝假其目录观,则亦无甚奇秘本,意在畏人假索,别编一目,以杜请求钬。然窃闻有湖州书贾,设小肆于其宅旁,以利啖司书者潜获异书去。主人年笃老,防察疏,可叹也。吴郡朱文游者,嗜书成癖,家所藏三种:曰善本,宋元精刻及影摹旧本最工者;曰校本,经竹垞(朱彝尊)、义门(何焯)及惠氏定宇(栋)朱墨雠勘者;曰秘本,本人闻所罕传而独有者。惜其于四部恒有之书不甚鸠集,而宋元人文集又复寥寥,然则稽古之儒,必众籍赅缮,而后足备研求,日月如流,材力所限,不几抱愿以终乎。
>
> 余年十三四岁,即好求异书,家所故藏凡五千六百馀卷,有室在东偏,上下小楼六间,庭前杂栽桂树,名之曰桂宦。四方文士来者,觞咏其中,得一书则置楼中,题识装潢,怡然得意。吾友秀水李情田知余所好,往往自其乡挟善本来,且购且钞,积三十年而有书三万馀卷,其后家益贫,不获已则以书尝宿矣,减三分之一。自来京师十年,坊肆间遇有异书,辄典衣以购,亦知玩物丧志之无益,而弗能革也。壬辰(乾隆三十七年,1772)长夏,病卧一室,取旧时书目阅视,为之慨然。回顾江南,家无一椽片瓦,故书寄在戚友家者,知能完整如旧否?而随身书籍尚有万五千卷,足供循览,因就旧目详为编次,以志余畴昔之苦心,其存者,稍为别识,他日或幸有力,犹将补所未备,要之视范、马、朱氏所藏,终不逮远矣。欧阳子云:足吾所好终老焉可也,遑计其他乎![1]

---

[1] 程晋芳:《勉行堂文集》卷二《严东有诗序》。

记载藏书源流和经历,自称 13 岁开始嗜好异书,"家所故藏五千六百余卷,有室在东偏,上下楼六间,庭前栽杂桂树,名之曰'桂宧。'"虽然桂树之花,没有牡丹那样华丽,没有梅花那样鲜艳,没有夜来香那样芬芳,更没有昙花一现那样美丽,但它以独特的朴素、淡雅、清幽,曾经凝聚了不少文人在这里吟诗作对切磋琢磨,如赵翼、袁枚、蒋士铨等,阅读图书,共论学术,以活跃创作气氛推动文学艺术提高和繁荣。

徽州歙县藏书家汪梧凤,其藏书楼取名为"不疏园"。汪梧凤在《勤思楼记》中阐述道:"先君子治田为园,之所以以'不疏园'命名,园北有堂,颜之曰不疏,盖取陶诗'暂与田园疏'意而反之,亦欲使后之读书其中者,常守厥志,不致苟于利禄,而饕餮于宠荣也。""不疏"二字原是取为堂名,意在让后人读书其中,时刻警觉,不要疏远田园,而一意追逐功名利禄。修建了一座典型徽派风格的"不疏园",成为文人雅士研学、藏书、聚会的场所。汪梧凤时"不疏园"发展到鼎盛时期,其学术交流在《戴震全集(二)》中有高度评价:"吾郡僻陋,士之欲通经学道者,无从得师,即书亦难得。江慎修崛起于婺源,休宁戴震东原继之,天下推为儒宗,然成之者,实为歙汪梧凤氏,先后礼致二人,斥千金购书,招士之好学者相与讲贯其中,业成散去。"不疏园的优雅环境,促使"有志于学"、"不同乎俗"者,成就其学术理想。正如汪梧凤之子汪灼所撰写《半隐阁赋》中所说:"先大父于南垞之偏,治田为园,颜之曰不疏,与陶诗'暂与田园疏'之意异矣。又于西隅五丈地建半隐阁。阁半与四部之书楼通,半府曲池之外,其形虽椭,亦足以偃仰栖焉。先君子读书其上几三十年,沟可乐也。"①而"四部书楼"也称作"勤思楼",楼中收藏有"二十四橱书",它是不疏园中最主要的藏书楼,意在供后人偃仰本息、读书其中。

据民国《歙县志》载:"不疏园在西溪,汪梧凤故宅。梧藏书甚富。江慎修于此著《乡党图考》并讲学。戴东原辈时来就学,郑虎文、刘大櫆、汪容甫、黄仲则均尝集此。咸丰时园毁。"②从以上记载可以看出,不疏园是当时徽派朴学重要阵地,所以,吸引许多国内学术大师前往学习和研讨。而汪梧凤曾先后从淳安方柔如学制义,从婺源江永学治经,从桐城刘大櫆学古文。所以郑虎文在《汪明经松溪行状》则道:"不疏园者,其祖读泉明'渐与田园疏'之句感而颜其别业为

---

① 汪灼:《渔村文集》卷二《半隐阁赋》。
② 民国《歙县志》卷七。

君勐也。君子是足亦不出园者十二年,遂终焉。"又说:"生平于书无所不观,而《尔雅》《说文》、三《礼》、三《传》《史记》、西汉八家之文皆有是正论说,惜尚未有成书,其成者惟《诗学女为》一书。"概述汪梧凤家族特别崇儒好学,而不疏园有丰富藏书,是文人、学者读书、聚会的好地方,园中"诵习有诗书,切磋有师友",是徽州学术文化活动发展的一个重要窗口。

徽州祁门人马曰琯、马曰璐兄弟,自祖父起迁寓扬州,从事盐业贸易,至马曰琯、马曰璐时,经过三代人的努力经营,家资已达巨万,成为扬州著名盐商大贾。然而,汪氏兄弟将一部分资金投入到藏书和刻书事业中。马家居扬州东关街中段,内有别墅、园林和藏书楼,并有觅句廊、红药阶、石屋、看山楼、七峰草堂等十二美景。而且私家藏书数量之多,质量之高,有藏书百橱,多达10余万卷,其藏书"甲大江南北"之誉。因园中有一太湖石,玲珑剔透,外形奇异精美,故园内藏书楼取名"小玲珑山馆"。马氏兄弟以古书、朋友为命,不遗余力地访书、购书、抄书,孜孜不倦地读书、校书,毫不保守地将丛书楼的大门向学者名士敞开。他们儒雅好文,擅长诗词,广交天下文友,乐善好施,时称"扬州二马"。马氏兄弟热情好客,不少诗人、学者如全祖望、陈撰、厉鹗、金农、陈章、姚世钰、郑板桥等既是小玲珑山馆的座上客,又是藏书楼的老读者,他们以此为中心雅集唱和,切磋诗艺,研究学术,彼此激发,相互扶持。利用小玲珑山馆的丰富藏书,完成了自己的学术成就。

全祖望是马家常客并且成为马氏兄弟好友,对小玲珑山馆的一草一木感情深厚,他在撰写《丛书楼记》中这样写道:"其居之南有小玲珑山馆,园亭明瑟,而峭然高出者,聚书楼也。迤叠十万馀卷。予南北往还,道出此间,苟有宿留,未尝不借其书,而巇谷相见寒暄之外,必问近来得未见之书几何,其有闻而未得者几何,随予所答,辄记其目,或借钞,或转购,穷年兀兀,不以为疲。其得异书,则必出以示予,……百年以来,海内聚书之有名者,昆山徐氏、新城王氏、秀水朱氏其尤也。今以马氏昆弟所有,几几过之。"真实记录下马氏兄弟嗜书如命的真实写照。马氏兄弟与全祖望还有一段感人深厚的友谊,在乾隆十九年(1754),全祖望在故里得了目疾,生活和著述极其不便,马氏兄弟得知消息后立即写信请他来扬州养病,并拿出千金为他延请名医治疗。但全祖望在扬州仍然七校《水经注》和《困书纪闻三笺》,兼补《宋元学案》。此年冬,马氏兄弟送全祖望归里。第二年六月,全祖望病故,临终前嘱托弟子董秉纯将所抄文集交"小玲珑山馆"藏书楼。另外,马曰璐还率同社为全祖望料理后事。

关于小玲珑山馆的建筑和园中设计,马曰璐在《小玲珑山馆图记》中说:"余家自新安侨居是邦,房屋湫隘,尘市喧繁,余兄弟拟卜筑别墅,以为扫榻留宾之所。近于所居之街南,得隙地废园,地虽近市,雅无尘俗之器,远近隔街,颇适往还之便。竹木深幽,芟其丛荟,而菁华毕露。楼台点缀,丽以花草,则景色胥研。于是,东眺蕃釐观之层楼高耸,秋萤与磷火争光;西瞻谢安宅之双桧犹存,华屋与山丘致慨;南闻梵觉之晨钟,俗心俱净;北访梅岭之荒戍,碧血永藏。以古今盛衰之迹,佐宾主杯酒之欢。余辈得此,亦贫儿暴富矣。于是鸠工匠,兴土木,竹头木屑,几费经营,掘井引泉,不嫌琐碎,从事其间,三年有成。中有楼二:一为看山远瞩之资,登之则对江山,约略可数;一为藏书涉猎之所,登之则历代丛书,勘校自娱。有轩二:一曰透风披襟,纳凉处也;一曰透月把酒,顾影处也。一为红药阶,种芍药一畦,附之以浇药井,资灌溉也。一为梅寮,具朱绿数种,塍之以石屋,表洁清也。阁一,曰清响,周栽修竹以承露;庵一,曰藤花,中有老藤如怪虬。有草亭一,旁列峰石七,各撞其奇,故名之曰七峰草亭。其四隅相通处,绕之以长廊,暇时小步其间,搜索诗肠,从事吟咏者也,因颜之曰觅句廊。将落成时,余方拟榜其门为街南书屋,适得太湖巨石,其美秀与真州之美人石相埒,其奇奥偕海陵之皱云石争雄。虽非娲皇炼补之遗,当亦宣和花纲之品。米老见之,将拜其下;巢民得之,必匿于庐。余不惜赀财,不惮工力,运之而至。甫谋位置其中,藉他山之助,遂定其名小玲珑山馆。适弥伽居士张君过此,挽留绘图。只以石身较岑楼尤高,比邻惑风水之说,颇欲尼之。余兄弟卜邻于此,殊不欲以游目之奇峰,致德邻之缺望,故馆既因石得名,图已绘石之矗立,而石犹偃卧,以待将来。若诸葛之高高卧隆中,似夷之蛰隐少室,余因之有感焉。夫物之显晦,犹人之行藏也。他年三顾而南阳兴,五雷震而西华显,指顾间事,请以斯言为息壤也可,图成,遂为之记。"此图记反映马氏主人十分殷勤好客,对南来北往的人,只要在诗、书、画、印上有一技之长,都愿意交往和容纳,便提供吃住,同时也将小玲珑山馆描绘出一幅最美的画卷。

小玲珑山馆常客厉鹗,从雍正四年(1726)就住在马曰琯的街南别墅,长达20余年。厉鹗在这里汇编了《宋诗记事》巨著。对马氏园林的优美环境,赞叹不已,并先后为马氏园林题诗12首。

小玲珑山馆:	凿翠架檐楹,虚敞宜晏坐。题作小玲珑,孰能为之大。
丛书楼:	世士昧讨源,泛滥穷百氏。君家建斯楼,必自巢经始。
透风透月两明轩:	前后风直入,东西月横陈。主即如谢阆,客合思许询。

觅句廊:	步檐何逶迤,昼静无剥啄。	好句忽园时,花阴转斜桷。
红药阶:	种从亳州移,不是刘郎谱。	春风一尺红,阶前晕交午。
石屋:	窊豁似天造,华阳南便门。	寻仙恐迷路,不敢溷云跟。
看山楼:	青山复何在,烟雨晦平陆。	待得晚秋晴,徙绮阑干曲。
七峰草亭:	青峭落窗中,修修竹风举。	悠然欲揖之,恍见林下侣。
梅寮:	绕舍玉梢发,嫩寒先起探。	绝胜尘土客,落月梦江南。
清响阁:	横琴小阁闲,希声寄弦指。	萧蓼不可名,松风乱流云。
浇药井:	久视托灵苗,仰流资灌溉。	际晓辘轳声,众芳欣所在。
藤花庵:	依格青条上,垂檐紫萼斜。	天然妙香色,合是佛前花。

小玲珑山馆成为众多文士生死相依的地方,文人们深深地沉浸在小玲珑山馆良好的氛围里,共同研究,充分发挥出自己的优势与特长,为中华文化的发展做出贡献。

第三节　藏书家在版本、校勘、目录诸学上的成就

清代徽州藏书家不仅在保存中国传统文化、传承文明方面做出了贡献,而且在版本、校勘及目录诸学方面也非常有突出成就。他们以多收藏宋本书为骄傲,视宋元刻本为珍贵书籍,而宋代刻本基本为官刻、私刻和坊刻三大类型。官刻是指由中央政府各机构、地方各政府、各级官学多以国子监为名的刻书。官刻一般具有刻印精美、校勘审慎的特点,又因官刻有雄厚的财力支援,不需顾及成本,因而刻本品质优良。而私刻和坊刻财力虽不及政府,但刻书人不以赢利为目的,而是考虑书的质量、版本以及种类数量为宗旨。

清代歙县藏书家鲍廷博,虽嗜书如命,从事藏书、刻书事业,而对刊刻的图书也特别注重版本、校勘方面的问题。如刊刻一书,遇到一字之疑,一行之缺,必博征以证之,广询以求之,寻找多家版本以校勘,力争刊刻无谬误。乾隆三十九年(1774),鲍廷博为校对《庶斋老学丛谈》,听人说钱塘汪启淑有善本,并携礼欣然去借,然而汪氏以秘而不宣为借口,拒绝外借,此事对鲍廷博刺激很大,感慨良深。且说:"往读某公所著《清暇录》(即汪启淑著),历数近来藏书家,而自述其储蓄之富,曾几何时,已散为烟云矣,渺兹一粟,漂流沧海中,杳不知其所之矣。因慨死生旦暮,聚散无常,予家所藏异时岂能独保,徒令后人复衰后人耳。间常语儿辈,与其私千万卷于己或子孙不为之守,孰若公一二册于人,与奕

裸共永其传,此区区校刻丛书之苦心,窃欲共白于当世,而一为之劝也。"①从这段话可以看出,鲍廷博对刻书的态度,认真严谨、一丝不苟、精益求精的进行校勘工作。另外,也流露出对同行藏书家汪启淑秘不肯宣的行为的不满和愤慨。宋刘昌诗,江西清江人,曾撰写《芦浦笔记》,据刘昌诗自叙,笔记是他做盐官时所写,并说"芦浦乃廨宇之攸寓云",芦浦是他的官署,《芦浦笔记》由此得名。此书很多部分是纠正吴曾的《能改斋漫录》的失误,但其主要的史料价值集中体现在补阙《宋史》记载的空白与考证科举史实两个方面。此外,书中还有部分内容为史料辨伪的绝好例证,书中还保留了宋代的一些珍贵史料及逸闻轶事,因而备受推崇,具有不容忽视的珍贵史料价值的笔记。此书世面上流传甚少,而鲍廷博对该书极其重视,对校勘可谓孜孜不倦,日积月累,认真精审。在版本、校勘方面采用最佳版本为底本,合理注释,添加按语等,以确保原著正确性和准确性。正如鲍廷博自己所说:"旧本转写承讹袭谬,是编每刻一书,必广借诸藏书家善本参互校雠,遇有互异之处,择其善者从之,义皆可通者两存之,显然可疑而未有依据者仍之,而附注按语于下。从未尝以己见妄改一字,盖恐古人使事措辞,后人不习见,误以致疑,反失作者本来也。详慎于写样之时,精审于刻竣之后,更番铅椠,不厌再三,以期不负古人。间有未尽,则几尘风叶之喻,前人已难之矣。"②鲍廷博在校勘、版本上遇到问题时,所采取的办法:"择其善从之"、"两存之"、"仍之",反映其刊刻态度严谨,校勘精细,所得之书,必广借善本,参互考订,极受时人赞叹。藏书家吴翌凤则称鲍氏:"得本之精,雠校之审,视毛氏有过之无不及也。"所谓毛氏,即明末常熟人毛晋,是藏书家、刻书家,汲古阁是毛氏刻书、藏书处,故名。吴翌凤认为鲍氏刻书超过了毛晋汲古阁刻书。

　　宋孙奕撰《履斋示儿编》,是一部具有特色的宋代学术笔记,自宋代流传清朝,因年代久远,几经辗转,又经人修改,漏字错字很多,已远非其本来面貌,再加上疏于校雠,讹谬百出,舛误颇多,唯恐贻误后人,鲍廷博担心自己在校勘和版本上不能完全纠正错误,特请孙志祖、卢文弨、顾广圻等人相互雠勘,帮以纠正,然后鲍廷博将此书刻入《知不足斋丛书》,终于有一种如释重负的感觉,非常欣慰地说道:"既思予老而食贫,旧学荒落,精神亦渐衰减,使非简香力任剞劂,不过藏之箧衍,徒饱蠹鱼,久且化为烟云,将诸君子校勘苦心,终付之无何有之

---

①　鲍廷博:《庶斋老学丛谈·序》,《知不足斋丛书》第二十三集。
②　鲍廷博:《知不足斋丛书》凡例。

乡。非涧蘋悉心经理,佐予不逮,则风庭落叶扫除不尽,几何不为潘本之续,再为后人口实耶!用是聊以自慰,又以庆是书之遭。"①虽然老而食贫,精神亦渐衰减,但好古之心的初衷和流传千古的鸿鹄之志不变。鲍廷博精于校雠、熟悉版本,而且兢兢业业,废寝忘食的校勘态度令人敬佩。如王鸣盛《知不足斋丛书》序称赞道:"吾友鲍君以文与予订交一星终矣。其为人淹雅多通,而精于鉴别,所藏书皆珍钞旧刻,手自校对,实事求是,正定可传。"顾广圻《知不足斋丛书》序也说:"某称说一书,辄举见刻本若抄本、校本凡几,及某刻本如何,某钞本如何,不爽一二也。每定一书,或再勘三勘,或屡勘数四勘,祁寒毒暑,舟行旅舍,未尝造次铅椠去手也。"

鲍廷博对书的校勘可以说是呕心沥血,一丝不苟,精益求精,尽可能让书上的错误降至最低,经他校勘的图书很少有差错。鲍廷博还邀请一些懂专业的专家为他校勘图书,如请史学家钱大昕校《后汉书年表》,医家魏之琇校《名医类案》,算学家丁传校《五曹算经》,天文学家李锐校《测圆海镜细草》,请卢文弨校勘《游宦纪闻》等。功夫不负有心人,鲍廷博校勘的图书在藏书界、学术界获得了"无一讹字"的美誉。

陈第(1541—1617),明代福州连江(今福建省福州市)人,是军事家、音韵学家和藏书家。他唯书是癖,为书而活,书就是他的生命,凡遇书就买,家藏书万余卷,其中300多种为稀世珍本,建有藏书楼"世善堂"。多年的收藏积累,自编有《世善堂藏书目录》2卷,分类亦不按四部,先分经、四书、子、史、集,各家共6类,下再分小类。该目比以前各私家书目录较详,立类亦不同。然而这本藏书目录,实际上是一本历史上难得一见财产账本式书目,一直是以原稿本的形式存世,鲍廷博以"按其目求之,积四十年,一无所得,则当时散落,诚可惜也。特刊其目,附以丛书。"②鲍廷博刊刻陈第藏书目录,并得以广为流传,更重要的是保存了一份珍贵的文献书目,为后人窥知其藏书概貌及学术价值提供了原始资料。

鲍廷博在校勘、版本等书籍上取得如此辉煌成绩,主要有以下几方面的原因:

首先,鲍廷博深受徽州文化的影响,喜爱读书,有渊博的文化知识。尤其是

---

① 鲍廷博:《履斋示儿编》序,《知不足斋丛书》第二十五集。
② 鲍廷博:《世善堂藏书目录》卷后,《知不足斋丛书》第十九集。

广泛搜罗和接触各类古籍,涉及经史子集无所不读,据史料记载,阮元在《知不足斋鲍君传》一文里说:"元在浙,常常见君,从君访问古籍,凡某书美恶所在,意旨所在,见于某代某家目录,经几家收藏,几次钞刊,真伪若何,校误若何,无不矢口而出,问难不竭。古人云'读书破万卷',君所读破者,奚翅数万卷哉!"①清代学者翁广平也认为:"(鲍廷博)生平酷嗜书籍,每一过目,即能记其某卷某页某讹字,有持书来问者,不待翻阅,见其板口,即曰此某氏板,某卷刊讹若干字,案之历历不爽。"②可以看出鲍氏悉心勘定,记忆力超强,也真异于常人。

其次,严谨求实、认真敬业的校勘态度。校勘之事,看似雕虫小技,人人可为之,实则确非易事,它要求从事校勘者,应具有全面的文化史知识和深厚的文献学功底,才能扎实做好这项工作。校勘起源于春秋时期,到清代校勘学达于鼎盛,名家辈出。鲍廷博对校勘严谨求实、认真敬业的态度,每校勘一书,都要进行多次校对,不厌其烦,不分寒暑,彻夜不眠,经他校勘的书,都有较高的文献价值,备受世人推崇,受到广泛关注。鲍廷博非常认真校勘古书,常常达到痴迷的地步,往往校勘一本书,遇到一个疑惑之字,总是忧心忡忡,忧愁到"废寝忘食"的程度,便到处寻找有关证据,打听原版的下落,这种严谨认真的校勘精神,受到学者王鸣盛好评:"为人淹博多通而精于鉴别,所藏书皆珍抄旧刻,手自校对,实事求是。"③

第三,坚持不懈、锲而不舍的精神。清代藏书家翁广平称赞鲍氏说:"朝夕雠校,寒暑不辍,数十年如一日。"可见,鲍氏对校勘呕心沥血,字斟句酌,一丝不苟。从三十岁之后,鲍氏就踏上校书这条漫长的人生之路,把毕生心血都献给校勘事业。鲍廷博搜求各种版本,致力于编辑、诠释、校勘,正讹补缺,书写题跋。特别是到八十多岁高龄时,还依然手不释卷,潜心典籍,孜孜不倦地勤奋校勘,据史料记载:"于是又欲刊竣廿七、廿八两集,亲自校对廿七,将刊成,忽患心痛症,自知不起,命士恭继志续刊,无负天语褒奖之意,言讫而卒。"④可想而知,鲍廷博长年累月校勘图书,特别是在第二十集所收《芦浦笔记》,鲍氏整整经历了 35 个春秋的校勘,使之成为善本。

扬州徽籍马氏兄弟(马曰琯、马曰璐)在藏书的同时,也注重对图书的校勘

---

① 阮元:《揅经室二集》卷五《知不足斋鲍君传》。

② 翁广平:《听莺居文抄》卷二十《鲍渌饮传》

③ 王鸣盛:《知不足斋丛书》第六集卷首。

④ 李桓:《国朝耆献类征初编》卷四二一,台北明文书局 1985 年版,第 252 页。

和版本的鉴定工作,在这方面,马曰琯特聘请当地著名学者厉樊榭、陈授衣、江宾谷等,为其校雠,同时,有时也亲自参与。马氏兄弟藏书文化内容丰富,认真仔细辨别每一本书,对版本的整理与考订特别讲究,清代学者全祖望评价马氏校雠时说:"珠帘十里,箫鼓不至,夜分不息,而双灯炯炯,时闻雠诵,楼下过者,多窃笑之,以故其书精核,更无讹本。"①此言绝非溢美之辞,马氏兄弟正是利用家藏图书,精准校雠,不断提高自己的学术理论和诗歌创作水平。由于马氏刻书版本精核,而且装帧精良又无讹本,刊刻图书多种,刻有《说文解字》、《玉篇》、《广韵》、《字鉴》及诗文集若干种,又曾为朱彝尊续刻《经义考》后 120 卷,这是一部研究古代经学派别、经义和版本目录的重要参考书。他们所刻之书,校勘之精,版式之美,均属上乘,当时被誉为"马版"。

马氏兄弟藏书丰富,又肯广泛借阅,当时社会上的学者名流愿与交往,以求借阅其书,同时还愿意资助出版学术著作。马曰璐根据家藏图书,还编辑《丛书楼书目》,一方面是将藏书登记在册,以了解藏书概况。另一方面是方便文友查阅,使书尽其用。虽然《丛书楼书目》后来失传,但通过《四库全书总目》可窥视"两淮马裕家藏本"书目和存目的统计,马曰璐之子马裕进献而被采用的书籍达776 种之多,为当时全国私人藏书之最。其中收入《四库全书》就有 144 部,另有 225 部被列入《四库全书存目》。据《四库全书总目》著录,马氏藏书有 373 种子 529 卷,其中经部 57 种 670 卷,史部 123 种 1 658 卷,子部 43 种 731 卷,集部150 种 2 470 卷,其中明代以前的版本就有 127 种。著名的藏书家及出版家叶德辉(1864—1927),曾拜读丛书楼的版本,十分钦佩马氏兄弟,认为他们是兼考订、校雠、收藏、鉴赏于一身的优秀藏书家和刻书家。

祖籍安徽徽州休宁人吴骞,后定居浙江海宁,居于新仓里小桐溪。吴骞一生与官场无缘,酷爱藏书,曾言藏书的价值:"非特装潢端整,且多以善本校勘,丹黄精审,非世俗藏书可比。至于宋元本、精钞,往往经名人学士赏鉴题跋,如杭堇甫、卢抱经、钱辛楣、周松霭诸先生,鲍渌饮、周耕崖、朱巢饮、张芑堂、钱箓窗、陈简庄、黄荛圃诸良友,均有题识,尤足宝贵。故余藏书之铭曰:'寒可无衣,饥可无食,至于书不可一日失。此昔贤诒厥之名言,允可为拜经楼藏书之雅率。'"②这种对藏书锲而不舍的执著精神特别难能可贵。吴骞除藏书家头衔之

---

① 全祖望:《丛书楼记》。
② 吴骞:《愚谷文存》卷十三《桐阴日省编》。

外，还是清代著名校勘目录学家。清著名文学家、藏书家钱泰吉曾言吴骞："兔床（吴骞）先生生平得一异本，必传示知交，共相抄校，非私为己有者，其所题记，正讹纠谬，既详备矣。世之君子，得读其文。已如目睹旧本，获益神知，何必私有其书，而后快然自足耶。"①吴骞拜经楼藏书有人说不下五万卷，甚至说有十万卷，拜经楼藏书可见一斑。吴骞不但善于藏书，而且善于读书、抄书和校书。在他家藏书中，有四十五种宋元椠本；旧抄本、抄本、自抄本、影宋抄本一百五十余种，还有稿本十六七种。经他亲自校书多达五六十种之多；稿本有十六七种。当吴骞刊刻成书以后发现错误或漏遗，必予更正和补入重刻，使书籍更趋完美。吴骞曾借用卢文绍宋本《谢宣诚集》为底本进行几种版本校对工作，并刊刻成书。到次年得知黄尧圃家有两宋本《宣诚集》，而且是最佳版本，并借阅重新校对《谢宣诚集》，发现刊本与两宋本有出入，在两宋版本中多序跋各一篇，在重新刻版补入其中，可见，吴骞在版本校雠过程中的严谨作风。管庭芬《拜经楼藏书题跋记》跋文称吴骞"迨后搜讨益勤，兼于吴门、武林诸藏书家，互相钞校，并与同邑周松霭大令、陈简庄征君，赏奇析疑，获一秘册，则共为题识歌诗以纪其事"。陈鳢称吴骞"四座宾朋春载酒，一楼灯火夜雠书"，这脍炙人口的佳句，可以说是吴骞勤奋抄书、雠书的真实写照。

吴骞校书声名甚著，《海昌艺文志》卷十三谓其"居乡与同里陈简庄、周松霭诸君子日事校雠，不予户外事"。查揆《筼谷诗钞》卷十六称吴骞"校雠友鲍卢，根柢溯许郑"等所咏多为吴骞校书事。《拜经楼藏书题跋记》卷一《晚书订疑》中，其子寿畅云："钞本《晚书订疑》三卷，程廷祚撰。先君子校正，并多订补。"关于《笠泽丛书》有抄本七卷加补遗一卷本、十七卷本等多种版本，经吴骞以《直斋书录解题》、《文献通考》考证，当为七卷本，"十"为衍字；又如《纪锦裾》顾氏新雕本"裾"作"裙"，吴骞校以吴融诗，"裙"非"裾"是。故吴骞所校《笠泽丛书》人称"皆确不可易"，可证其校书功力。吴骞逝世后，其子寿畅承父遗志，汇辑成《拜经楼藏书题跋记》五卷，著录拜经楼藏书精品，汇集其父吴骞及众多名人学士的鉴赏题识，包括杭世骏、卢文弨、钱大昕、朱型家、陈鳢、鲍廷博、黄丕烈等当时最优秀的版本、校勘学者的研究成果。

吴骞拜经楼藏书多达十万卷，是其一生心力之结萃。吴骞与儿辈辑录《拜经楼书目》，著录珍藏 1 000 余种。其中，四卷本依四库分类，经部约 200 种，史

---

① 钱泰吉：《拜经楼藏书题跋记·序》，《丛书集成初编本》。

部 150 种,子部 250 种,集部 550 余种。吴骞生前有遗嘱,《拜经楼书目》自序中曾言:家资产业,二子寿照、寿旸作两均摊,分授二子。藏书不拆,为公同阅看,若得后代增益,则望永远保藏。差能效宁波范氏天一阁代不分书则尤妙。又谆谆嘱二子:昔人有言,遗子籯金,不若教子一经。后人若不知宝爱藏书,使之散为过眼云烟,是真愚子弟。① 吴骞拜经楼藏如遇善本图书,倾囊相购,并以毕生心血校勘精审。

第四节　藏书家汇辑大型丛书

清代徽州藏书家大部分都具有一个共同特点,就是善于运用"以散为聚"的收藏思想。"以散为聚"最为突出的表现就是将毕生精力搜求众本、善本、古本等书籍,相互雠校,正讹补缺,然后将收藏的图书进行刻印,汇辑成大型丛书。

鲍廷博将收藏的珍籍数百种图书,从乾隆四十年(1775)起直到嘉庆十九年(1814)止,鲍氏共刊刻汇辑《知不足斋丛书》第 27 集,心脏病突然发作,在弥留之际,还念念不忘刻书之事,并嘱托其子士恭将这套丛书刻完,"言讫而瞑,时手中尚执卷未释"。鲍廷博为弘扬传统文化殚精竭虑,耗尽家资,鞠躬尽瘁地走完人生。历经五十年祖孙三代的努力,终于刊刻编辑《知不足斋丛书》,共 30 集,收书 208 种(含附录 12 种),内容广泛。该丛书有其特点:所收诸书皆为首尾完整的足本,多流传稀少的抄本,校雠精准。

清代许多学者如钱大昕、李调元、王鸣盛等都推崇此《丛书》,并视鲍廷博为藏书、刻书之泰斗。李调元说:"近年来海内皆推崇鲍氏所刻《知不足斋丛书》善本。"鲍氏刊刻《丛书》一个重要目的就在于把珍本秘籍公之于世,以嘉惠后学,"使承学之士,得所观摩"。《知不足斋丛书》具有重要的文献价值和学术价值。

第一,《丛书》保存了一批重要有价值的文献,宋叶绍翁《四朝闻见录》、宋蔡绦《铁围山丛谈》、宋桑世昌《兰亭考》、宋俞松《兰亭续考》、北齐颜之推《颜氏家训》、宋王辟之《渑水燕谈录》、明程明政《宋遗民录》、宋释文莹《玉壶清话》、宋吴可《藏海诗话》、宋岳珂《愧郯录》、宋徐兢《宣和奉使高丽图经》等均编入《丛书》,具有很高的史料价值。

第二,《知不足斋丛书》的刊刻,因是精选、精校和精刻高质量的丛书,主要

---

① 顾志兴:《杭州藏书史》,中国社会科学出版社 2011 年版,第 115 页。

选择经史、考订、金石、地理、算书、诗文集、书目和医学等方面专著,具有很高的学术价值,便很快闻名遐迩,深受天下学人的喜爱。《丛书》中的《世善堂藏书目录》,是明代著名的古文献学陈第据自家藏书编定的,因所藏之书均是善本珍籍,所以此书目在目录学史上占有重要的地位。鲍廷博一生为刊刻丛书可以说是呕心沥血、鞠躬尽瘁,他为后世研究我国古代的政治、经济、人文、地理等方面提供了宝贵的文献资料,为中华文化流传千古做出了巨大贡献,永为后世学人所景仰。

清初徽州藏书家张潮也是一个文献编辑家和出版家。他把毕生精力投入到图书编刻事业,刊印了《虞初新志》、《昭代丛书》、《檀几丛书》等大型丛书。

《虞初新志》是张潮收集明末清初文人短篇小说集,汇为一编,共20卷,全书载文150余篇,所收作品都出自明末清初时文人之手,特别是对一些名士著作的收集,如钱谦益、周亮工、李渔、魏禧、余怀、吴梅村、吴伟业、侯方域、王士禛等。正如《虞初新志·自序》言"其事多近代也,其文多时贤也"。其内容大抵是真人真事。而且不少篇章用小品文的笔调,写不平凡的人物故事,引人入胜。其代表作有:《姜贞毅先生传》、《徐霞客传》、《柳敬亭传》、《郭老仆墓志铭》、《剑侠传》、《九牛坝观觝戏记》、《琵琶艺人》、《义虎计》、《八大山人传》、《毛女传》、《奇女子传》、《雷州太守》、《核舟记》等最为突出。这些作品反映明清朝代更迭之际社会乱象丛生,塑造一批具有当代传奇色彩的人物传记,记载了社会大变革时代士人生活风貌和复杂的心态。《虞初新志》从编辑到刊刻,先后历经二十余载。该书在选编的内容和形式上创造出一种新的风格,也体现了编者深厚的文学素养和独特的艺术追求。它的问世,在文言小说编纂史上呈一种别开生面的崭新容貌,创立了一种独具品格的小说体类,标志着"虞初"体小说的正式诞生。

另外,张潮对中华文化的贡献还在于编辑《昭代丛书》,是编凡甲、乙、丙三集,每集各50卷,每卷为书一种,扬州诒清堂刻。这里要说明一下,《昭代丛书》由于版本的不同,所汇编的集也不一样,康熙至道光时的版本乙集只有40卷40种,而道光以后乙集才有50卷50种。以"昭代"二字为书名,彰显对当朝的恭维、歌颂之意。据甲集《序》云:"昭代之兴,已历五十余载,不特武功之盛为前代所莫大,而文教之隆尤觉超越往古,良由圣天子加意右文,以故英才辈出,而诸先达复相与倡帅风雅,于赓歌扬拜之余,声教所通,渐摩日久,虽遐陬僻壤,莫不家敦弦歌而户浃诗书,猗欤休哉,斯何道之隆也!"张潮热情赞扬康熙、乾隆年间文化事业繁荣昌盛。尤其是在乙集《序》还进一步指出当时文人的作品,百花齐放,涉及许多领域,"我国文治聿隆,超轶往代。天地精华之所酝酿,咸成就于文人之笔端,而务如其量以赴之。其为类也不一,其为体也各殊,而无不足以广见闻而资学问。窃尝取而观之,则有若穷经之文,补史之文,乾象之文,坤舆之文,感遇之文,掌故之文,记事之文,论文之文,砺德之文,保身之文,谈禅之文,博古之文,娱情之文,格物之文,其无所不有也,至于如此之盛!"因此,在康乾盛世的文化背景之下,《昭代丛书》在编辑上采用"博"与"广"务实精神,书中博众家之长,创自己特色,收集科学家、重要学者、词章家、艺术家、著名医生、能工巧匠等著作,反映当时社会变革、学术研究、西学东渐和政治、经济、文化兴旺发达各个层次的情况。

以"实用"为宗旨,这是张潮编辑《昭代丛书》的亮点所在。张潮在编辑《昭代丛书》时,就立志反对墨守成规、发扬传统、推陈出新,开一代新文风的积极示范作用。并在《昭代丛书》序中深有感触地说:"明季诸儒,拘泥夫玩物丧志之说,早年专事帖括,举业而外,大都不以寓目,苟问以礼、乐、兵、农,则茫然不知所置对,将格物穷理之谓何。"张潮汇编丛书的目的就是注重实用,本着"有体有用"原则进行选书,使丛书的内容与现实生活密切联系,深受学者和广大读者的欢迎。

《昭代丛书》创造性的编纂,也风靡当时,影响很大,为后者树立丰碑。张潮去世后,乾隆三十八年(1773),藏书家、学者江苏吴江人杨复吉,按照《昭代丛书》样本续编出丁、戊、己、庚、辛五集,每集50卷,也遵循张潮"有益于人生日用"的原则进行编辑。至道光二十四年(1844),常州沈茂德又续编出壬、癸两集,终于完成十集天干之数,总计洋洋五百卷,数千万言,成为清代杂著丛书中最负盛名的皇皇巨帙。《昭代丛书》规模宏大,内容丰富,保留了许多有价值的文献,张潮对这部巨著的首创之功,将会永远彪炳史册。

另外,张潮和王晫还编辑《檀几丛书》,有初集、二集和余集。本书收录157种笔记杂著,皆国朝诸家杂著,初集、二集均各50卷,各收小品50种;余集分上下卷由王晫完成,收小品杂著47种附10种。内容涉及文学艺术、哲学历史、民俗风情、山水花鸟、生活文化等。

《檀几丛书》所收集的内容为:初集《三百篇鸟兽草木记》、《月令演》、《历代甲子考》、《二十一史征》、《黜朱梁纪年论》、《韵史》、《释奠考》、《庐传纪事》、《丧礼杂说》、《丧服或问》、《锦带连珠》、《操觚十六观》、《十七帖述》、《龟台琬琰》、《稚黄子》、《东江子》、《续证人社约诫》、《家训》、《高氏塾铎》、《余庆堂十二戒》、《犹见篇》、《七劝口号》、《元宝公案》、《联庄》、《琴声十六法》、《鹤龄录》、《新妇谱》、《新妇谱补》、《新妇谱补》、《美人谱》、《妇人鞋袜考》、《七疗》、《郁单越颂》、《郁单越颂》、《雁山杂记》、《越问》、《真率会约》、《酒律》、《酒箴》、《舫政五十则》、《广抑戒录》、《农具记》、《怪石赞》、《惕庵石谱》、《端溪砚石考》、《羽族通谱》、《兽经》、《江南鱼鲜品》、《虎丘茶经注补》、《荔枝话》。二集《逸亭易论》、《孟子考》、《人谱补图》、《教孝编》、《仕的》、《古观人法》、《古人居家居乡法》、《幼训》、《少学》、《俗砭》、《燕翼篇》、《艾言》、《训蒙条例》、《拙翁庸语》、《醉笔堂三十六善》、《七怪》、《华山经》、《长白山录》、《水月令》、《三江考》、《黔中杂记》、《苗俗纪闻》、《念佛三昧》、《佛解六篇》、《渔洋诗话》、《文房约》、《蕈溪自课》、《读书灯》、《学画浅说》、《广惜字说》、《古欢社约》、《彷园清语》、《鸳鸯牒》、《祴庵黛史》、《小星志》、《艳体联珠》、《戒杀文》、《九喜楬记》、《行医八事图》、《雪堂墨品》、《漫堂墨品》、《水坑石记》、《琴学八则》、《观石录》、《红术轩紫泥法定本》、《阳羡茗壶系》、《洞山岕茶系》、《桐阶副墨》、《南村舫政》、《鸽经》。余集《山林经济策》、《读书法》、《根心堂学规》、《家塾座右铭》、《洗尘法》、《香雪斋乐事》、《客斋使令反》、《一岁芳华》、《芸窗雅事》、《菊社约》、《豆腐戒》、《清戒》、《友约》、《灌园十二师》、《约言》、《诗本事》、《剑气》、《石交》、《灯谜》、《宦海慈航》、《病约三章》、《艮堂十戒》、《妇德四箴》、《半庵笑政》、《书斋快事》、《负卦》、《古今外国名考》、《广东月令》、《黔西古迹考》、《明制女官考》、《五岳约》、《揽胜图》、《南极诸星考》、《引胜小约》、《酒警》、《酒政六则》、《酒约》、《彷园酒评》、《篇二约》、《小半斤谣》、《四十张纸牌说》、《选石记》、《美人揉碎梅花回文图》、《西湖六桥桃评》、《竹连珠》、《征南射法》、《黄熟香考》。附政《纪草堂十六宜》、《课婢约》、《报谒例言》、《谄卦》、《书本草》、《贫卦》、《花鸟春秋》、《补花底拾遗》、《玩月约》、《饮中八仙令》。

从以上丛书目录来看，《四库全书总目》提要似乎对《檀几丛书》评价不高，甚至怒斥为"务为纤佻之词"、"猥鄙"、"伤风化"、"其书可烧"、"秽简牍"等词语，恶意中伤《檀几丛书》，这是带有偏见的思维。虽然丛书收有闲极无聊的小品，但也收集不少颇有价值的名家著述。如二集中毛奇龄《三江考》、阎若璩《孟子考》、王士禛《渔洋诗话》等，因此，不能否认丛书具有一定的版本价值和学术价值。丛书专辑不同内容、不同文笔的杂著小品，以适应不同读者的不同需要，使"读是编者，迷者读之而悟，俭者读之而腆，愁者读之而喜，狂者读之而息，拘者读之而旷,躁者读之而静……孤者读之而偶,怯者读之而壮",充分发挥文章育人的作用。

藏书家吴骞将收集书籍汇聚刊刻《拜经楼丛书》。此书初名为《愚谷丛书》,并无总目,且当时仅记 5 种:即《陶靖节诗注》、《谢宣城集》、《诗谱补亡后订》、《国山碑考》、《桃溪客语》。其余随到随刻,成书于乾隆嘉庆年间。光绪十一年(1885)章氏(浙江会稽章寿康)刊刻时,辑录 7 种,二十年(1894)吴县朱记荣重辑 10 种,1922 年上海博古斋影印时,并吴氏原刊本,增辑至 31 种,书目如下:《重刊拜经楼丛书》7 种:《陶靖节诗注》、《谢宣城集》、《逸书》、《诗谱补亡后订》、《国山碑考》、《桃溪客语》、《阳羡名陶录》。《重定拜经楼丛书》10 种:《陶靖节诗注》、《谢宣城集》、《逸书》、《诗谱补亡后订》、《国山碑考》、《桃溪客语》、《阳羡名陶录》、《蠡湖渔乃》、《扶风传信录》、《拜经楼集外诗》并附《珠楼遗稿》。《重校拜经楼丛书》10 种,增至 31 种:《陶靖节先生诗、补注》、《谢宣城诗集》、《逸书》、《诗谱补亡后订》、《国山碑考》、《桃溪客语》、《阳羡名陶录》、《蠡塘渔乃》、《拜经楼诗集、续编、再续编》、《拜经楼诗话》、《哀兰绝句》、《万花渔唱》、《愚谷文存》、《西湖苏文忠公祠从祀议》、《拜经楼藏书题跋记》、《棠湖诗稿》、《蜀石经毛诗考异》、《扶风传信录》、《南宋方炉题咏》、《论印绝句》、《海潮说》、《拙政园诗集》、《拙政园诗余》、《静庵塍稿》、《玉窗遗稿》、《梅花园存稿》、《王节愍公遗集》、《珠楼遗稿》、《许氏诗谱钞》、《孙氏尔雅正义拾遗》、《孟子外书》。所辑之书,逐渐增加,由初刻 5 种增至 31 种。《拜经楼丛书》具有校勘精善和学术价值,而且也是善本古籍中的稀世之珍。

第五节　藏书家对《四库全书》的贡献

中国是一个文献积累丰富、传播历史悠久的国家。清代乾隆时期编纂的《四库全书》,就是中国文化史上空前的杰作,被学术界誉为"千古巨制"、"文化渊薮"的东方文化金字塔。《四库全书》纂修是一项巨大的文化工程,当时的徽州人在许多方面都做出了突出的贡献,尤其是徽州藏书家进献的书籍在《四库全书》中占有一定的比例,而且具有很高的学术价值。

四库全书馆是负责纂修《四库全书》的组织机构,在这个机构中,也简要介绍一下徽州人占有一席之地。副总裁官曹文埴是歙县人,乾隆二十五年进士,时为经筵讲官、户部侍郎、户部尚书。总阅官汪廷玙、汪永锡为歙县人。汪廷玙乾隆十三年进士,时署工部侍郎。汪永锡乾隆十九年进士,时为内阁学士兼礼部侍郎。翰林院提调官是负责提取翰林院书籍,有曹城、戴衢亨。曹城是歙县人,乾隆三十六年进士,时为翰林院编修,官终吏部侍郎。戴衢亨,休宁人,乾隆四十三年进士,时为军机处行走、翰林院修撰,官终体仁阁大学士。总目协勘官汪如藻、程晋芳分别为休宁人和歙县人。汪如藻时为文渊阁校理、翰林院编修。程晋芳入馆前为吏部主事,非翰林官,为总裁等人推荐入馆,特旨改授翰林院编修、文渊阁校理。校勘《永乐大典》纂修兼分校官有黄轩、戴震、汪如洋等,都是休宁人,黄轩是乾隆三十六年进士,时为翰林院修撰、上书房行走。戴震受乾隆特召入馆,赐同进士出身,授翰林院庶吉士。汪如洋,乾隆四十五年进士,时为翰林院修撰,官云南学政。缮书处分校官又兼纂修有徽州人:金榜、汪学金、戴心亨、戴均元、凌廷堪、程昌期、吴蔚光、吴绍浣、金光悌、鲍之钟、洪梧、汪锡魁等,这些官员和学者在国内都享有很高名望,他们的入选,无疑是对纂修工作的大力支持,同时也是确保在学术上、质量上把握好这一浩大工程。尤其像戴震、程晋芳、金榜、洪梧等,是当时学术界顶级人物,其学术成果历历可考,通熟经史,精于训诂、考据,为清代学术昌盛发展之砥柱,称一代人才之盛。

清代官员和藏书家为了响应乾隆下诏征集图书,在京徽州籍官员主要有六位献书,他们是黄登贤、汪如藻、程晋芳、程景伊、戴震、汪承霈。黄登贤,歙县人,乾隆元年进士,官至山东学政,登贤与其父皆喜藏书,精于校勘,藏书名为万卷楼、养素堂,献书299种。汪如藻,休宁人,乾隆四十年进士。其家累世藏书,有裘杼楼、小方壶等藏书楼,修《四库全书》时,汪如藻献家藏书271种,著录152种,2 154卷,入存目55种。乾隆三十九年(1774)五月十四上谕点名表彰:"又进书一百种以上之江苏周厚堉、蒋曾莹,浙江吴玉墀、孙仰曾、汪汝瑮,及朝绅中黄登贤、纪昀、励守谦、汪如藻等,亦俱藏书旧家,并著每人赏给内部初印之《佩文韵府》各一部,俾亦珍为世宝,以示嘉奖。"①

附:《四库全书总目》著录汪如藻家藏本152种

经部:《尚书详解》50卷、《周秦刻石释音》1卷、《尚书谱》5卷、《周礼集说》10卷、《诗韵辨略》2卷、《类音》8卷。

史部:《补后汉书年表》10卷、《班马异同评》35卷、《孤臣泣血录》

---

① 永瑢、纪昀等编修:《四库全书总目》卷首,中华书局1965年版。

1 卷、《南流录》2 卷、《窃愤录》1 卷、《使金录》1 卷、《草庐年谱》2 卷《附录》2 卷、《岳庙集》4 卷、《历朝玙鉴》4 卷、《宋季三朝政要》6 卷、《乌台诗案》1 卷、《断碑集》1 卷、《吴越世家疑辨》1 卷、《庚申外史》2 卷、《高丽史》2 卷、《韩柳年谱》8 卷、《东京梦华录》10 卷、《游城南记》1 卷、《艮岳记》1 卷、《杂志》1 卷、《秘书监志》11 卷、《籀史》1 卷、《经厂书目》1 卷、《碑目》3 卷、《金石表》1 卷、《宋纪受终考》3 卷。

子部：《印薮》6 卷、《荔枝通谱》16 卷、《读书随记》1 卷《续记》1 卷、《剩语》1 卷、《琳琅代醉编》40 卷、《艺圃蒐奇》18 卷《补缺》2 卷、《敏求机要》16 卷、《经世编》12 卷、《杜韩集韵》3 卷、《夷坚支志》50 卷、《谈薮》1 卷、《养疴漫笔》1 卷、《过庭纪念》3 卷、《释氏稽古略》4 卷。

集部：《浣花集》10 卷《补遗》1 卷、《春卿遗稿》1 卷、《祖英集 2 卷、《钱塘集》14 卷、《乐全集》40 卷《附录》1 卷、《演山集》60 卷、《姑溪居士前集》50 卷《后集》20 卷、《乐静集》30 卷、《竹友集》10 卷、《沈下贤集》12 卷、《咏史诗》2 卷、《梁溪集》180 卷《附录》6 卷、《筠溪集》24 卷、《欧阳修撰集》7 卷、《缙云文集》4 卷、《夹漈遗稿》3 卷、《海陵集》23 卷《外集》1 卷、《野处类编》2 卷、《诚斋集》133 卷、《北溪大全集》50 卷《外集》1 卷、《方泉集》4 卷、《白石诗集》1 卷附《诗说》1 卷、《平斋文集》32 卷、《清献集》20 卷、《翠微南征录》11 卷、《安晚堂诗集》7 卷、《方壶存稿》8 卷、《后村集》50 卷、《芸隐横舟稿》1 卷、《芸隐仙游稿》1 卷、《西塍集》1 卷、《梅屋集》5 卷、《勿斋集》2 卷、《文信公集杜诗》4 卷、《蠹斋铅刀编》32 卷、《慈湖遗书》18 卷《续集》2 卷、《叠山集》5 卷、《须溪四景诗集》4 卷、《云泉诗》1 卷、《覆瓿集》6 卷、《秋堂集》3 卷、《古梅吟稿》6 卷、《柴岩诗选》3 卷、《陵川集》39 卷《附录》1 卷、《屏岩汪稿》1 卷、《谷响集》3 卷、《竹素山房诗集》3 卷、《牧潜集》7 卷、《宁极离稿》1 卷附《慎叟遗稿》1 卷、《芳谷集》2 卷、《申斋集》15 卷、《文安集》14 卷、《所安遗集》1 卷、《鲸背吟集》1 卷、《五峰集》6 卷、《午溪集》10 卷、《清江诗集》10 卷《文集》31 卷、《刘彦昺集》9 卷、《草泽狂歌》5 卷、《春草斋集》10 卷《附录》1 卷、《希淡园诗》3 卷、《吕次儒集》1 卷、《山谷刀笔》20 卷、《林泉结契》5 卷、《友石山人遗稿》1 卷、《龟巢集》17 卷、《复古诗集》6 卷、《延平文集》3 卷《附录》2 卷、《别本卢川归来集》6卷、《剪绡集》2卷、《水云村泯稿》2卷、《别本松雪斋集》2卷、《花溪集》2卷、《元释集》1卷、《林公辅集》3卷、《檗庵集》2卷、《石西集》8卷附《崇礼堂诗》1卷、《梧江杂咏》1卷、《农务集》3卷、《王鲁公诗抄》1卷、《松陵集》10集、《唐四僧诗》6卷、《薛涛李冶诗集》2卷、《西昆酬唱集》2卷、《南岳酬唱集》2卷附录1卷、《诗家鼎脔》2卷、《两宋名贤小集》1卷、《后村诗话前集》2卷《后集》2卷《续集》4卷《新集》6卷、《修辞鉴衡》2卷、《回文类聚》4卷《补遗》1卷、《月泉吟社》1卷、《天籁集》2集、《风雅遗音》2卷、《蕉窗蒽隐词》1卷、《方壶词》3卷、《水云词》1卷。

程晋芳,歙县人。他在纂修《四库全书》期间,他专程回乡挑出大量世所罕见的珍本秘籍献出"桂臣"藏书多达 350 种,其中有 183 种书籍共 332 卷被用作辑编《四库全书》的底本。另有 167 种书籍被作为存目编入《四库全书总目提要》中。

徽籍祁门人马曰琯、马曰璐用在扬州经营盐业所得巨资广泛购求典籍,达十万卷之多,其藏书楼为"小玲珑山馆"、"丛书楼"。乾隆皇帝征集《四库全书》时,马曰琯令其子献书 776 种,为全国私人献书之冠,受乾隆皇帝褒奖,赐《古今图书集成》一部,共 5 020 册,马曰琯装成 520 匣,贮藏 10 柜,供奉正厅,后继赐《平定伊犁诗三十二韵》、《平定金川制诗六十韵》、《得胜图》32 幅等。马家"皆装成册页,供奉其家"。

汪启淑献书 524 种(一说 600 余种),《四库全书》著录 265 种,3 412 卷,存目 199 种,著录数量仅次于范懋柱、鲍士恭、马裕等家,也得朝廷御赐《古今图书集成》一部。另外,乾隆帝还亲笔在其中的元刘一清撰《钱塘遗事》和唐许嵩撰《建康实录》两书上题诗归还。乾隆四十五年(1780),第五次南巡后,为奖勤其藏书、献书之功,又赐送《平定伊犁战图》和《小金川战图》各一部,以资鼓励。为此,汪启淑在家特建御书楼加以宝藏。

藏书家鲍廷博为响应乾隆皇帝征天下遗书,命子士恭献家藏书 626 种送交浙江学政王杰进呈于四库全书馆,成为全国献书最多的四家之一。由于鲍廷博所献多为宋元善本,质量精好,故为《四库全书总目》著录鲍廷博家藏本 382 种,3 631 卷,5 种无卷数,其中经部 10 种,96 卷;史部 62 种,571 卷;子部 140 种,905 卷;集部 170 种,2 059 卷。列入存目 131 种,达到《四库全书》著录总数的

34%，鲍廷博献书大多属善本。乾隆在三十九年(1774)五月十四日上谕云："今阅进到各家书目，其最多者如浙江鲍士恭、范懋柱、汪启淑、两淮之马裕四家，位数至560种，皆其累世弄藏，子孙恪守其业，甚可嘉尚。"可见，当时全国私人献书500种以上只有四家，徽州占三家，其中马家献书最多，鲍家献书数量少于马氏，屈居第二，而质量则为翘首，且大多属善本，汪家最专，均俱特色。由于鲍廷博献书有功，赢得朝廷褒奖，乾隆三十九赐予内府编纂的中国最大的一部类书《古今图书集成》、内府初印本《佩文韵府》各一部。第二年，在发还所进书籍，内有《唐阙史》、《武经总要》二书，乾隆皇帝分别题诗一首，其中一首云：

> 知不足斋羡不足，渴于书籍是贤乎？
> 长编大部都庋阁，小说卮言亦入厨。
> 阙史两编传摭拾，晚唐遗迹见规模。
> 彦休自号参寥子，参得寥天一也无。

皇帝亲笔题诗，可谓是崇尚之荣，传为书林佳话。乾隆四十五年，第五次南巡，鲍廷博"迎銮献颂"，获赏大缎两匹。后又获赐《伊犁得胜图》、《金川得胜图》等。乾隆帝还仿鲍氏藏书楼建内府藏书处亦称为知不足斋。不久，鲍廷博又收到御赐的具有中西绘画风格的铜版名画《平定回部得胜图》和《平定两金川战图》各一套，每帧画上均留有乾隆皇帝的诗文墨迹，是收藏艺术珍品。

据粗略统计，《四库全书》收编历代著作3 461种，录入存目书名便多达6 793种，总目合计著录10 254种。而徽州人的著作编入《四库全书》195种，录入存目256种。从《四库总目提要》查出署名徽州人著作，而在其他资料中查出为《四库总目提要》漏署、错署及寓外的徽州人著作共计451种。徽州人著作占《四库全书》著录总量的1/23(4.4%)、占收编著作的1/18(5.6%)，这个比例对一个徽州地区来说是相当大的数字了。当时清代内地18个行省240多个州府，徽州内地著作收入《四库全书》的比例与一个行省的平均数相当，超出州府平均的10倍。徽州人著作在整体上有很高的质量，如朱熹、程大昌、朱升、赵汸、程瞳等的理学，罗愿、程敏政的方志学，都是代表当时最高学术权威，最有影响力，至今仍闪耀着光辉。

第五章 徽州藏书家传播徽州文化

清代徽州藏书藏,不仅保存许多有价值的历史文献资料,而且也传承和传播徽州文化。因此,深入开展徽州藏书文化研究,可以了解徽州人藏书、刻书、读书情况,他们以传播文化为己任,汇聚独具特色的藏书创新文化之路。徽州人藏书活动促进了自身的文化修养,提高了徽州人的"儒雅"气质和文化品位。徽州人以藏书为纽带,为自身树立了良好的形象,扩大了社会影响。徽州藏书家对保存和传播我国传统文化做出了不可磨灭的贡献。

第一节 藏书家绝大多数是出身于商贾之家

清代徽州地区是商贾之乡,也是一个文化底蕴深厚的礼仪之邦。徽州商人不仅创造了物质财富,同时也创造了许多精神财富,并将巨大财富投入到藏书文化建设中。其藏书文化特点表现为:藏书家绝大多数出自于商贾之家,既是商人又是藏书家和刻书家。

藏书家鲍廷博就出身商贾之家。世居徽州歙县长塘村,故常自称"长塘鲍氏",可以说是"经商世家"。鲍廷博祖父鲍贵经商,从事冶炼、制造铁器之类的行业。父亲鲍思诩在浙江经营盐业。虽然鲍思诩是个商人,但却嗜好读书,可以说是儒贾世家,家资雄厚,文化素质较高,善于经营,知识面广,具有典型的"贾而好儒"徽州商人特点。鲍廷博嗜书如命,"见秘籍必典衣购之"①,嗜书之情由此可见一斑。他凭借家产积蓄,不惜重金,数十年如一日,千方百计搜求各种珍本秘籍。鲍廷博的好友朱文藻对其有全面地介绍,云:

> 三十年来,(鲍廷博)近自嘉禾、吴兴,远而大江南北,客有旧藏抄

---

① 徐世昌:《清儒学案》卷一二五《思适学案·鲍先生廷博》。

刻异本来售武林者,必先过君之门。或远不可致,则邮书求之。浙东西藏书家,若赵氏(昱、信兄弟)小山堂、卢氏(文弨)抱经堂、汪氏(宪及子汝瑮)振绮堂、吴氏(焯及子城)瓶花斋、孙氏(宗濂)寿松堂、郁氏(礼)东啸轩、吴氏(骞)拜经楼、郑氏(性)二老阁、金氏(德舆)桐华馆,参合有无,互为借抄。至先哲后人家藏手泽,亦多假录,一编在手,废寝忘食,丹铅无已时。一字之疑,一行之缺,必博征以证之,广询以求之,有得则狂喜,如获珍贝;不得虽积思累月不休。溪山薄游,常携简策自随。①

以上是朱氏全面介绍鲍廷博藏书的真实情况,一是购书,二是邮寄,三是借钞,四是至"先哲后人家"访钞书籍。同时也说明鲍氏家族有雄厚的资产作为藏书的后盾,以商业致富而又投身藏书文化事业,这是大部分徽州藏书家的共同特点。

马曰琯、马曰璐兄弟原籍安徽祁门,为当地望族。自祖父起即徙居扬州,业盐于两淮,获利巨大,为清代两淮著名的大户盐商。马曰琯、马曰璐继承祖业,不仅成为世袭盐商大贾,而且也是闻名遐迩藏书家、诗人和乐善好施的富商名流,也是举世闻名的儒商,捐资开扬州沟渠,筑渔亭孔道,设义渡,造救生船,造福一方百姓,其慷慨好义的名声远为传播,兄弟二人同以诗名,人称"扬州二马"。据清代文学家、藏书家、画家杭世骏道:"君讳曰琯,字秋玉,姓马氏,系出汉新息侯援。迄宋末,造丞相廷鸾,隶籍鄱阳,生五子,季为端益,始迁婺,再传为真三,始籍祁门,世遂为祁门人。曾祖大极,前明诸生。祖承运州倅,始家于扬,考谦州司马,两世皆以君贵,赠朝议大夫。妣洪氏、妣陈氏皆封恭人。洪恭人生二子,长子曰康,早殇;次曰楚,以后世父。陈恭人君及昆弟曰璐。"②

歙县藏书家程晋芳也是出身盐商世家,程氏家族到程晋芳的高祖程量人,始自歙迁扬州业盐,程晋芳祖父程文阶又由扬州迁居淮安。文阶字羽格,生二子,长梦州,号迁益,即为程晋芳之父,也是从事盐业贸易。由此可见,程家自高祖以来到程晋芳世代业盐,家资豪富,程家生活也极其奢侈起来。所以袁枚道:"乾隆初,两淮殷富,程氏尤豪侈,多蓄声色犬马,君独惜惜好儒,罄其资购书五

① 朱文藻:《知不足斋丛书·序》,载《知不足斋丛书》第一集。
② 杭世骏:《道古堂集》卷四十三《朝议大夫候补主事加二级马君墓志铭》。

万卷,招致方闻辍学之士,与共讨论,海内之略识字,能握笔者,俱走下风,如龙鱼之趋大壑。"① 这反映了当时扬州富裕盐商们的生活,同时也看到程晋芳是一个贾而好儒的商人。他把大量的资金投入到文化产业,收藏书籍。

张钧衡先祖是安徽休宁人,康熙年间迁到浙江,世代经商并以盐业致富。祖父张颂贤,字竹斋。同治初年平定太平天国后,颂贤受浙江巡抚委办恢复浙西盐场的户销,使得"商利益滋,官课以充,而公之家亦日丰"。祖父张颂贤经营盐业贸易取得成功,获利巨大,成为"南浔四象"之一。张钧衡的父亲张宝庆,字质甫,也是继承祖业。张钧衡在家属独生子。钧衡幼年授经学,笃嗜典籍,对本邑先辈鲍廷博、刘桐、严可均等仰慕不已。因此,将其家雄厚资产,大举收购图书。他不惜重金收购善本、古本和孤本。先后收有朱氏"结一庐"、张氏"小琅环福地"、吴氏"拜经楼"、顾氏"芝海楼"、韩氏"读书用书斋"、杨氏"观海堂"等藏书家的旧藏。所以,张钧衡的"适园藏书楼"得以与蒋汝藻"密韵楼"、刘承干"嘉业堂藏书楼"并称于世,为南浔清末民初四大藏书家之一。

汪启淑徽州歙县棉潭人,汪氏家族是家财巨富的几代盐商,积累了巨额金银。汪启淑寓居杭州,官至工部都水司郎中。生平爱好文学,好藏书,嗜古成癖,尤爱收藏古籍书画、印章、古玩。经济上宽裕,为汪启淑的爱好打下坚实的基础。汪启淑家中的"开万楼"在清代藏书楼中有一定的地位,他在自己的著述《水曹清暇录》中说道:"江浙藏书家,向推项子京白雪堂、常熟之绛云楼、范西斋天一阁、徐健庵传是楼、朱竹垞曝书亭、毛子晋汲古阁、曹倦圃古林、钮石溪世学堂、马寒中道古楼、黄明立千顷斋、祁东亭旷园。近时则赵谷林小山堂、马秋玉玲珑山馆、吴尺凫瓶花斋及予家开万楼。"汪启淑将自己的藏书楼与"绛云楼"、"天一阁"、"传是楼"、"曝书亭"等并称于世,虽说有点自夸,也是符合事实的。清乾隆年间修《四库全书》,全国藏书家中献书最多的为四家,汪启淑即其中之一。乾隆皇帝在三十九年(1774)五月十四日乾隆上谕中称:"今阅进到各家书目,其最多者如浙江之鲍士恭、范懋柱、汪启淑、两淮之马裕四家,为数至五六七百种,皆其累世弆藏,子孙克守其业,甚可嘉尚。"②可见,汪启淑家藏图书无论是数量还是质量,在当时藏书界都是排在前列的。

歙县藏书家汪梧凤也是出身富裕盐商家庭,汪家是当时地方显赫一时的名

---

① 袁枚:《小仓山房文集》卷二十六《翰林院编修程君鱼门墓志铭》。
② 《四库全书总目》卷首。

门望族。祖父汪景晃(1666—1761),原名晃,字明若,号旭轩。二十二岁时,弃文从商,从事卖布行业,几十年下来,赚了不少钱。据民国《歙县志》卷九载:(汪景晃)"业贾三十年,年五十,以生产付子孙,专务利济。族之茕苦者,计月给粟,岁费钱百五六千。设茶汤以待行旅,岁费钱六七千。冬寒无衣食,给之衣,岁费钱约五十千。疾病无医药者,给以药。贫不能亲师者,设义馆,岁费钱约二十千。死而无棺者,给之棺。岁岁行之,至年九十时,所费以万余计,给三千余棺。"从以上各项数据统计来看,景晃每年的支出将近三百千,在五十到九十岁之间的四十年中,总花费大约二万千之上。可想而知,景晃家财如此巨额。不仅如此,汪景晃还为戴震等人在"不疏园"中学习提供大力资助。史载:"汪氏父子礼致学者在园中(指不疏园)诵习讲贯,饮食供具唯所欲,又斥千金买书。……所召致的徽州本地学者有江永、戴震、郑牧、汪肇龙、程瑶田、方矩、金榜等。"这些都是要耗费大量的钱财的,"振穷济困"的义举,故以义行著于郡邑。在《刘大櫆集》卷八中也得到了验证:"年二十二,弃儒术,操百缗以往,贾于渐之兰溪,及艾而归里,则尽家事于其子,而一以施济为己事。"如果家庭没有如此财富,是不能完成这样的善举的。到汪景晃儿子汪泰安时,即汪梧凤的父亲,家庭财富得到进一步发展,并投资建造"不疏园",园内有勤思楼、黄山一角、六宜亭、山响泉、不浪舟等十二景。汪泰安还特别"斥千金"购大量图书,因此,园内有丰富的藏书,并聘江永、戴震等学者来此授徒讲学。祖父汪景晃创造了财富、父亲汪泰安建造园林和购大量图书。到汪梧凤时,"斥千金置书"、"招好学之士"、"礼聘学者"等举措,为打造"不疏园"学术平台和藏书基地奠定坚实的基础。

清代歙县藏书家张潮,出身于官宦世家,而且自己就是一个盐商。张潮之父张习孔为清朝一个廉洁奉公的正直官员,然而在仕途上辗转十几年后,于顺治十六年(1659)侨居扬州,建立了一个藏书和刻书为主的"诒清堂",因此,张习孔成为当时著名的藏书家和刻书家。父亲去世之后,张潮继承父业,也来到扬州接管"诒清堂",并将大部分时间用在藏书、刻书、编书和著述之上。然而收藏图书和刻书都需要一定的经济实力作后盾,张潮的父亲去世之后,家境又开始走下坡路,在这样家庭经济条件下,无力从事藏书和刻书活动。在很多史料中,也没有发现有关张潮所从事的行业。然而张潮在晚年著作《尺牍偶存》中,还是发现张潮经商的一些蛛丝马迹。此书中,收进他写给曹寅的一封信,说:"弟是邗江鹾业全在汉上,尤为剥肤"。"鹾业"即盐业;"剥肤",指一直伤害到肌肤。这番话是说他在扬州、淮安运河地区的盐业市场,遭受了重大损失。这表明张潮就是一个名副其实的徽州盐商。

以上所论述的徽州藏书家,由于大多出身富裕家庭和自身商业活动,再加上本人酷爱藏书,为收藏图书提供了坚实的基础。

第二节　徽商创造巨大财富投资文化产业

明清时期的徽州商人,不仅创造了物质财富,而且也创造了精神财富。徽州商人称雄商界数百年,成为全国十大商帮翘首之一,这与他们"贾而好儒"特色是分不开的。他们或是"先儒后贾",或是"先贾后需",或是"亦贾亦儒",这种"贾"与"儒"结合,便是徽商的"儒商"的内在根据。如在徽州黟县古民居村落西递村有这样一副楹联:"读书好,营商好,效好便好;创业难,守成难,知难不难","几百年人家无非积善,第一等好事只是读书"等透出深刻的哲理,反映了徽商贾而好儒、崇文重学的思想。然而,徽商致富之后非常重视文化建设,特别热衷捐资兴学、藏书刻书、修建祠堂、修桥修路,邀请名人讲学,培养子弟读书入仕,谋求政治地位的提高,同时也促进了地方经济的繁荣,孕育了一大批国家的杰出人才。如清代徽商江春,为清乾隆时期"两淮八大总商"之首,身任盐业总商长达40年,然"老而归儒"、"雅好诗书",好藏书。在扬州客居地建起"秋声馆",广交天下儒士名流,并成为乾隆皇帝的文友,留下了"布衣交天子"的佳话,成为"天下最牛徽商"。最典型的是徽商程晋芳,程氏是新安大族,在瞬息万变的商品市场上程晋芳能审时度势,精于策划,具有洞察力和判断力,当致富之后,就弃贾服儒,将绝大多数财富投入到藏书刻书、编书著述等文化产业。罄其资购书五万卷,不是自己占有,而是供那些想读书的人来读,有很多贫穷的读书人到他这里读书,还享受食宿待遇,还能与他交流学问。自撰《桂宦藏书序》,记其藏书源流和经历,自称13岁开始嗜好异书,"家所故藏五千六百余卷,有室在东偏,上下楼六间,庭前栽杂桂树,名之曰'桂宦'。"由于他弃商从文,罄资购书,疏财交友,家道逐渐衰落,袁枚称他"胜喜泛施,有求必应。己囊已竭,乞诸其邻,久之,道负山积"。程晋芳虽然生于盐典富商之家,但他为人豪气真挚,出于天性,嗜书籍若饥渴,视朋友如性命,各地学人乐与之结识交游,就连素来厌恶盐典商人的吴敬梓也能与他结为忘年之交。

鲍廷博家世代经商,祖父鲍贵、父亲鲍思诩,均"服贾寓于浙",家饶财资,所以藏书、刻书、编书均有足够的经济实力,投入文化产业。例如:乾隆十六年

（1751）购得明张时昇刻宋谢翱《晞发集》;三十六年十月购得杭世骏古道堂藏本清虞稷《千顷堂书目》,三十七年四月以重金购得元许有壬《至正集》。四十四年从吴江沈氏购得宋本宋钱文子《补汉兵志》。五十四年于苏州购得汲古阁刻本宋龚明之《中吴记闻》。嘉庆十六年购得嘉庆七年抄本佚名《汴都遗闻》等。如果遇到珍贵的又不曾见过的书籍,手头拮据,鲍廷博就会毫不犹豫地把值钱的衣服拿去变卖,也要把书买下来,"见秘籍必典衣购之"。鲍廷博不惜重金,不吝啬钱财,数十年如一日,访书不懈,对于书的痴迷使其名声斐然,故当时近则嘉兴、吴兴,远自大江南北有旧藏抄刻异本到杭州求售者,必先到鲍家让其先挑选。有时鲍廷博闻知外地有人售书,还会千方百计通过信函求购,如此所得珍秘善本甚多。购书是鲍廷博聚书的主要方式,于是节衣缩食,告贷不惜,只要能获得自己喜爱的图书,在所不惜。鲍廷博又与赵氏小山堂、汪氏振绮堂、孙氏寿松堂等藏书名家参合有无,互为借抄。对那些家有先哲遗稿的,鲍廷博也总是设法抄录,每得一书,如获至宝,欢喜若狂。

扬州徽州盐商马曰琯、马曰璐兄弟藏书名扬海内,如有珍稀古籍善本,不惜千金购之。

正如冯尔康先生在《明清时期扬州的徽商及其后裔述略》一文中所 说:"办学之外,盐商还以其资力从事学术活动,延揽学者,进行学术研讨,搜集图书和编辑出版","所谓诗文之会,实际是讲一些绅商招募宾客,研究学术和文艺"。可以说,扬州的盐商尤其是徽商举行的诗文之会是徽商在江南地区的学术文化活动中比较具有典型意义的。清代李斗认为:"扬州诗文之会,以马氏小玲珑山馆、程氏篠园及郑氏休园为最盛。"① 仅从扬州一地的情况,我们便可以看出扬州学术文化的繁荣与徽商的积极参与和推动是密不可分的。尤其是徽商所举行的诗文之会这项学术文化活动,更是促进了扬州及其附近地区学术文化活动的繁荣,扬州学派的形成与此不无一定的关系。梅花书院,明嘉靖年间在扬州建,初名甘泉书院,又名崇雅书院,明末废。雍正十二年（1734）马曰琯出资重建,所谓"独任其事,减衣节食,鸠材命工,……不期月而落成"②,定名梅花书院。徽商兴建的书院不但为其子弟读书应试服务,也为文人士子提供了就学机

---

① 冯尔康:《明清时期扬州的徽商及其后裔述略》,载《徽学》2000 年卷,安徽大学出版社 2001 年版。
② 光绪《增修甘泉县志》卷十六《学校》,成文出版社"中国地方志丛书"本,第三册第1074 页。

会。马曰琯、马曰璐的藏书楼是清代学者全祖望经常光顾的地方,曾这样描写:
"予南北往还,道出此间,苟有宿留,未尝不借其书。而嶰谷(马曰琯)相见,寒暄
之外,必问近来得未见之书几何,其有闻而未得者几何,随予所答,辄记其目,或
借钞,或转购,穷年兀兀,不以为疲。其得异书,则必出以示予,席上满勘碧山朱
氏银槎,侑以佳果,得予论定一语,即浮白相向。方予官于京师,从馆中得见《永
乐大典》万册,惊喜贻书告之,半查(马曰璐)即来问写人当得多少,其值若干,从
臾予甚锐。予甫为钞宋人周礼诸种而遽罢官,归途过之,则属予钞天一阁所藏
遗籍,盖其嗜书之笃如此。"①以上是全祖望真实地描写了马氏兄弟嗜书、访书、
购书、钞书等详细情况,其执着的藏书精神令人钦佩。清代著名学者阮元有一
段精彩的评价马氏兄弟佳话:"征君昆弟业鹾,赀产逊于他氏,而卒能名闻九重,
交满天下,则稽古能文之效也。当时拥重赀过于征君者,奚翅什佰,至今无人能
举其姓氏矣。"②从上可知,马曰琯、马曰璐兄弟所收藏图书达十万余卷,投入了
大量资金,为文化的繁荣做出重要贡献。

　　"寒可无衣,饥可无食,至于书,不可一日失"是徽州藏书家吴骞的藏书座右
铭,也是他藏书生涯的真实写照。据清人钱泰吉著《海昌备志》载:"(吴骞)笃
嗜典籍,遇善本倾囊购之弗惜。所得不下五万卷,筑拜经楼藏之。晨夕坐楼中,
展诵摩挲,非同志不得登也"。为了收藏图书,不惜钱财,倾囊购之,建"拜经楼"
收藏,聚书数十万卷,丹黄甲乙,排列几筵。据吴骞《海宁经籍志备考·序》中
说:"予于海昌先贤著述,搜访垂数十年,露抄雪购,颇费苦心。"吴骞对藏书事业
的情趣和志向,成为书林界的佳话,流传甚广。吴骞一生与仕途无缘,仅得"明
经"而已。然而他的志向不在"觅封侯",而是专心于"问奇书且校雠"。其藏书
中南宋版《乾道临安志》、《淳祐临安志》、《咸淳临安志》是我国古方志中的珍
品,并藏有元刊本逾千部。与黄丕烈、陈鳣为密交,陈鳣还专门备船一条,名"津
逮舫",三人经常一起乘坐"津逮舫"外出访书和读书论学。三人互相访书、借
书、校书,感情深厚。

　　徽州商人投资文化产业,除了一些大商人之外,还有一些小商人也热衷藏
书和刻书,将财富投资文化产业。例如:徽州祁门人倪望重,字仲荣,号愚山,一
生酷爱书籍,家有求我斋书室,藏书 150 余柜,中多宋元旧本,于光绪十年

---

① 全祖望:《鲒埼亭集外编》卷十七,清嘉庆十六年刻本。
② 阮元:《淮海英灵集》乙集卷三,清嘉庆三年小琅嬛仙馆刻本。

(1884)耗银万两,在家乡渚口村兴建藏书楼,其子倪启佑又增购大量近代图书收藏,人称"万卷楼"。郑侠如,字士介,号俟庵,歙县长龄桥人,祖父和父亲均业盐于扬州,凭借家庭富饶,在扬州建造"休园",占地50亩。郑侠如有个人生箴言:"粗茶淡饭饱即休,补破遮寒暖即休,三平两满过即休,不贪不妒老即休"。"休园"的命名饱含了郑侠如的人生哲学,即淡泊名利,知足常乐。在休园中有楼阁亭台之胜,又有丛桂堂,藏书极富。经常邀请天下文人墨客到园林作客,为天下文人提供活动场所、资金,提供丛桂堂藏书。清代学者黄宗羲晚年好聚书,搜抄稀有书籍,于鄞县范氏天一阁之外,特别是多从郑氏丛桂堂借抄,可见,郑侠如私家藏书丰富。鲍志道,字诚一,号肯园,歙县棠樾人。早年因家道中落弃学去鄱阳学会计。数年之后辗转浙江、江苏佐人经营盐业,后独自经营盐业,家富饶,推为两淮总商20年。志道虽巨富,但生活勤俭,重礼好义,为世人称道。处事明敏,乐善好施,在扬州铺设康山以西至抄关抵小东门砖石路面;建12门义学,供贫家子弟就读。在故乡歙县,同曹文埴等乡士大夫一起倡议复建古紫阳书院,还独自捐银3 000两作为该院生员的生活费用;捐银8 000两,用以修复山间书院。黄履晟,字东曙,号晓峰,歙县人。与其弟履暹、履灵、履昂皆扬州盐商巨富,有"四元宝"之称。黄氏兄弟贾而好儒,爱藏书、刻书,且尝以千金购得秘书一卷。刻《水经注》、《太平广记》、《三才图会》等书。胡珽,字心耘,原籍休宁人,居于吴中,官至太常博士。父胡树声,字震之,又字雨棠。喜藏书,家有琳琅秘书,所购多宋、元旧本,不吝值,或用手自缮写誊录,积至千百卷。胡珽喜收宋元旧本,手自校雠,手自抄录古籍,达千百卷,建"琳琅秘室",专藏宋元善本。专收宋元旧刻及流散的书籍,并遍加校勘。收有宋本《石林奏议》、元本《草堂雅》、明刻《东观余论》等。道光中辑印有《琳琅秘室丛书》4集30种,以木活字排印。所收偏重于掌故、说部、释道等方面的书,均据宋元旧本、影抄本、旧抄本用活字翻印,有谬误之处撰《校勘记》加以订正,由宋于庭、徐山民为作序。家藏抄本有宋释道潜《参寥子集》12卷、元顾瑛《草堂雅集》30卷等。

徽州商人投资文化产业,体现了徽商"贾而好儒"的特色之一。徽州地区本是一个"虽十家村落,亦有讽诵之声"的"习尚知书"之地。被誉为"文献之邦"的徽州人,从小就师承名门,耳濡目染、潜移默化地接受良好的教育和学习。长大之后,不少人或因"家道中落",被迫辍学,所以弃儒从商,便是"先儒而后贾"者。然而富裕之后,还是"贾而好儒",在人们的思想中存在"藏金不如藏书"的观念,在家境宽裕和条件比较好的情况之下,家家户户都爱藏书,而且讲究"精而博"，都以"家藏万卷"为荣。徽商的藏书活动促进了自身的文化修养，加深了徽商的"儒商"的气质，推动了该地区文化事业的进一步发展，形成了商业发展与文化发展相互促进的态势，带动了徽州地区经济文化的整体进步和繁荣。

第三节　"贾而好儒"是徽商推动文化对外发展的主观动因

"贾而好儒"是徽商推动徽州文化发展的主观动因。徽商作为一支重要的商帮，其活动范围"几遍宇内"，所谓"山陬海涯无所不在"，在全国各地，尤其是江南省份，素有"无徽不成镇"之说。徽商经营能力之强，从业人数之多，可谓"前世不修，生在徽州，十三四岁，往外一丢"。说明明清徽州地区男子到了十三四岁就要到外出当学徒学做生意。徽商以自己的杰出实践，实现了雄踞中国三百年的辉煌，在商界首届一指，成为中国封建社会经济发展史上的一大奇迹。

徽商一个明显的特色就是"贾而好儒"，"贾儒结合"便是徽商为"儒商"的内在根据。徽商中不乏饱学之士，少年时就习儒，只因"士而成功者十之一"，所以很多人长大之后服贾经商，然对儒学仍情有独钟，便亦贾亦儒，爱好文化，重视学习知识，形成商人与文化相互依存、相互促进、共同繁荣的良性发展。

徽商不是一个单纯的以经商营利为目的的商帮，他们推尊文化，重视知识，恪守崇儒重教的不变传统，因此，与文化有着不解之缘，认识到商品经济对文化需求的重要意义，只有较为富庶的经济基础，才能兴起与之交相辉映的徽州文化。

第一，"贾而好儒"是徽商对徽州文化繁荣突出贡献，同时也是树立一代儒商的精神和形象。地处万山丛中的徽州，境内山多地少，由于独特的历史地理环境，所谓"大抵徽俗，人十三在邑，十七在天下"。徽商信奉"贾者力生，儒者力学"的经商理念和商业精神，取得了"贾为厚利，儒为名高"的功效，把商业利润与文化扬名有机结合，将文化融入商业，以文化滋补商业，并在实践中逐步形成一套具有自身特色的徽商文化。徽商"贾而好儒"表现在"雅好诗书，善笔丸，虽在客中，手不释卷"，他们嗜书成癖，在经商的同时，往往能见到徽商"挟束书，而弄舟"。这种儒商结合，使徽商无论在商业经营中，还是在各种社交和文化活动中，能做到游刃有余，创造辉煌业绩。徽商不仅博览群书，而且还著述传世。徽商、藏书家汪启淑撰写和编辑的著作，根据清丁仁和《八千卷楼书目》和刘锦藻《清续文献通考》所提供的目录有：《经络歌诀》、《续印人传》、《飞鸿堂鼎炉谱》、

《飞鸿堂砚谱》、《飞鸿堂墨谱》、《飞鸿堂瓶谱》、《水曹清暇录》、《焠掌录》、《切荞诗存》、《汉铜印丛》、《切庵诗存》、《水曹清暇录》、《焠掌录》、《续印人传》、《汉铜印丛》、《集古印存》、《切庵印存》、《切荞诗存》。《古铜印丛》、《飞鸿堂印谱五集》、《汉铜印丛》、《锦囊印林》、《集古印存》、《退斋印类》、《飞鸿堂瓶谱》、《酒帘倡和》。徽商程晋芳著作有:《勉行堂文集》、《勉行堂诗集》、《程氏学论》、《周易知旨编》、《尚书古今文释义》、《尚书古文解略》,《毛郑异同考》、《春秋左传翼疏》、《礼记集释》、《诸经答问》、《群书题跋》、《桂宦书目》。吴翌凤不仅是清朝乾嘉时期的一位著名藏书家、商人,而且也是一位学者和诗人。所著《逊志堂杂抄》、《古欢堂经籍举要》、《灯窗丛录》、《东斋脞语》、《怀旧集》、《卬须集》、《吴梅村诗集笺注》、《与稽斋丛稿》、《东窗丛录》等。辑有《国朝文征》、《经史》、《苔岑诗选》。自编《艺海汇编》。稿本《宋金元诗删》、《宋金元诗选补遗》、《与稽斋丛稿》、《曼香词》。徽商吴骞的著述非常丰富:《唐石经考异》、《蜀石经毛诗残本考异》、《典裘购书歌》、《遗训笺释》、《涉园修禊集》、《皇氏论语义疏参订》、《拜经楼诗话》、《沈蘧翁寿怀歌》、《桐阴小牍》、《休宁吴氏济美集》、《海宁经籍志》、《海宁经籍备考》、《海宁倭事始末》、《惠阳山水纪胜》、《蜀石经毛诗考异》、《耕匡先生传》等。徽商致富后,有了雄厚的经济实力,获得更为广阔的文化视野和宽厚胸襟。在异地他乡之处,投资豪华住宅、在当地开店设铺,造亭楼、置典籍、买法帖、购古玩等。这些徽商广交名流,广结文士,以商起家的儒商不乏其人。如江春、鲍志道、吴学勉、鲍廷博、马曰琯、马曰璐、张潮、吴骞等既是商人又是儒家,是典型的"贾而好儒"者。特别在扬州徽商盐商之多,势力之大,影响之远,正如民国时人陈去病在《五石脂》所说:"徽人在扬州最早,考其时代,当在明中叶,故扬州之盛,实徽商开之,扬盖徽商殖民地也。故徽郡大姓,如汪、程、江、洪、潘、郑、黄、许诸氏,扬州莫不有之,大略皆因流寓而著籍者也。而徽扬学派,亦因以大通。"徽商对扬州在经济、文化、教育、市镇及园林建设等方面发展起到了极大的推动作用,使很多饱学的徽商获得了成功,成为名扬天下的巨商大贾。

第二,徽商在落地生根处大建藏书楼、组织诗社、林园别墅,目的是提供让本籍和外籍文人学士进行学术交流的最佳场所,广交学者名流,冲破传统陋习,其意义是积极的。徽商之所以能够在强者如林的商场中叱咤风云,主要因素就是他们贾儒结合的经营之道。贾与儒的结合,是文与商的交融。著名的徽州盐商、藏书家马曰琯、马曰璐在扬州经营盐业,而扬州的盐商大部分被徽商垄断,手中集聚了大量的财富,可谓富可敌国。马氏兄弟为人慷慨,热心地方公益事业,曾捐资开掘扬州沟渠,筑渔亭孔道等。被好友杭世骏称赞为:"以济人利物为本怀,以设诚致行为实务。"马氏兄弟还在别墅修建"小玲珑山馆",供同乡、文化名流和外籍学者在此进行学术交流,小玲珑山馆经常能看到全祖望、郑板桥、厉鄂、金农、郑元勋、郑元化、汪懋麟、汪琦、程邃、吴应友、吴宗信、毕熙、黄朝美、程式谦等人。所谓"四方人士闻名造庐,授餐经年,无倦色"。马曰琯还替郑板桥还清债务,被袁枚称之为"横陈图史常千架,供养文人过一生"。马曰琯曾自为盟主,同厉鹗等人结"邗江吟社",吟诗作赋、游历山水。徽商在扬州的盐商,如马曰琯、马曰璐、汪廷璋、吴社村、黄节斋、江大龙等,他们或为场商,或为运商,各有其生财之道,拥资多达数十万以至百万,更有甚者富致千万。清代扬州的八大总商,徽人就常占其四。乾隆时,徽人汪应庚、汪廷璋、江春、鲍志道等都是煊赫一时的两淮总商。他们购园建宅、设置书院、举办诗文会、藏书刻书,以及营建戏馆等娱乐场所,不惜巨资,所花费用动辄数十万。"以布衣上交天子"的江春,一人就拥有随月读书楼、秋声馆、水南花墅、东园、江园、康山草堂、深庄别墅等七处园林别墅。其中江春的康山草堂更是往往"客以数百计","酒赋琴歌,不申旦不止",[1]极一时文酒之乐。除江春、马曰琯、马曰璐之外,程晋芳在扬州的藏书多达五六万卷,郑侠如的"丛桂堂"藏书都极为丰富。这些盐商藏书家广交天下文人学士,为他们提供经济支持和良好的图书资料,为扬州学术文化发展培养了许多有用之才。明清时居扬徽商促进了扬州在经济、文化、教育、市镇及园林建设诸方面进一步繁荣。清人孔尚任说"东南繁华扬州起",扬州在东南率先繁华,徽商是有很大的贡献的。另外,扬州素以园林之盛甲江南,也是我国古典园林中的一朵奇葩,著名的清代诗人、散文家袁枚在《扬州画舫录》序中盛赞道:"其壮观异彩,顾、陆所不能画,班、杨所不能赋也。"此外,《扬州画舫录》还载,徽州人在扬州仅明清间营建修缮的园林名胜就有:汪廷璋之筱园,汪玉枢之南园(九峰园),汪应庚之万松岭,易谐之抱山堂,郑超宗之隐园,郑赞可之嘉树园,郑士介之休园,吴均之青棠观,吴氏之吴园,洪氏之大、小洪园,黄氏之易园、容园、别圃、四桥烟雨,马曰馆之小玲珑山馆,汪氏之康山退园、秋声馆、水南花墅、深庄、是园、东园、西园曲水、紫玲珑馆,徐赞侯之晴庄、墨耕学圃、交翠林等;同书记载,客居扬州的艾人骚客、书商墨贾、丹青高手、达官显贵、盐茶

---

① 李斗:《扬州画舫录》卷八,中华书局1960年版。

世家达二百人之多。所谓"扬州繁华以盐盛",而这与居住在扬州徽商的大规模投资是分不开。

南京也是徽商主要麇集之地,不仅从事各种商业活动,而且也推动南京城市文化的发展。据史料记载:"金陵为明之留都,社稷百官皆在,……犁园以技鸣者,无虑数十辈,而其最著者二:曰兴化部,曰华林部。一日,新安贾合两部为大会,遍征金陵之贵客文人,与夫妖姬静女,莫不毕集。列兴化于东肆,华林于西肆,两肆皆奏《鸣凤》。"①自古金陵集王气、豪气、才气于一体,有着一份独有的历史积淀和沉重。徽州商人举行的犁园大会,汇聚金陵众多社会名流,文人墨客,依托这灵山秀水之宝地,以达到商与儒相辅相成的关系。徽商因长年在外经商,开阔了视野,以海纳百川之胸襟吸收、汇聚中华各地域文化精髓,将本土文化和异地文化完美相结合,并不断得到扩充与完善。苏州也是徽商贸易的重要地点,涵盖了棉布、茶叶、酱园等许多行当。据《徽郡新立吴中诚善局碑记》载:"新安六邑多懋迁他省,吴门(苏州)尤夥。境遇不齐,偶遭客殁,旅榇侨寄,深为可悯。初有积功堂,权厝焉。久之几莫容。道光八年,特创诚善局,为访亲族,凭信邮,量程远近给资,俾还故土。"②可见,苏州是徽商较早贸迁有无的都市之一。据《北京歙县会馆观光堂题名榜》所记载,清代歙人以寄籍而中进士共有165人,其中寄籍于苏属各县者就有23人,约占总数15%以上,从这个数字可以看出苏州的确是徽商比较集中的地方。徽籍商人汪文琛在苏州开设"益美布号"商铺,声誉大起,一年之中所销售布达百万匹,当时被称为"吴丝衣天下"之说。然而,商人出身汪文琛,虽富甲一方,但崇儒重道的本色并没有改变,生平唯一嗜好便是收藏图书,经过数年积累,藏书数量已经相当可观。吴中藏书巨擘,除了黄丕烈之外,还有周锡瓒、袁廷涛、顾廷逵等家的古籍,也悉数归其所得,著有《艺芸书舍宋元本书目》。汪家的藏书,包括黄丕烈散出的百余册珍贵的宋刻本和《古今杂剧》在内,为中华文化的传播做出了贡献。汪文琛的藏书传到其子汪士钟时,汪家藏书达到极盛一时。汪士钟年轻时即好读书,曾遍读其父所收藏大部分图书,并将其父的藏书事业发扬光大。藏书主要来源于黄丕烈士礼居、周锡瓒香严书屋、袁廷梼五研楼和顾抱冲小读书堆。汪士钟不仅热爱藏书,而且又喜刻书,所摹刻宋本《孝经义疏》、《仪礼单疏》、《刘氏时说》、《郡斋

① 张潮辑:《虞初新志》卷三。
② 朱琦:《小万卷斋文稿》卷十八。

读书志》诸书,校对精审,举世珍若拱璧。艺芸书舍藏宋版书三百余部,为清代已知藏书家藏宋版书最多者,超过黄丕烈的士礼居和陆心源的皕宋楼。还编撰《艺芸书舍书目》,顾广圻为该目作序云:"汪君阆源,藏书甚富,……专一在兹,仰取俯拾,兼收并蓄,挥斥多金,曾靡厌倦。以故郡中传流,有名秘籍,搜求略遍,远地闻风,挟册趋门,朝夕相继,如是累稔,遂获目中所列宋若干种,元若干种,既精且博,希有大观。海内好古敏求之士,未能或之先也。"徽商汪文琛父子在苏州"贾而好儒"就是一个范例。另外,徽商在北京城里的当铺、银楼、布店、茶行、茶店,仅小茶店就达数千家。同时也活跃于全国各大城市,如扬州、杭州、南京、苏州、淮安等,对推动各地商业文化传播做出积极的努力。

第三,徽商在全国各地创建书院、会馆、义学为徽人提供了学习园地,同时也在异地推动了文化事业的兴盛。徽商在购园建宅、设置书院、举办诗文会(馆),以及营建戏馆等娱乐场所方面,也是不惜巨资,所费动辄数十万。当年乾隆南巡时,在乾隆来扬州之先,徽商便大兴土木,兴宫室,建园池,营台榭,屋宇相连,矗似长云。徽商为了让更多的子弟习儒就学,积极捐资,扩建书院。如景德镇新安书院,文昌宫,饶州紫阳书院,杭州崇文书院、紫阳书院,扬州江甘学宫,安定、梅花书院,饮誉海内。扬州主要是徽州盐商,他们积极投入扬州教育事业的发展,将大笔资金投入书院和学庠的修建。最著名是徽州盐商鲍志道捐3千元资修建紫阳书院,同时又捐8千元资金修建梅花书院。另在扬州建十二门义学,供贫家子弟读书。两淮总商汪应庚捐5万资金重建江甘学宫,并请名师来书院讲学,如桐城派古文大师姚鼐被聘梅花书院授课,江南大儒汪仲伊也曾到紫阳书院授课等。此外,徽州盐商非常重视与官宦、文人墨客的诗文酒会,其中包括一批饱学之士,如马曰琯、马曰璐、江春、江昉、汪懋麟、许承宣、程梦星、程晋芳、郑超宗、鲍志通、鲍漱芳、鲍勋茂、汪应庚、郑鉴元等。他们都是"贾而好儒"典型代表,个人文化素养、情趣、爱好都有共同之处,喜交结文人学士,与当地诗文大家互相唱和。如江春兄弟建有"康山草堂"和"紫玲珑阁",马氏兄弟修建的"小玲珑山馆"和"行庵"、"师古斋",郑超宗建造"影园"、"嘉树园"、"休园",黄晟兄北创建"易园"等都是作为诗文和会的幽雅之所。徽州盐商拥有雄厚的资金参与扬州文化建设,营造了一个浓郁的人文环境,创建书院、会馆、义学,推动、促进了扬州文化的繁荣与发展。除扬州之外,徽商在南京也建有新安会馆、徽州会馆和歙县试馆等,作为旅居异地的徽州商人结成团体,集会居住的馆舍。王振忠先生在《明清时代南京的徽商及其经营文化》①中一张有关金陵歙县试馆的文书记载：

> 敬启者：吾歙文风素盛，迩年多大科先甲之登。金陵考寓渐昂，寒士有措费呼庚之苦，前于同治巳巳年间，同人公议创建歙县试馆，曾集资购地于贡院对河，基址既宽，工费较钜，虽经刻启，未及广捐，至今已逾三科，斯地未覆片瓦。在省亲见僦居之状，心有难安。明岁又逢大比之年，役宜速举，因而勉效棉力，各出薪资，拟就斯基，即谋经始。第为山非一蓧可竟，大厦非一木能为，凡我同乡诸君子，急公好义，凤敦桑梓情怀，读书发科，各有芝兰子弟，必闻是举而乐助，用具公启以奉商，敦请解囊，并劳鼎力。捐赀自一金以上，亦列劳名；构舍约百间之成，全凭钜款。多多益善，更取给于岁修；源源而来。待先定乎馆舍。所愿输将踊跃，俾匠人不日完工；庶几托庇欢颜，庆乡士登云有路。谨启。

歙邑同人公具

这份歙县试馆文书，作为接待家乡士子的住宿之所，即"金陵考寓渐昂，寒士有措费呼庚之苦"，表明在南京的徽商及其子弟众多，南京也是徽商出入重要城市之一。徽商致富之后，为培养自己的子弟业儒为仕，对族中子弟英俊者，也想方设法给予培植，让他们尽可能步入仕宦之途，于是，把部分商业利润投入到文化教育事业，建立会馆和试馆。杭州和徽州为毗邻州府，仅隔一天目山，水路可沿新安江直达杭州，往来便利。再加上是丝织手工业的著名城市，明清时已成为全国大都会之一，人口稠密，商业繁荣，交通便利，再加上"上有天堂，下有苏杭"的美丽、繁荣和气候宜人，因此，杭州也是徽商必到之地。如钱塘江畔就有一个徽州塘，在此，徽商热衷于置义产、建会馆、公所。另外，徽州木商在候潮门外建有"徽国文公祠"，这些会馆、公所主要是同乡组织借以团结徽人，保护同乡同业的利益。

徽州商人在武汉从事商业活动也是贾儒结合，亦贾亦儒是徽商的特色。徽

---

① 王振忠：《明清时代南京的徽商及其经营文化》，载《浙江社会科学》2002年第4期。

商驻足于武汉以后,便建书院,延师以课子弟;并在武汉建新安会馆,会馆里供奉着"徽国文公"朱熹,这不仅是为了纪念这位"乡贤",而且也是"崇儒"的表现。汉口新安码头附近的魁星楼(奎星阁),建造壮丽,里面有一篇《奎星阁记》,其中云:"新安为人材渊薮,占客籍擢巍科者代不乏人。"并且提到建"奎星阁"是"正欲使吾乡之侨寓汉滨者,父兄训其子弟,朋友勉其同侪,相与砥砺切磋,浸淫于诗书礼乐之中"①。因此,寓居武汉的徽商后代,亦是代有闻人。如"孙汉,字倬云,号楚池,世家休宁草市,入籍汉阳。乾隆乙丑进士,选庶吉士,官至御史"。此外,乾、嘉间还有歙籍吴仕潮、方尧克、吴澹止等均以诗文名于汉皋。② 在汉口的徽商后代比较出名的是清初吴正治和道光年间的叶名琛。吴正治的曾祖吴文仲,新安商人,依外氏而落籍汉阳。吴正治曾任工部、刑部侍郎、工部尚书、武英殿大学士、太子太傅。他以"清廉执法著称",受到康熙帝的信任。叶名琛便是前述叶开泰药店创始人叶文机的后代,他的曾祖叶廷芳和祖、父几代一直是走贾儒结合的道路。至叶名琛终于官两广总督,兼通商大臣,拜体仁阁大学士。吴正治和叶名琛因为先后拜武英殿和体仁阁大学士,故后人称他们为武汉"两相国"。徽商在武汉经营具有本地特色的小商品,较为出名的便是文房四宝。这除宣纸是出自泾县的以外,墨、砚、笔均出自徽州,其中以徽墨的生产历史最久,饮誉海内。清康熙以后,徽州胡开文墨店名噪一时。大约在同治年间,胡开文的后代胡源阶在芜湖开设"源记"胡开文墨店;光绪中叶,"源记"胡开文墨店在汉口设分店。其时,武汉是鄂省举人应试之地,再加上读书应试者日多,以致徽墨在这里畅销。同时,胡开文在汉口设立分店以后,便直接从汉口到万县采购制墨原料桐烟,又可减少中间环节的剥削,因此,源记胡开文墨的年产量由原来十几担猛增至近百担。而徽州商人在武汉的会馆,向来资产丰厚。其用途之一,就是支持徽人经所需要的资金。因此,有的商人原来经营的行业折阅之后,若欲另换招牌,转操新业,则有会馆作后盾,在资金方面予以扶持,有的因之蹶而复振。"徽州会馆"后改为"新安六邑同乡会",一直活动于抗战时期。

北京是明清时期商贸繁华的大都市。徽州商人在北京经营典当、银楼、茶庄、布匹者不计其数。为了在商界互相提携拓展事业,先后建立了徽州会馆、绩

---

① 民国《夏口县志》卷十八《艺文志》。

② 《汉口丛谈》卷三。

溪会馆、歙县会馆、黟县会馆和休宁会馆,主要是联络乡谊,为本帮商人提供方便,代表商人与官府交涉商业事务,为徽人举办公益事业,成为徽商弟子、同乡赴京休息和联络之处。《绩溪会馆规定》凡应乡会试朝考来京及外任入觐者,俱准入居馆内;如或人多房少,乡试年份先尽乡试者居住,会试年份先尽会试者居住,不得任意占据;若遇房屋空闲时,无内眷之候补候选人员,亦准居住;其余一切人等概不得住居会馆。从中可以看出,绩溪会馆是为本县会试及顺天乡试及同乡商人寄旅之场所。

徽商在全国各地豪华宅第、书楼画室、园林别墅,是本籍和外籍学者文士进行学术交流的最佳媒介。徽商在全国创建的义学、书院、会馆,又为徽人提供从师进修、观览风物、考察山川等方便。徽州商人"贾而好儒",亦贾亦儒,迭相并用,丰富了中华文化宝库,为本土文化对外发展做出了最大贡献。此外,徽商回归故里后,还和本乡官宦、儒者联手,共同投身于一些重大的文化实践,促进了徽州的文化繁荣。如:修书院,办义学;修宗谱,撰方志;刻书藏书,购置文物;结社订盟,推动讲学。

总之,徽州商人是多方位、多层次、多形式地影响着徽州文化,可以说,徽商雄厚的经济实力是徽州文化、徽州藏书刻书形成发展的重要源泉。

第四节　徽州藏书文化对外的传播

清代徽州藏书家对于藏书文化方面的贡献,不仅局限于本土文化,而且还将这种藏书文化发扬光大,传播异乡,从而弘扬徽州文化。徽州文化几百年不衰,首先是因为它的经济基础。明朝以后,徽商的足迹遍及全国,影响相当大,素有"无徽不成镇"之说。"贾而好儒"是徽商推助徽州文化发展的主观动因。徽商在发展的过程中,注重贾儒结合、贾仕结合、恪守贾道,故而赢利甚多。"好儒"体现出"程朱阙里"、"东南邹鲁"的徽州人长期崇儒的心理积淀,标志着两宋以来享有"文献之邦"的徽州文化传统,历久不衰。在苏州、杭州、南京、扬州等地区,徽州籍藏书家作为媒介,实已形成一个文化交流网络,便走出郡门,来此与外籍学人沟通、切磋、竞驰,无疑对传播徽州文化作出贡献,其意义是十分深远的。

徽州藏书家在外的豪华宅第、书楼画室、园林别墅、会馆等,这些徽派建筑实际上是徽州文化的发展和延伸,同时也是本籍和外籍学者文士进行学术交流的最佳媒介。他们广交学者名流,冲破传统陋习的束缚,以藏书为时尚为乐事,其意义是积极的。如马曰琯、马曰璐兄弟集考订、校雠、收藏与鉴赏于一身的藏书家,不仅"藏书",还将自己辛苦收购或抄来的书籍无偿提供给各方学者使用。厉鹗、全祖望、杭世骏、陈章、姚世钰、汪玉枢、闵莲峰等常常利用"小玲珑山馆"藏书楼作研究之所。同时,文人墨客到藏书楼经常在一起研讨经史、考证掌故和分韵唱和等,不仅交流情感友谊和学术研究,而且彼此之间传播文化。正如清代文学家袁枚所言:

> 马氏玲珑山馆,一时名士如厉太鸿、陈授衣、汪玉枢、闵莲峰诸人,争为诗会,分咏一题,裒然成集。陈《田家乐》云:"儿童下学恼比邻,抛堕池塘几日巡,折得松梢当旗纛,又来呵殿学官人。"闵云:"黄叶溪头村路长,挫针负局客郎当。草华插鬓偎篱望,知是谁家新嫁娘。"秋玉云:"两年车乘觳觫轻,田家最要一冬晴。秋田晒罢村醪熟,翻爱漕床滴雨声。"汪《养蚕》云:"小姑畏人房闷潜,采桑那惜春葱纤。半夜沙沙食叶急,听作雨声愁雨湿。"陈云:"蚕娘养蚕如养儿,性知畏寒饥有时。篱根卖炭闻荡浆,屋后邻园桑剪响。"皆可诵也。餘题甚多,不及备载。至今未三十年,诸诗人零落殆尽,而商人亦无能知风雅者。莲峰年八十岁,倮然尚存,闻其饥寒垂毙矣![1]

诸文人分韵唱和、作诗联句真可谓情景交融,珠联璧合。以"小玲珑山馆"为中心的文人士子,他们以极大的热情投身于如诗的感情,如画的意境,使诗文的灵感在"小玲珑山馆"显得淋漓尽致,迸发出一道耀眼的火花。凸出了这些文人墨客对地方文化发展的重要作用。以"小玲珑山馆"为中心的文学活动,持续时间之长,参加人数之多,内容之丰富,彰显了文人雅士相互交流的风采,极大地提高了扬州文化底蕴。清人李斗由此在《扬州画舫录》中说道:"扬州诗会,以马氏小玲珑山馆、程氏筱园及郑氏休园为最盛。"正反映了当时的诗文盛况。马曰琯主持扬州诗坛数十年,有"南马北查"之称。马氏兄弟日积月累,持之以恒收藏刻印图书,不仅陶冶了情操,提高了个人文化素质和修养,同时也是传播和传承中国优秀的文化。因此,从某种意义上说,徽州商人私家藏书不只是一种

---

① 袁枚:《随园诗话》卷三《咏农家乐》。

个人行为,而且也是对地区文化塑造产生积极影响。马氏兄弟藏书刻书行为令清代学者全祖望称赞:

> 马氏兄弟服习高曾之旧德,沉酣深造,屏绝世俗剽贼之陋,而又旁搜远绍,萃荟儒林文苑之部居,参之百家九流,如观王会之图,以求其斗杓之所向,进进不已,以文则为雄文,以学则为正学,是岂特闭阁不观之藏书者所可比,抑亦非玩物丧志之读书者所可伦也。韩江先正寔式凭之,而励励与葛氏争雄长乎哉?①

全氏观察细致,深刻研究和分析马氏兄弟藏书的目的,不仅有收藏价值,而且具有实用价值,即小玲珑山馆在当时成为文人的俱乐部、图书馆和美术馆,还兼营出版基地等。这对保存、传播、承递和发展祖国文化、典籍方面做出了巨大贡献,同时也造就了一批有知识有文化的学术人才。

汪氏兄弟汪森的"裘杼楼"藏书楼,就是朱彝尊等常来聊天、切磋、学术交流之所。张钧衡的"适园"藏书楼,就是缪荃孙、沈会植、费景韩等人交往的场所。徽州藏书家吴翌凤一生抄藏善本秘籍数百种,被藏书家、学者视若珍宝,争而购藏之。吴翌凤藏书、抄本流传至今,为国家图书馆、南京图书馆、北京大学图书馆等许多机构收藏。其著述《东朓斋语》被南京图书馆藏;《与稽斋丛稿》、《曼香词》、《宋金元诗删》、《国朝词选》、《经史秘汇六种》等被上海图书馆藏。徽商江春为迎接乾隆皇帝南巡,组织春台班,以供乾隆皇帝欣赏。后来徽班也相继进京演出,并且逐渐取代了昆曲和弋腔在北京舞台上的位置。其中最著名的是"三庆"、"四喜"、"春台"、"和春"四大徽班,这对徽州戏曲文化传播起到积极作用,徽商功不可没。

清代徽州藏书家,绝大部分是商人,雄厚的经济实力是徽州文化形成发展的重要经济基础。徽商在经商活动中发展、完善和传播徽州文化,最突出的表现就是藏书刻书,而这方面只有财力富裕的徽商才能达到:首先,经营藏书刻书投资大,并且有广泛人际关系,还能了解市场行情,熟悉图书版本、价值,从投资藏书刻书到出售赚钱有一个长期过程,只有家境富饶才能成就此业。其次,徽商重视文化、教育,又是贾儒结合之人,因此,大多要有文化知识,经商所到之

---

① 全祖望:《鲒埼亭集》卷三十二《丛书楼书目序》。

处,对各地区域文化现象,具有一定的鉴赏、评判、吸收的能力。他们把徽州自汉唐以来的崇文之风推向新的高度,充实和提高徽州整体文化素质,扩大了读者队伍和读书层次。徽州藏书家不仅资金纯厚,而且多有知识和学问,在大量收藏图书和刻书的同时,还进行校勘、校注、纠讹改谬、刊刻辑佚书等工作,阙者补之,有利于重新精校,确保图书完整性,登诸枣梨,加强文化对外传播力度。

第一,加强校勘、校注工作。徽州藏书家特别注重古籍的校勘和注释工作,熟悉古籍聚散变化,有强烈还原古籍愿望,弄清所依据版本之优劣,通过查阅书籍,进行比较和参照审核,并在古籍传抄过程中对发现的误字、脱文、衍文、倒文、讹字、重文、叠字、缺页等进行修改和补充。藏书家鲍廷博对古籍鉴定、版本的真伪等问题都比较熟悉和了解。《肯綮录》是宋代一部笔记性著作,有关此书的作者历来有两说,一是赵叔问,二是赵叔向。《四库全书总目》说此书作者为赵叔问,称叔问自号西隐老人。但在清乾隆时辑刻的《艺海珠尘》认为《肯綮录》作者为赵向。然而鲍廷博在抄刻《肯綮录》前边有作者不序称:"《肯綮录》者,西隐野人所著之书也,野人闲居多暇,饮酒读书,足以自娱,有疑误者,随即记之,初无第也,昔蒯生自名其书曰《隽永》,取肉肥而味长. 我则异于是,殆是眉山先生中语,终日摘剔,仅铢两放肯綮之间者,因以名录。"推论《肯綮录》作者应为赵叔问,表明保存原书的内容文献在古籍考订中的作用。鲍廷博收藏刊刻古书,促使古籍版本的流传。对于书籍校勘工作,鲍廷博也深有体会地说:"旧本转写承讹袭谬,是编每刻一书,必广借诸藏书家善本参互校雠,遇有互异之处,择其善者从之,义皆可通者两存之,显然可疑而未有依据者仍之,而附注按语于下。从未尝以己见妄改一字,盖恐古人使事措辞,后人不习见,误以致疑,反失作者本来也。详慎于写样之时,精审于刻竣之后,更番铅椠,不厌再三,以期不负古人。间有未尽,则几尘风叶之喻,前人已难之矣。"[①]对图书进行精心校勘和考证时引用了大量资料,这对后世学术研究有启发作用和参考价值。藏书家吴骞校刊极其勤奋,乾隆四十五年(1780)得知张燕昌从易州山中访得周在俊著《南唐书注》,乃借归,以家藏本逐条校勘,凡诸异同,悉笔之简端。清著名藏书家、校勘学家陈鳣在《河庄诗钞》称赞道:"人生不用觅封侯,但问奇书且校雠。却羡溪南吴季子,百城高拥拜经楼。"另外一首诗《题兔床先生拜经楼》云:"延陵凤望旧门庐,谷口新开竹下居。四座宾朋春载酒,一楼灯火夜雠书。文章论

---

① 鲍廷博:《知不足斋丛书》凡例。

世情难已,弓冶传家业有余。"吴骞不仅苦心经营拜经楼藏书,而且还认真校雠图书。此外,吴翌凤、马曰琯、马曰璐、张潮、程晋芳等都精于校勘,以嘉惠后世。

第二,注重书籍的辨伪工作。徽州藏书家在藏书刻书时,非常重视辨伪鉴定。古今伪书屡见不鲜,因此就要有辨伪工作,当然辨伪不在其所辨出的成绩,而是在其能发明辨伪方法而善于运用。宋代儒士多轻蔑古书,而清代多尊重古书,其辨伪程序,常用客观的细密检查。徽州藏书家因有深厚的功底,认真分析研究,去伪存真。吴骞就曾辑《古今伪书考》,而鲍廷博将此书收入《知不足斋丛书》。清代扬州徽商因藏书、刻书所需,遍涉辨伪、辑佚诸书。这些藏书家辨伪的目的,在于恢复书的本来面目,以便更好地利用,而不是对伪书一概排斥,因此这些伪书同样具有史料价值,以及珍贵的古籍版本价值。

第三,大力刊刻辑佚之书。所谓辑佚,就是对以引用的形式保存在其他存世文献中的已经失传的文献材料加以搜集整理,使已经佚失的书籍文献,得以恢复或部分恢复的行为。中国是一个历史悠久的文明古国,历史源远流长,留下来的典籍数量之多、门类之繁、涵盖的时空之长,是世界上任何一个国家和民族都无法比拟的。但是,我国古代典籍经过了长期战乱频繁的破坏,丢失现象也是比较严重的。因此,徽州许多藏书家总是呕心沥血、刻意觅访,特别注意留心搜集、考求佚文、掇拾补录,冀期以自己的诚意与努力使尽可能多的残书在自己手里破镜重圆、完美再现、重新辑出。徽州藏书家因熟悉和了解图书、占有众多古籍的有利条件,从文献中去发现散佚的资料加以增补,并通过不同的版本进行比较、核实以达到补遗作用。例如,苏东坡儿子苏过有一重要文集《斜川集》,其内容大量记录苏东坡晚年生活创作思想的史料,可惜此书的原版早已失传。然而世面赝品大出,流传甚广。就连康熙皇帝曾下诏求此书,未得到。鲍廷博嗜奇好古,从先世所藏两宋遗集多至三百余家,也未发现苏过《斜川集》,但鲍廷博从《宋文鉴》、《东坡全集》、《播芳大全》诸书考订讹舛,增补阙遗,并写信给浙江藏书家吴长元,请求给予查找和支持,最终鲍廷博将《斜川集》收录整理并刻入《知不足斋丛书》第二十六集。而吴长元高度称赞鲍廷博:"每得异书,不自珍锢枕函帐秘,往往播在艺林,公诸同好,更能捐资寿梓,以续六百余年一线之绪。俾汲古之士得家置一编以供弦诵,向之误收赝本者,亦得悉行刊正,顿还刘集旧观,俾龙洲仍以诗豪雄于奕世,则又不独为苏氏之功臣矣。"①吴长元对鲍

---

① 吴长元:《斜川集》序,《知不足斋丛书》第二十六集。

廷博藏书的评价和总结,可以说是十分到位,二人是难得的知音。

第五节　徽州藏书文化在全国各地的影响

徽州藏书家不仅表现为家庭传承,即父继祖业、子承父业之遗产;而且因藏书集散,过去大多先在本地运作,收罗文献、编辑图书、整理典籍、抄印图书、利用图书的职能,在文化、学术、教育中发挥着积极作用。到了清代,因经商的缘故,这种藏书传统表现特别突出的是,开始由本地发展到徽州以外的区域,这些徽州藏书家,不仅为藏书事业做出重要贡献,而且也向外传播了徽州文化和中华文化,在全国各地影响巨大。徽州人的藏书是徽文化的一个组成部分,藏书是众多文化发展的结晶,同时又是众多文化发展之母。

徽州藏书家所藏动辄几万卷,甚至几十万卷,而且多为宋元秘本、抄本等善本书。他们惜书如命,得后精心保管,并建有专门的藏书楼和相应的设施,一定的管理经验,如图书的三防,使图书延长了寿命,得以保存。私家藏书散布区域广,遭到自然和战争的危害较小,即使遇到有不测,也易于疏散保存,偶尔有些藏书家的图书在战乱中遗失的话,另一些藏书家也会注意继续收集。它像一根链条,紧紧地维系着一代代藏书家的心身,通过不断的辗转递藏,使得许多珍藏在十分困难的条件下流传至今。清代徽州藏书家吴骞与黄丕烈、陈鳣、鲍廷博等都是齐名藏书大家,吴骞与其孙共编《拜经楼书目》4 卷 4 册,按照四库分类,著录经部约 200 种,史部 150 种,子部 250 种,集部 550 余种,其中大多为清人文集以及乡贤师友文集,有着重要的史料价值和学术价值,其藏书和抄书大多都是稀世之珍,在国内有很大的影响。如吴骞拜经楼抄自集《拜经楼杂钞》4 种 4 卷,国家图书馆藏一册本;吴骞抄自辑的《拜经楼丛钞》22 种 25 卷,上海图书馆藏;清顾广圻校并题款的吴骞拜经楼抄清王夫之撰《四经稗疏》4 种 14 卷,天津图书馆藏、山东博物馆藏;清周春家藏有的吴骞拜经楼抄由吴骞辑《拜经楼钞书七种》又名《拜经楼丛钞》7 种 8 卷,山东省博物馆藏;吴骞跋抄的自辑《书画题跋五种》,国家图书馆藏 50 册本;吴骞抄《海昌闺秀诗》5 种;拜经楼藏抄本中的清谷应泰撰《明史纪事本末》80 卷;吴骞跋、吴寿旸校并跋本线装两册的嘉庆间海宁吴氏拜经楼影宋抄汉郑玄注、唐陆德明音义《京本点校附音重言重意互注周礼》12 卷,北京大学图书馆藏;清朱允达校、吴骞批校并跋、陈鳣跋乾隆四十五年(1780)吴骞家抄宋赵彦卫撰《云麓漫钞》15 卷,湖南省图书馆藏;拜经楼抄唐李吉甫纂修《元和郡县图志》40卷,南京图书馆仅存卷1至18、21至22、25至34、37至40计34卷等。① 可见吴骞集藏、校、读于一身的良好的藏书传统是清代藏书史的一个重要缩影,其藏书、抄书传播之广,影响之大,对后世中国文化传承产生深远影响。

汪森、汪文桂、汪文柏兄弟在浙江桐乡因藏书颇负盛名,收藏珍本秘籍数万卷,藏书之富甲于浙西。汪氏兄弟除藏书之外,还刻印许多精品之作,流向社会至今得以保存。如《词综》、《粤西丛载》、《粤西文载》、《粤西诗载》、《华及堂视昔编》、《小方壶文钞》、《小方壶丛稿》、《柯庭余习》、《杜韩诗句集韵》、《古香楼吟稿》、《词稿》、《西山纪游诗》等,至今收藏南京图书馆。

祖籍徽州休宁人吴翌凤,一介书生,然而嗜书成癖,笃好藏书,虽无钱购书,但他"穷日夜孜孜矻矻抄书以藏"。据记载吴翌凤"手抄书数千百卷,多藏书家所未见"。充分利用其丰富的藏书探求学问,以著述、汇编等形式出版图书,不仅为祖国文化及学术流布和传承做出了重大贡献,同时也推动了编辑出版业的蓬勃发展,功在千秋。吴翌凤著《古欢堂经籍略》稿本,现珍藏在国家图书馆。自辑《经史秘汇》6种6卷、自编《艺海汇编》28种46卷等。还有稿本《宋金元诗选》、《宋金元诗选补遗》、《与稽斋丛稿》16卷、《曼香词》4卷等。分别收藏在北京大学图书馆、上海图书馆、复旦大学图书馆、南京图书馆、苏州市图书馆、温州市图书馆、台湾大学图书馆、台北故宫博物院图书馆等。

居密、叶显恩先生《明清时期徽州的刻书和版画》描写道:美国国会图书馆藏徽刻丛书多种,包括张潮辑《檀几丛书》、《昭代丛书》和鲍廷博《知不足斋丛书》。② 张潮、鲍廷博利用自己丰富的图书收藏为传播中华传统文化作出了重要的贡献。

鲍廷博汇编和刻印的《知不足斋丛书》在社会上产生很大的影响。如道光中钱熙祚编刻《指海》,亦仿鲍氏《知不足斋丛书》例,编为小集,随校随刊。此后蒋光煦刻《别下斋丛书》、《涉闻梓旧》所收多罕秘之本。潘仕成辑《海山仙馆丛书》皆仿鲍氏纂辑之例,收稀本、足本,甚至版式亦相同。高承勋的《续知不足斋丛书》、鲍廷爵的《后知不足斋丛书》,虽景慕前徽,刻意仿效,惜皆未逮鲍氏原

---

① 陈心蓉:《嘉兴藏书史》,国家图书馆出版社2010年版,第130页。
② 居密、叶显恩:《明清时期徽州的刻书和版画》,《江淮论坛》1995年第2期。

书。即此数例,亦可窥见《知不足斋丛书》在清代藏书家当中的影响。① 鲍廷博《知不足斋丛书》、汪启淑《飞鸿堂印谱》、张钧衡《适园丛书》、张潮《昭代丛书》和《檀几丛书》等,收藏很多的著作,而这些丛书都保存了大量有价值的集成文献,极具学术性研究。清代编修《四库全书》这一划时代的鸿编,徽州私人藏书,给《四库全书》提供了丰富的、宝贵的书源,极大地提升了《四库全书》的馆藏。徽州主要藏书家献书数、采录数及登录数为:马裕献书 776 种,采用 144 种,存目 225 种。鲍廷博献书 624 种,采用 250 种,存目 129 种。汪启叔献书 524 种,采用 59 种,存目 201 种。汪如藻献书 271 种,采用 90 种,存目 56 种。程晋芳献书 350 种,采用 15 种,存目 169 种。四库选用精品之多,堪列献书之众,这也反映徽州藏书家在搜辑和保存中国文化典籍方面作出重要贡献。

学术之兴,必须有书,要有书必须藏书。藏书家保存了很多有价值的著作,奠定了后世学术研究的资料基础,使学术研究有据可依。徽州为学术渊薮,婺源乃朱熹桑梓,休宁是戴震故里。程朱理学和皖派朴学是中国古代学术的两面旗帜。学术来源于著作,徽州大部分藏书家利用所藏图书的便利条件进行学术研究和交流。清乾隆歙县人程晋芳"家素殷富,举族豪侈,晋芳独购书五万卷,招致缀学之士与共讨论,据案开卷,百务废不理"。② 私人藏书作为一种社会文化的组成部分,成为积累文化财富、辅助学术研究、进行文化教育的重要平台。有战略眼光的藏书家,特别注意图书的利用,因为他们深深懂得,藏书的最终目的是在于致用。藏书就像一根链条,紧紧地维系着一代代藏书家的心身。他们不畏艰辛,博采旁搜,征文考献,网罗散失。他们通过不断的辗转传递收藏,使得许多珍藏图书在十分困难条件之下流传至今。典籍是文化传承的最主要渠道和表现形式,而徽州文化则是以徽商的经营活动为媒介或载体,传至五湖四海、大江南北。因此,清代徽州私家藏书作用与贡献,不仅不局限于本土,而且还将藏书文化发扬光大,传播异乡,充分体现徽州藏书家在对中国历代典籍的保存、文化传播等方面功莫大焉。

---

① 陈心蓉:《嘉兴藏书史》,国家图书馆出版社 2010 年版,第 207 页。
② 民国《歙县志》卷七《人物志》,民国铅印本。

附录一　清代徽州藏书家小传

　　清代徽州藏书家除书中主要论述的人物之外,还有大量本地或移居外地的藏书家,虽然他们藏书数量和质量以及藏书规模都相对逊色,但他们也是文化传播的重要者之一,因此,将这部分的藏书家的小传附录其后,以供大家参考。

陈昂

　　字子龙,号书厓,祖籍安徽休宁人,后随祖父迁居浙江嘉兴,不久又移居上海青浦珠街。生平好读书和藏书,特别是收藏宋元间旧本、善本。其藏书处名为"承雅堂"和"涌石山房"。喜欢收集自己和他人藏书印,如:"陈子龙印"、"练江陈昂之印"、"陈氏藏书"、"书厓珍秘"、"陈书厓读书记"、"陈氏藏书子孙永保"、"三十六峰陈昂书厓父"、"新安陈氏校定典籍之章"等。

姚际恒

　　字立方,一字首源,安徽休宁人,后迁居浙江仁和(今杭州),是清代录学家、藏书家、史学家。折节读书,涉猎百家,最初好作诗,后专心治经,历十四年而成《九经通论》的撰述。其藏书处为海峰阁、好古堂。作《好古堂书目》4卷,著录图书1 500余种,其中在书目末附有《好古堂收藏宋元版书目》23种,计宋版15种元版8种。著有《尚书通论》、《礼经通论》、《诗经通论》、《好古堂书目》等。

郑侠如

　　字士介,号俟庵,歙县长龄桥人,祖父景濂和父亲之彦均业盐于扬州,并定居。郑侠如广交天下友人。他家所筑修的休园,每天来游宴的政客与文人络绎不绝。文人们在这里观景、集会吟诗、品鉴图书名画。他们常出入休园,少不了心中会装入休园的丘壑,写下了关于休园的诸多文字。郑侠如除筑休园外,还曾筑"丛桂堂"藏书楼,收藏之富,名闻海内。侠如对文化事业的投入,在徽商中是有代表性的。

程哲

字圣岐,歙县岑山渡人。监生,清朝著名的散文大家、石刻家。程哲是多才多艺的安徽古代名贤,也是中国文化史上名见经传的刻书家、收藏家、鉴赏家和诗文家。《徽州府志》记载:"程哲,幼颖悟,嗜学,师事新城王士禛。博考深思,经史百家,靡不考究,收蓄书籍金石文字甚富。"程哲早年在扬州创办了清代前期徽州府最著名的"七略书堂"收藏书籍,以传播学术文化及中国经典文化为己任。程哲所著诗文集堪称经典,其中《蓉槎蠡说》十二卷,为清人笔记中之名品,收入《四库全书存目》,《窑器说》收入《四库全书》,成为现存最为珍贵的清代古窑器鉴赏与研究的文化典籍。

汪立名

号西亭,安徽歙县人,官工部主事,常游浙江、湖广一带,官至刑部郎中。通六书,是清代著名的藏书家、刻书家、学者。其藏书处为"一隅草堂",其藏书印为"汪西亭氏藏书"、"西亭收藏"和"歙州汪氏一隅草堂藏书"。著述丰富,编校《白香山诗集》,考证精确,评论允当。交游甚广,与当时著名文人朱彝尊等交往深厚。

黄之隽

字若木,号吾堂,晚号石翁、老牧,安徽休宁人。康熙六十年进士,官至福建学政、中允,后革职。回乡任《江南通志》总裁。《清史列传》载:"倜傥自喜,初罢官归,囊无余赀,惟嗜蓄书,著目者二万余卷。"一生只爱收藏图书,有存书二万余卷。为清代著名诗人和藏书家,著作有《吾堂集》、《香屑集》等。为学尊程朱。他喜爱戏曲,著有杂剧《四才子》。

黄晟

字东曙,号晓峰,安徽歙县潭渡人。兄弟四人与家人迁居扬州,以经营盐策起家,中年后开始转向藏书和刻书,曾以千金购书一卷。其"槐荫草堂"刊刻的图书一部分是根据其家藏图书翻刻,一部分是借抄,刊刻的图书字体匀称、油墨淡雅、纸张微黑,在图书刊刻史上有一定地位。其藏书刻书处为:"趣园""易园"，曾得到乾隆帝赐名。藏书印有"黄晟东曙氏一字晓峰"、"晓峰一字退庵"、"重校刊于槐荫草堂"等。

程弘志

字圣木，号专愚子，歙县茆田人，太学生，从顺治八年至康熙十三年，积 20 余年，编辑《黄山志》50 卷。《黄山志自序》载："新安大好山水，奇秀尤在黄山"，对徽州文化中的黄山这一地域人文情况作了尽可能详细的记述。该书刊印未完，程氏患病而卒，于是，嘱咐内戚汪晋谷(字子臣，号麟檀，歙县人)继承此事。家有藏书室，曰"荇庭馆"，常与汪济淳读研其中，披阅不倦。著有《纲目答测》和《史汇》。

汪洪度

字于鼎，号息庐，歙县人，康熙时诸生，少通经书，曾拜王士祯为师，工诗画，作《纪岁珠》诗："鸳鸯鸂鶒凫雁鹁，柔黄惯绣双双逐。几度抛针背人哭，一岁眼泪成一珠。莫爱珠多眼易枯，小时绣得合欢被。线断重缘结未解，珠垒天涯归未归。"藏书甚富，家有"春草堂"藏书楼。

汪立名

字西亭，歙县瞻淇人。通六经，是清代著名藏书家、刻书家、学者，历仕康、雍、乾三朝。主要奔走于浙江、湖广一带，官至刑部郎中。家有一隅草堂，藏书甚富，著述丰富，编校《白香山诗集》和《唐四家诗》，自著有《青斋诗集》等，考证精确，评论允当。交游甚广，与当时著名文人朱彝尊交往甚密。

黄修溥

字伊在，歙县潭渡人，诸生，喜爱读书和与文人交往。家有"黄山楼"藏书，藏书万卷之多，远近学者常到书楼阅读、研究。著有《礼经要义》、《读史剩说》、《寄亭荟说》、《我斋元集》、《寄亭诗草》等。

程斯觉

字既萃，号易斋，歙县临河人，幼时读私塾，性格豪爽，喜爱藏书，如遇珍本秘笈，必购求之。尝告其子："余劳勤数十年，仅蓄数卷书教儿辈。"著有《程氏溯源考》、《易斋偶笔》、《医论》等。

胡赓善

字授谷，号心泉，歙县人，乾隆二十四年举人。与仕途绝缘，闭门著述，并说："读书古寺中，家多藏书，喜借人阅"，泊然寡营，不名一钱，不问家人生计。家富藏书万余卷，"以修脯所入置书数万卷，册首题识工整，精庐插架，丹黄灿然"。其藏书座右铭"积书亦劬，惜书亦愚，书乎书乎将焉如？吾铭而识之，以俟诸如我之徒。"

金檀

字星轺，号岑圃，休宁人，与父辈迁徙浙江桐乡，后又移居太仓，晚年定居苏州。诸生，与仕途无缘，好读书，不知疲倦。据史料载："经史图籍靡不遍览，好聚书，遇善本虽重价不吝，或假归手钞。积数十年，收藏之富甲于一邑。"和"博学嗜古，于书无所不搜，晚年徙宅吴门之桃花坞，得书益富。"另载"自幼嗜古，好蓄异书，其于桑梓之文献，罔弗留意。"可见喜爱藏书，即便不能有所得，也必假归手录，日事丹铅，手自校勘。其藏书处为"文瑞楼"，编辑《文瑞楼集部题要》12卷和《文瑞楼书目》12卷，其所编家藏书目依四部次序各分子目。喜收藏书印有："金星轺藏书印"、"金氏星轺珍藏图书记"、"购此书甚不易"、"家在黄山白冈之间"、"金星轺藏书记"、"文瑞楼"、"结社溪山"、"文瑞楼主人"、"真意"、"身在书生侠士间"、"金氏文瑞楼藏书记"、"文瑞楼藏书记"等。

程杏芳

字彝堂，号红圃，歙县人。乾隆二十五年顺天乡试，曾任六安州学正，候补内阁中书，一生酷爱书籍，凡遇善本必购藏之，爱惜书籍，常对破旧书进行修补，书不轻易借与他人。

方椿

字子桥，歙县岩寺人，嘉庆六年举人，性刚方介，不跟随时俗，潜心六书，通汉儒笺注之学，藏书达万卷，皆亲手雠校，考其得失，订正伪误。著有《楚颂山房诗文集》。

程振甲

字篆名,号也园,歙县人。为清朝中期著名的书法家、制墨家。其父程光国、其子程洪溥皆为清朝官吏。振甲乾隆四十九年召试内阁中书,官至吏部员外郎,颇具政绩。喜爱读书、藏书,私家藏书几万卷。

鲍士贞

字似溶,号固叔,歙县人。官至中书、刑部郎中,署河南知府、卫辉府,其体察民情,执法明允,所到之处,黎民咸得实惠。鲍士贞去世后,族人为纪念他的德政,为他建立了"赞宪"坊。工书法,家藏书甚富,善鉴别古迹字画等。

程恩泽

字云芬,号春海,歙县人,嘉庆九年举人,十六年进士,师从凌廷堪,于金石书画、医算,无不涉及。嘉庆十六年进士,授翰林院编修,历官贵州学政、侍读学士、内阁学士,官至户部侍郎。熟通六艺,善考据、书法、篆刻,工诗,博览强记,家富藏书,与阮元并为嘉庆、道光间儒林之首。著有《国策地名考》、《程侍郎遗集》。

戴震

字东原,二字慎修,号杲溪,休宁人,清代著名语言文字学家、哲学家、思想家。戴震自幼聪敏,过目成诵,十岁日读书数千言不休。戴震二十岁偶遇年过六旬的音韵学家江永,江永精通三礼,旁通天文,地理,算学及声韵等。遂师从江永。乾隆二十七年举人,乾隆三十八年被召为《四库全书》纂修官。乾隆四十年第六次会试下第,因学术成就显著,特命参加殿试,赐同进士出身。戴震治学广博,音韵、文字、历算、地理无不精通,又进而阐明义理,对理学家"去人欲,存天理"之说有所抨击。戴震在四库全书馆,利用藏书条件,凡是天文、算法、地理、文字声韵等各方面的书,均经其考订,精心研究、全力以赴。私自也积累了丰富的藏书,曾向四库馆进呈家藏书,录入《四库全书总目》中。学术研究中,戴震首先是以乾嘉考据之学大师著称于世的。但与清代中叶其他经师钻故纸堆不同的是,戴震考据学的出发点在于有意识地继承并发扬顾炎武以来的学术传统,他提出过"由故训以明义理"、"执义理而后能考核"的学术思想,既反对程朱理学空谈义理的虚玄无物，又反对乾嘉考据的矫枉过正。戴震的义理、考据、文章(词章)同为学问之途，"义理即考核、文章二者之源"，义理是最为重要的，考据、词章只不过是通向义理的手段。这直接导致了戴震的考据学具有与众不同的性质："有志闻道，为非求之《六经》、孔、孟不得，非从事于字义、制度、名物，无由以通其语言。宋儒讥训诂之学，轻语言文字，是犹渡江河而弃舟楫，欲登高而无阶梯也。"戴震一生先后撰成《筹算》、《勾股割圆记》、《尔雅文字考》及《考工记图注》、《原善》、《尚书今文古文考》、《诗经补注》、《六书论》、《声类表》、《方言疏证》、《春秋改元即位考》、《声韵考》及《孟子字义疏证》等，并应河北、山西等地官员聘请，纂修《直隶河渠书》、《汾州府志》、《汾阳县志》，主讲浙江金华书院。一生著述甚多，后世汇为《戴氏遗书》刊行。

汪宪

字千陂，号鱼亭，黟县人，后迁浙江钱塘，乾隆九年举人，第二年联捷成进士，二十三年赴京，以资补邢部陕西司员外郎。汪宪喜爱藏书，家有"振绮堂"和"存悔堂"藏书楼。与朱文藻、严可均、鲍廷博藏书家交往甚密，互抄书籍，鲍廷博刻《知不足斋丛书》还多次到汪家抄书。并在汪宪的藏书楼振绮堂校勘群博，而此三人均学识渊，既精六书，又通史学，兼工诗文。《清史列传》载：汪宪"性好蓄书，丹铅多善本，求售者虽浮其值，不与较。"据《杭郡诗辑》道：汪宪"性耽蓄书，有求售者，不惜丰价购之，点注丹黄，终日不倦"。汪宪去世后，鲍廷博还特写诗以挽之，"整整牙签万轴陈，林间早乞著书身。种松渐喜龙鳞老，埋玉俄惊马鬣新。清白家声饮有素，丹黄手泽借还频。西风谁送山阳笛，偏感春明僦宅人。"汪宪不仅爱藏书，也喜爱藏书印："汪鱼亭藏阅书"、"振绮堂藏阅书"、"桐轩主人藏书印"和"振绮堂兵燹后收藏书"等。

江春

字颖长，号鹤亭，徽州府歙县江村外村人，江春出身盐商世家，曾祖江国茂，安徽歙县人，明末诸生，与四方名士从游校艺，慷慨任侠；入清后弃儒经商，从事盐运来扬，遂占籍仪征，有诗传世。他的祖父江演"担囊至扬州"，"用才智理盐策"，"数年积小而高大"，成为两淮盐商的中坚人物。江演三子，承瑞、承瑜、承玠。承玠走上官途，历任户部郎中、嘉兴知府、两浙盐驿道。承瑜，即江春父亲，接继江演为总商，也从事盐业经营，为两淮总商之一。江春乡试科举考试名落孙山后,便弃文从商,协助父亲经营盐业,父亲去世不久,江春接任两淮总商。民国《歙县志》载:"少攻制举业,乾隆辛酉乡闱以兼经呈荐,因额溢见遗,遂弃帖括经商扬州。"江春曾说"遇事每相咨,导我尽忠告"。江春天资聪敏,又有文化,成长很快。不到十年时间,就成为八大总商之一。

乾隆皇帝先后六次下江南巡视,均由江春筹划张罗接待,即所谓"江春大接驾"。江春因迎接有功,被授为正三品奉宸苑卿职衔。此为总商头面人物所能得到的最高职衔。乾隆五十年(1785),适逢乾隆登基50年大庆,江春等盐商献银100万两,受邀赴宴于京城乾清宫举行的"千叟会",并与皇帝进同与宴,受锡杖。这"千叟会"每五十年举办一次,是中国历史上最著名的宫廷盛宴,是清宫中规模最大、与宴者最多的御宴,此可谓被传为"以布衣上交天子"的佳话。

江春在扬州构筑的园林建筑,共有8处之多,有"康山草堂"、"退园"、"净香园"、"深庄"、"秋集好声寨"、"江氏东园"、"西庄"、"水南花墅"等。江春虽长居扬州,然而却一直生活与拼搏在他刻意营造出的"徽州殖民地"氛围中:住的是徽派特色浓郁的别墅以及私家园林,吃的是从老家徽州带去的家厨团队以主要原材料烹制出的徽菜佳肴,玩乐的是自家组建的"春台班"等徽剧,甚至于平常的生活会话也照旧用家乡话。特别值得一提的是,江春家的"春台班",乾隆五十五年(1790年)与"三庆班"、"四喜班"与"和春班"一道,奉旨入京为乾隆皇帝80大寿祝寿演出,演绎出历史上非常著名的"四大徽班进京",导致京剧诞生的重大事件。江春广交朋友,喜"招集各流,酒赋琴歌,不申旦不止"。江春也热衷于传统文化,并投入巨资购买古玩字画和收藏珍贵书籍,并建有"秋声馆"、"随月读书楼"、"康山草堂"藏书楼。

汪如藻

字念孙,祖籍休宁人。藏书家汪森的玄孙。乾隆四十年(1775)进士,曾任山东粮道官,后又被选入四库馆为总目协勘官,署名为文渊阁校理、翰林院编修。世代藏书家,家有藏书楼"裘杼楼"、"古香楼"、"摛藻堂"、"华及堂"和"小方壶"。四库馆征书时,汪如藻献书271种,《四库全书总目》著录取152种,2 154卷,其中入存目55种。经部6种,76卷;史部28种,198卷;子部15种,205卷;集部103种,1 675卷。藏书以集部历朝别集最多,由于献之多,乾隆三十九年,高宗谕旨曰:"朝绅中黄登贤、纪昀、励守谦、汪如藻等,亦俱藏书旧家,并著每人赏给内府初印之《佩文韵府》各一部,俾亦珍为世宝,以示嘉奖。"

吴尉光

字悊甫,一字执虚,号竹桥,休宁人,幼年随父迁徙于江苏常熟。乾隆四十五年进士,选庶吉士,分校四库馆,散馆改礼部主事,后因身体不佳,回归故里。《常昭合志稿》载:"终日居一楼,留心著述,爱书籍及书法名画,藏书以万卷计。"其藏书楼为"梅花一卷",著有《素修堂文集》、《求闲录》、《小湖田乐府》等。

汪璐

字仲连,号春园,黟县人,先世迁居浙江钱塘,其父汪宪。汪璐乾隆五十一年举人,官太常寺博士。父亲去世之后,家中的"振绮堂"藏书楼由汪璐继承,有关这方面详细情况汪璐之子汪诚道:"自比部(即汪宪)弄养,先府君昆弟四人性好宾客,里中诸名士时相假借,竟有久而不归者。迨嘉庆癸亥立秋,季叔将卜迁吴门,伯父涤原公乘间谓府君曰:余弟兄析居已久,所未忍分者,此遗书耳。余老矣,季弟又将远离,子读书,且家居,曷不全畀之子,为永久珍守计乎?府君强应曰:诺。谋之两叔,咸如伯父言。于是,议捐祭资若干,而振绮堂遗书遂全归我府君矣。府君亦笃嗜经籍,又是,又广为搜罗,逾数岁,插架益富。虽旧藏秘本不少散佚,而以视他氏之全归乌有者,不足多乎?"汪璐还自编《藏书题识》5卷,著录之书"皆珍秘之本"。著有《松声池馆诗》4卷。

程彦和

程彦和,休宁人,家有藏书楼为"春远楼",其藏书量丰富。曾多次游历江苏娄东(太仓)地区,与当地藏书极富的宋宾王相知并交往很深,二人还交流图书,互补有无。宋宾王道:"新安海阳霞川程彦和先生,博雅君子也。向闻其春远楼中藏书甚富,仰企久矣,癸丑春,来游娄东,相见如故,遂定交焉。先生以卢熊公武《苏州志》相赠,余以手抄此本(《吴都文粹》)答之,两书并为罕见,庸以志获交同志之好云。"由此可见,二人都热爱藏书。

汪中

字容甫,歙县人,随祖辈迁徙江苏江都县,后又移居仪征县。乾隆四十二年拨为贡生,后因母年迈无缘科举。贫无所依,鬻书于肆,日与书贾借阅群经,一目数十行下,治学经术,尝与名人王念孙、刘台拱、江德量交往。刘台拱说:"君藏书多善本,朱墨烂然,横列座右,杂以金石彝器之属,凡数十年未尝去手。"尝典校文宗、文渊阁《四库全书》时,自抄之书甚多。家有藏书楼"问礼堂"。有著述《述学》、《广陵通典》、《秦蚕食六国表》、《金陵地图考》等。

程鸿绪

字石琴,号萝裳,又号芭堂,休宁人。书香之家,一门风雅,成绩斐然。乐善好施、助人为乐。博学好古,性嗜书,购书、抄书,其家多典籍,藏书甚富。著有《浣月斋诗存》、《增订唐诗摘抄》、《程氏诗抄》、《浣月斋印谱》、《松谷印遗》等。

倪望重

字仲荣,号愚山,祁门人。幼年聪颖好学,刻苦攻读,逢考屡摘其冠。同治十三年进士,历任浙江分水、淳安、诸暨、黄岩、临海知县,四任浙江乡试同考官。一生酷爱读书,藏书150余柜,多宋、元旧本。光绪十年耗银万两,在家乡渚口建藏书楼为"求我斋书室"。著有《求我斋全集》,中分文集、诗集、笔记、祁门县志补、祁谚考、谕民纪要、锦城记略、锦城诗存暨外集、图书目录10种,又校刊婺源汪双池《戊笈谈兵》10卷、《读读书录》2卷、《读困知录》3卷。

俞正燮

字理初,黟县人,道光元年举人。家贫,性介,从小聪颖好学,"性强记,经目不忘",后因会试不第,曾到陈用光家校顾氏《方舆纪要》。又入张井、林则徐等人幕府,协助或参与编著《大清会典》、《黟县志》、《钦定春秋左传读本》等。后来他遍游全国各地,"足迹半天下",之后受邀主讲南京"惜阴书院"。治经以汉儒为主,曾谓秦汉去古不远,可信者多。生平除治经外,于史学、诸子、天文、舆地、医方、星相,以及释道之阅,无不探究。其足迹半天下,得书即读,读即有所疏记。每一事立一题,备巨册数十,鳞比行箧中,积岁月,证据周全,断以已意,一文遂立。性孝友,有"经师人表"之称。而夏寅官则称赞俞正燮说:"丛籍城拥,手翻翻不辍,辍辄大半成诵。地人名称,事回穴数,载极见某庋某册某卷某篇行,语即中,是谓能人;萃昔贤往事,判黑白,摇笔缱缱千万言,某可据,某可勘,某不可凭,某宜斟,一篇中计叠简不胜举,使起昔贤议往事亦,是谓能出。出入之际,精心卓识,分别部居,于诸儒所桥舌方皇者,引称首首如肉贯串丝在"。而俞正燮的博闻强记齐学裘有这样的评价:《四库全书》以及道藏内典,皆在胸中。国初以来,名官家世科墨,原原本本,背诵如流。博古通今,世罕其匹。"而张舜徽也称许说:"正燮在嘉道间,虽不为专经专史之学,而涉览浩博,一时无两。"

据同治《黟县三志》载:"好读书,拥籍数万卷,手翻不辍,辍已成诵。地人名称,事迹本末,见某庋某册某篇,行语辄中。""家产不中人,束修所入,尽以周急并购书。"俞正燮的藏书处"四养斋",积累多达 7 万余卷。俞正燮还是个好学不倦、以读书为乐的青衿学子。他一生大半时间在外地讲学、著述,"行路无休息",备尝艰辛,"终年羁旅,出必载书;午夜丹铅,手不释卷"。俞正燮的学术精神和治学特点,有三方面值得称道:一是心系国家盛衰、社稷安危,筹远通今,有着强烈的经世旨趣;二是高度关注民生问题,尤其同情妇女;三是通经史百家,尤以考据见长,既博且杂,精益求精,而这些其实都和他佣书有着密切关联。一生佣书为业,成就了俞正燮清代著名思想家、考据学一大宗师的学术地位。著作有《癸巳类稿》、《癸巳存稿》、《说文部纬校补》、《海国纪闻》等。

程恩泽

字云芬,号春海,歙县人。出其乡凌廷堪之门,学问广博,嘉庆十六年进士,授翰林院编修,历官贵州学政、侍读学士、内阁学士,官至户部侍郎。从经史到天文地理、金石书画、医算等,无不涉及。他治学提出"凡欲通义理者必自训诂始"的主张,其诗先崇拜李商隐,后学韩愈、黄庭坚。程恩泽大量的诗是日常应酬和咏物写景之作。而郑珍、何绍基、莫友芝都是他的门生,受到他学风和诗风的影响很深,这些门生后来都出类拔萃名震文坛。程恩泽爱好读书、喜欢收藏图书。据《续碑传集》载:程恩泽"多藏书,宋元以来子史杂录,博览强记,金石书画亦多考订,苟有叩者,必举以应。"著有《战国策地名考》20 卷、《程侍郎遗集》10 卷。

齐彦槐

字梦树,号梅麓,婺源人,嘉庆十四年进士,任翰林院庶吉士,授江苏金匮县知县,官至苏州督粮同知。从事天文学和农田水利方面的研究,卓有成就。天球仪是齐彦槐根据天象制造的计时仪器。清朝,欧洲钟表传入中国,天球仪内部模仿其结构,用发条作动力,自动运转报时报刻。外部铜球上铸有各个星座。天球仪采用透明塑胶制作,标识完全,内部为地球模型,便于理解天球的概念。

适用于大、中学校天文、地理教学,适用于航海及科研。利用它来表述天球的各种坐标,天体的运动以及求解一些实用的天文问题。热爱书法,精于收藏书籍,家藏图书甚富,曾编《藏书目录》。著有《梅麓诗文集》26 卷、《海运南漕丛议》1卷、《北极星纬度分表》4 卷、《天球浅说》1 卷、《中星仪说》1 卷。

汪远孙

字久也,号小米,又号借闲漫士,先世由安徽黟县迁移浙江钱塘。幼年聪颖。十岁,侍祖父受经。嘉庆二十一年(1816)举人,官内阁中书。后因身体欠佳,遂绝意进取,终居乡里,结社吟诗,文雅风流,冠冕全郡。汪远孙溺苦于学,惟肆力于著书、刻书、藏书。先世藏书之处为"振绮堂"。他读尽家中所藏之书,又多方搜求,于家中建"水北楼"、"借闲小筑"藏书楼,临濒西湖,逢春秋佳日,焚香曝书。其家藏书自汪宪开始,历经汪曰潞、汪汝瑮、汪誠至远孙,"振绮堂"藏书,冠于浙右。家有水北楼,著述之暇,与同里文人学士结"东轩吟社",优游畅吟;时更登山临水,寄其旷逸之怀,乃自号"借闲漫士"。汪远孙一生为振绮堂藏书楼不断增添藏本,校书、著书不辍,且编书目。

陈用光《太乙舟文集录》说:"余来杭州,闻汪舍人远孙家藏书甚富,余索借观其藏书目录。舍人既以咸淳《临安志》见赠,并索为目录序。舍人家旧有宋宝祐四年《登科录记文》,足以助为宋史者之考证,而其书已佚,书之难得而失也如此。而刘器之《尽言集》、魏了翁之《仪礼要义》、谢皋羽之《金华游录》,余今皆以未得借读为憾。舍人之藏书,分经史子集为四部,部各有子目,而所考证其书之佳否真伪,及得书之缘起,自注于上方甚详,且秩然有条理之可观也。舍人遗荣谢客,专志于读书,其萧然自得之胸次,不独为杭州之贤士也。时道光十四年冬十月之二十九日。"清代思想家、诗人、文学家龚自珍曾咏诗称赞"振绮堂"藏书:"振绮堂中万卷书,乾嘉九野有谁如"之句。

汪远孙除家藏书甚富之外,还喜欢刻书,先后刊刻有《咸淳志》、《临安志》、《辽史拾遗》、《东城杂记》、《左通补释》等。著《诗考补遗》、《汉书地理志校勘记》、《借闲生诗词》、《国语考异发正》、《三家诗考证》、《世本集证》等。

汪文台

字南士,(清)黟县碧山人,府学廪生。汪文台少从文学,博闻强记,刻苦钻研,治经以汉儒为宗,持法严谨,曾为阮元《十三经注疏校勘记》作《识语》,阮元读后服其精博，聘他去扬州。鸦片战争后，汪文台作《红毛番英吉利考略》，由翰林院编修黄彭年在京师刻印发行。与俞正燮交往密切，好搜览异书，晚年藏至数万卷，也是清代著名藏书家。汪文台是"徽州朴学派"成员之一，其主要学者有：黄生、姚际恒、洪榜、吴定、汪中、凌廷堪、江有诰、俞正燮、汪文台、汤球、程晋芳、江永、戴震、程瑶田、金榜、程鸿诏、胡匡衷、胡培翚、吴承仕。汪文台一生著述宏富，主要有《脞稿》、《七家后汉书》、《淮南子校勘记》、《论语外传》、《小学札记》、《说文校字录》等。

胡珽

字心耘，休宁县人，后侨居浙江仁和（今杭州）。官至太常博士。父胡树声，字震之，所购宋元旧本，积至数千卷。珽喜收宋、元善本，手自校雠。手自抄录古籍，达千百卷，建"琳琅秘室"，专藏宋元善本。居于吴中，专收宋元旧刻及流散的书籍，并遍加校勘。收有宋本《石林奏议》、元本《草堂雅》、明刻《东观余论》等。宋翔凤《琳琅秘室丛书》说："心耘弱小孤露，母夫人蒋保守旧籍，什袭护持，俟其成长而后授之，则能读父书，复奉母训，好古友贤。"卢希晋《琳琅秘室题辞》说："入尔室，即尔席，羡尔有嗜书之癖，宝之秘之，不啻若连城之璧。"胡珽颇能继先人之业，嗜书成癖，好学不倦的人。其藏书楼为"琳琅秘室"。爱藏印，有"胡珽词翰"、"壶天小隐"、"琳琅秘室藏书"、"从吾所好"、"第一奇书"等印章。著《得即记》、《石林燕语集辩》、《懒真子录集证》等。

舒之翰

字西园，又字松生，黟县人，尝为多隆阿、穆图善之幕僚，后历官宁夏、兰州知府，兰州茶马道，西宁兵备道。据民国《黟县四志》载："舒之翰，字西园，屏山人。父二品，封典尧义。侨寓宿松县生，故又字松生。幼喜读书，负大志。善画兰，书宗争坐位，求者踵相接。为科举文不拘绳墨，试不合意，豁如也。咸丰初，粤寇充斥孔垅当鄂之冲，忠勇公多隆阿来驻军，投笔请缨，试以文檄，深拥倚任历克桐庐各府县屡著劳绩。同治二年，多么移军援陕随营攻放仓头等处及鏊屋县，得保花翎以知县留陕，补用三年。荆州将军果勇公穆园善西定陕甘，条陈剿匪安民十策，穆公奇之。由是率所部入宁夏，历攻要隘，宁夏平，署宁夏府知府，调署兰州府时，穆公总督陕甘，渭源狄道州尚负固檄合诸军剿克之累功赏布政使衔，以道员留陕补用。平凉秦州有土匪刚八者，聚众万人与镇原匪孙百万相结,势甚蔓延,抚而平之。八年署兰州茶马道,旋补西宁兵备道,抚绥有术,民以大安。嗣以不避劳怨,为人中伤落职归。光绪二十一年吉林将军忠靖公长顺聘赴行营帮办全营冀长中东事赴从长公扼辽阳迫和议成乃归隐。生平寡言笑,笃孝友,喜抄书,校写者等身,爱藏书画。卒年七十有一。"从中可知:舒之翰善书画,喜抄书、藏书,是一位当官的文人雅士。

胡积堂

字琴生,号迥坞山人,黟县人。道光九年授奉直大夫。胡积堂是黟县西递村"履福堂"的主人,这是一座分前后厅,三间三楼结构的民居建筑,高大宽敞,雅秀古朴。前厅挂有一幅很大的"松鹤"中堂画,中堂上方悬挂"履福堂"匾额,字体遒劲。中堂两侧和东西列柱上,挂有泥金木制楹联,上刻"孝梯传家根本,诗书经世文章","世事让三分天宽地阔,心田存一点子种孙耕","第一等好事只是读书,几百年人家无非积善"等古训。厅内陈设"压画桌",桌上东侧置放一花瓶,西侧摆设一古镜,取谐音"东平西静"之意。中间放着一古钟,两侧各有古瓷"帽筒"一个。八仙桌上陈列文房四宝,厅两旁摆有罗汉椅。板壁上挂有古代画家的字画,其中有程兰舟楷书、黄元治书法木雕、郑板桥竹黄贴画和"猫戏蝶"图等。后厅右侧墙上挂有一把木质古扇,上刻"清风徐来"四个古隶字,一扯动绳子,板扇即轻轻来回摆动。天井两侧各有十二扇木门,全雕了花草、飞禽、走兽,在每扇门中段各雕了一则孝义故事,合起来恰是一幅《二十四孝图》。天井下还设有金鱼池,摆设假山盆景。楼上厅张挂有胡氏祖容。整座宅居古风盎然,书香扑鼻,具有中国古代典型的书香门第风貌。

据履福堂胡氏《五世传知录》载:胡积堂的祖父、该村徽商泰斗胡贯三,与当朝宰相歙人曹振镛是儿女亲家,同是"乾嘉盛世"的显赫人物。胡积堂的父亲胡元熙即是曹振镛的女婿,曾任杭州知府。因是累世官宦之家,积财号称江南第六富户,故其收藏的宋、元至清精妙入品的书画数以千计。今履福堂的继承人胡福基,常将收藏多年的珍贵字画、古玩按习惯张挂、摆设起来,供慕名而来的海内外佳宾观赏。履福堂成了一处名闻中外的私家文物博物馆。由于家境富饶,胡积堂将大部分资金投入文化产业,喜爱书画、古玩收藏、鉴赏和图书藏,在当时被称之为"书香人家"。

汪由敦

字师茗,号谨堂,又号松泉居士,休宁人。后因父母经商而侨居杭州,少年爱书如命,读书入迷,且能一目成诵,过目不忘。汪由敦风华正茂,文采横溢,时值浙江省巡抚徐元梦惊闻其名,延致幕中,后元梦晋升为工部尚书。雍正二年进士,因擅长文学经史论,被召入翰林院庶常馆深造,后充当明史纂修官。文章典重有体,以才学著称,直上书房,乾隆二年授侍读学士。累迁工部尚书、调刑部、兼署左都御史。汪由敦不仅以政绩和军功显赫,同时还以书法和诗词文章见称。他一生除在翰林院和馆阁中参与、主持编纂了《大清一统志》等大量有价值的历史文献,担任过《平定金川方略》和《平定准噶尔方略》的副总裁、总裁外,还创作了大量诗词文章,有记载的就有《松泉文集》20卷、《松泉诗集》26卷,还有不少收藏在民间。与此同时,汪由敦又是一位能识千里马的伯乐,他除了在充当乡试、会试和殿试的重要职务中拔取了数不胜数的大清栋梁之才;还在日常交往中,提拔、奖掖后进。后辈由此将他奉为韩(愈)欧(阳修)。汪由敦学问渊深,文辞雅正,兼工书法。家藏书数十万卷,皆亲自校勘。著有《松泉诗文集》。

程梦星

字伍桥,号汛江,又号茗柯、香溪、杏溪,歙县人。程梦星随父程文正迁居扬州,康熙五十一年进士,选庶吉士,任职翰林院编修。程家世代经营盐业而致富,程梦星的祖父程之韺在康熙皇帝征伐三藩叛乱之际,捐献资金作为政府的军费,朝廷赏他五品顶戴。程梦星的父亲程文正科举考试中了进士,继而为翰林院庶吉士,任职工部都水司主事,这才有了朝廷真正的命官,程之韺的夙愿得以实现。康熙五十五年母亲病故,回归不复出。居扬州策园,与一时名流以诗酒相往还。雅好李商隐诗,以旧注未精,重为笺注。《四库全书总目》云:"其诗略近剑南一派,而间出入于玉溪生。词亦具南宋之体,但格力差减耳。"喜欢收藏书籍,家有藏书楼。著有《今有堂诗集》、《茗柯词》,编有《平山堂小志》、《江都县志》、《两淮盐法志》,另有《李义山诗集笺注》、《词调备考》。

方鼎锐

字子颖,号退斋,歙县人,后迁往江苏仪征。咸丰二年北闱举人,八年由内阁中书入直,任军机处章京。方鼎锐在京任军机章京期间,办理军机处的日常工作,处理文书,记注档册,撰拟文稿等。亦同时负撰拟谕旨之责;还参预军机处新承办案件之审理;跟随军机大臣或单独奉派往各省查办和处理政务。同治十年到温州任职温处道。性慷慨、倜傥多能,工书,善山水,用笔简淡,惜不多作。方鼎锐与翁同龢等藏书家关系极为密切,并互称兄道弟;同治八年秋,赵之谦由杭州来温州,游乐清城西沐箫泉,寓永嘉城区积谷山下张瑞溥如园与方鼎锐、蔡保东、张小孟等唱和,有诗多首。方鼎锐喜藏书和刻书,收藏图籍甚富,藏书甚精,藏书室名有"汗青阁"等。诸家目录中记载有其收藏的明清刻本,均为珍善之本,如明代凌氏朱墨印本《陶靖节集》、明万历本《分类补注李太白诗》、《集千家注杜工部诗集》、明弘治本《文心雕龙》、明仿宋本《东观余论》等书,其集部书较多,明本亦为特色。其藏书印有"扬州方氏得园藏书印"、"鼎锐之印"、"方氏素竹汗青阁藏书"、"真竹方氏所藏书画之章"、"歙西方氏收藏金石文字书画图籍印记"、"方鼎"、"鼎"、"锐"、"子颖"等印记。著《温州竹枝词》、《清湘老人题记》等。

鲍志道

字诚一,号肯园,歙县棠樾人。读过几年私塾,后家道不济,弃学从商。志道出门时,没有盘缠,家人替志道跟别人借钱,无奈一天转下来,没有一点收获。看着身无分文的志道,母亲便从箱柜的底层拿出一直珍藏着志道婴儿时的穿戴,将他小时候虎头帽上镶嵌的那枚"康熙通宝"铜钱取下,放到志道的手心里,语重心长地说:"儿啊,这可是我们家仅剩的一文铜钱了。今天给了你,以后咱家的兴旺就要看你了啊!"志道眼含热泪,"扑通"一声跪到地上,抱着娘的腿,哽咽着:"娘,志道听明白了!"一边珍重地将这一文钱收在了内衣夹层的口袋里,辗转到翻阳学会计,后又来到浙江金华做些小生意。再后来为寻找更好的市场,他从金华又到扬州,从扬州又转徙湖北,这样碾转奔波,但始终未能找到一块立足之地。20岁时,志道又一次来到扬州。逐渐成熟的他,应聘当上了一个大盐商的经理,后来投资盐业,凭他的精明强干、处事公允、急公好义,家资累至巨万,同时在业界的声誉也是日益高涨。20岁后独资为盐运商,并以"资重引多"出任两淮总商20年。在此期间,倡议"一舟溺,众舟助",受到商界推崇。志道虽巨富,但生活勤俭,重礼好义,为世人称道。在扬州铺设康山以西至抄关抵小东门砖石路面;建12门义学,供贫家子弟就读。在本县,捐银8000两,作为补助城南紫阳书院的经费;并同曹文埴一起倡议复建古紫阳书院独自捐银3000两;还出资建鲍氏世孝祠,增置祀田,捐资建东河(富资水)水射,修造古虹桥等。反映了鲍志道乐善好施,重视家乡书院及公益事业的建设,为子孙后代造福,以提高自己及家族在当地的地位和影响。鲍志道亦喜欢收藏图籍文物,利用收藏图书充实自己,提高自身修养。

黄履晟

字东曙,号晓峰,歙县人。与其弟履暹、履灵、履昂皆居扬州,以盐策起家,发展成为巨商,其兄弟四人有"四元宝"之称。黄氏兄弟贾而好儒,慷慨好义,乐善好施,喜交结文人雅士,喜藏书,曾以千金购得秘书一卷,家有藏书楼"槐荫草堂"和"亦政堂"。并刻有《水经注》、《三才图会》、《太平广记》、《圣济录》、《叶氏指南》等。

洪莹

字宾华,号钤庵,歙县人,迁居扬州,读书于扬州梅花书院,师从孙星衍。嘉庆九年举人,嘉庆十四年,皇帝五十大寿特设恩科状元,其论"国策"卷文,因陈言时弊中肯,深受嘉庆帝器重,特恩赐状元,授翰林编修,掌修国史。嘉庆十八年出任顺天乡试同考官,累官至知府。由于官场险恶,令人伤心,洪莹对仕途淡泊,不愿意继续在朝为官,上疏辞官,再三恳求皇帝恩准解甲归田,潜心学术。洪莹淹通经史,热爱藏书,特别是宋元旧刻,无论价格多少,竭尽购之。

朱之赤

字守吾,号卧庵,别署烟云逸叟,休宁人。后迁居江苏吴县。曾一度为南京朝天宫道士,学问渊博,通天文术数。喜收藏书画,并精于鉴别。早年曾向叶奕、毛扆商讨藏书及版本,宋椠元抄充栋,其法书名画及名人手稿本多精品。叶奕、毛扆曾访问过他的藏书处,见其床榻乱书一堆,残帙中有一完整图书一册,乃是影宋精抄本《西昆酬唱集》。《皕宋楼藏书志》著录其收藏有《槐郯录》;《天禄琳琅书目》也著录有其收藏的《道命录》、明版《水经注》及《山海经》合刻,以至于后来的黄丕烈、丁丙、张元济等家编撰的书目中均有著录其旧藏,多为珍稀善本。其藏书处有"卧庵"、"水镜堂"、"留耕草堂"、"二知斋"等。其藏书印有"朱之赤印"、"朱之赤鉴藏"、"三天锦吏"、"寒士精神"、"休宁朱之赤珍藏图书"、"安贫乐道"、"守吾过眼"、"择木亭印"、"正气堂狂奴"、"烟云逸史"、"卧庵道士"、"水镜堂居士"、"休宁千秋里人"等几十枚。书画收藏名重一时,收藏精品如董其昌纸本《仿倪云林山水》、沈周《松溪小坐》、《暑气帖》、文征明尺牍等。

汪鸣銮

字柳门,号郋亭,休宁人,祖父以商业侨居江苏吴县。同治四年进士,历官编修、陕甘学政、山东、江西、广东学政、内阁学士、总理各国事务衙门行走、五城团防大臣、吏部右侍郎等。历官吏部侍郎。五城团防大臣,总理各国事务衙门大臣,光禄大夫。晚年讲学诂经精舍、敷文书院。喜爱藏书,外祖父韩崇收藏颇富,后来所有藏书和金石器物被他所得。建藏书楼有"万宜楼",上下三层,中有庭院,以通天气,用转辘以取书。藏书家王颂蔚、叶昌炽曾登其楼观书,叶昌炽称"导登书楼,周览图史,宋元旧椠,士礼艺芸。相视莫逆,镇库之珍"。其所得宋元人集,如周紫芝《太仓秖米集》、陈基《夷白集》,凡数十种。藏书印有"万宜楼藏善本书记"。编有《万宜楼善本书目》1 册,收有宋本 13 种,元本 12 种,明本、抄本、批校本、稿本数百种,皆为善本。精于小学,书画亦擅长。著有《能自疆斋文稿》。

黄之隽

字若木,号㽔堂,休宁人,后移居华亭(今上海奉贤区)。康熙六十年进士,历任庶堂、翰林院编修、福建督学、右中允等,后被革职。曾应聘纂修江浙两省通志,任《江南通志》总裁,他赞助裁断,出力尤多。王中安曾题有"拥书万卷图",赠诗"万卷书随仗履还,至今手笔忆扬班"。学术上排斥陆、王之学,独尊程朱理学。一生酷爱嗜书,有存书面 2 万余卷。为清代著名诗人和藏书家,著作有《吾堂集》《香屑集》等。为学尊程朱。他喜爱戏曲,著有杂剧《四才子》。

李绂

字巨来,号穆堂,歙县人,后移居江西临川县。自幼聪颖,有神童之称,十岁能诗,十二岁即与里中诸先生结诗社。康熙四十四年举江西乡试第一,四十八年进士,选庶吉士,散馆,授编修,迁侍讲学士、日讲起居注,武科会试正、副主考官,云南、浙江乡试正考官等职。雍正元年任吏部右侍郎。李绂一生勤政爱民,打击腐败,是清一代少有的硬汉,因弹劾田文镜三次入狱,两次赴刑场问斩,却没有半点怯懦。李绂一生清白,效国为民,祸福不动心,生死置之度外。家乡人民为纪念他,将抚州的一条繁华街道取名为"穆堂路"。李绂罢官之后,杜门著述8年成书。授户部侍郎,累至内阁学士。学者称"穆堂先生"。居于宣武门南,以藏书知名,博闻多览,收藏至5万卷,并加以校勘。对古史疑义,问答如流。有书楼为"紫藤轩"。李绂学问渊博,下笔千言。崇尚陆象山之学,精研理学,集江西诸先正之长,论学以躬身实践为主,而归之于匡时济世,力图调和朱陆"尊德性"与"道问学"之说。著有《朱子晚年全论》20卷、《春秋一是》20卷、《阳明学录》、《陆子学谱》20卷、《穆堂类稿、续稿、别稿》百余卷等。

汪士铎

字振庵,号梅村,婺源人,后侨居南京。年轻时当过学徒,道光二十年举人,但未任过正式官职,一生以授徒讲学和充当幕僚为业,荐授国子监助教。胡林翼为湖北巡抚时,被聘为部下任职。咸丰九年任曾国藩幕僚,参与制定进攻太平军的军事计划,对朝政多有议论。咸丰九年(1859)任曾国藩幕僚,参与制定进攻太平军的军事计划,对朝政多有议论。同治三年归金陵后,筑书屋为"砖丘",家藏图书颇富,其"砖丘书屋"所藏图籍3万余卷。博览群书,每有所见,均记录于书中,上下左右,朱墨累累。常至文庙书摊及石渠阁购书。专治地理学,旁艘古今地志,疏栉考证,注释加以现名。而与山川、关塞、坡地水利,所记尤为详尽。著有《诗文笔记》、《汉志志疑》、《水经注图》、《水经注释文》、《南北史补志》、《悔翁诗抄》、《汪悔翁乙丙日记》、《悔翁笔记》等。而《汪悔翁乙丙日记》是历来议论中国人口问题最多的一部著作。

附录二 《四库全书》与徽州人著述

清代乾隆年间纂修的《四库全书》,共收入图书3461种,79309卷,存目图书6793种,93551卷,是一项巨大的文化工程。清政府投入了巨大的财力,组织了当时各学科领域最有成就的学者数百人,以纪晓岚等任总纂官,历时10年,编纂成了堪称中国历史上规模最大的一部丛书。它是后世学人了解和研究先秦至清朝前期2000多年中国学术、思想、历史、文化的最重要的文献宝库。在《四库全书》中,也汇聚了历史上徽州学者的大量著述,这是研究徽州历史文化的宝贵史料。为了深入推进徽学研究,特爬梳、整理出本文,以供学术界参考。

(一)经部

1. 易类

《易原》8卷
宋程大昌(1123—1195)撰。大昌字泰之,休宁人。绍兴辛未(1151)进士,历官秘书省正字、国子司业兼礼部侍郎、直学士院、浙东提点刑狱、国子祭酒、官至吏部尚书,出知泉州、建宁府明州,以龙图阁直学士致仕,卒谥文简。博学长于考究,著述甚富。

《周易本义》12卷附《重刻周易本义》4卷
宋朱熹(1130—1200)撰。朱熹字元晦,号晦庵,亦号云谷老人,徽州婺源人。绍兴戊辰(1148)进士,历官宝文阁待制,落职奉祠卒。累赠宝谟阁直学士,谥文,宝庆中赠太师,封徽国公。其学出于延平李侗、罗从彦,尽得程氏之传。大抵穷理以致其知,反躬以践其实,故以居敬为主。考亭为其讲学之所,故人称考亭学派。一生著述甚丰。

《易学启蒙通释》2卷
宋胡方平撰。字师鲁,号玉斋,婺源人。精于《易》,学书于董梦程,梦程学出于黄榦干,干系朱熹婿,故方平与子一桂,皆笃守朱子之说。精研《易》旨,皆潜反复二十余年而后著述。

《易本义附录纂疏》15 卷

元胡一桂撰。一桂字庭芳,号双湖,婺源人,方平子。理宗景定甲子(1264)领乡荐,礼部不第,退而教授乡里以终。生而颖悟,好读书,尤精于《易》,受《易》于董梦程。同郡赵汸、朱升皆师之。

《易学启蒙翼传》4 卷

元胡一桂撰。一桂有《易本义附录纂疏》,已著录。

《周易本义通释》12 卷

元胡炳文撰。炳文字仲虎,号云峰,婺源人,斗元子。少承庭训,笃志朱子之学。仁宗延祐中,以荐署信州道一书院山长,再调兰溪学正,不赴。

《周易文诠》4 卷

元赵汸(1319—1369)撰。汸字子常,休宁人。师事黄泽,受易象春秋之学。隐居著述,筑东山精舍以奉母,学者称东山先生。明洪武二年(1369)召修《元史》,不愿仕乞归卒。

《洗心斋读易述》17 卷

明潘士藻撰。士藻字去华,号雪松,婺源人。万历癸未(1583)进士,官至尚宝司少卿。

《周易图书质疑》24 卷

清赵继序撰。继序字芝生,号易门,休宁人。乾隆辛酉(1741)举人。肆力经学,以朱熹为宗。

附:易类存目

《周易旁注图说》2 卷

明朱升(1299—1370)撰。升字允升,休宁人,学者称枫林先生。元至正乙酉举于乡,授池州路学正。后弃官隐居石门。朱元璋下徽州,召问时务,答以"高筑墙、广积粮、缓称王"。遂留参密议。吴元年(1367)授侍讲学士,知制诰,同修国史。洪武元年(1368)进翰林学士,定宗庙时享斋戒等礼,预修《女诫》。时大封功臣,制词多出其手。以老请归。著有《枫林集》等。

《学易象数举隅》2 卷

明汪敬撰。敬字思敬,一字益谦,婺源人。宣德癸丑(1432)进士,官至户部主事,以廉能称。所著有《易传通释》及此书。《明史·艺文志》不著录。

《六爻原意》1 卷

明金瑶撰。瑶字德温,号栗斋,休宁人。嘉靖辛卯选贡生。授会稽县丞,再补庐陵县丞。迁桂林中卫经历,以母老不赴。教授乡里,年九十七乃卒。

《易引》9 卷

明方时化撰。时化字伯雨,歙县人。万历甲午(1594)举人。官至叙州府同知。时化传其高祖社昌之《易》学,著书六种,其子庞汇辑合刊。

《周易颂》2 卷

明方时化撰。时化有《易引》等,已著录。

《学易述谈》4 卷

明方时化撰。时化有《易引》等,已著录。

《易指要绎》3 卷

明方时化撰。时化有《易引》等,已著录。

《易疑》4 卷

明方时化撰。时化有《易引》等,已著录。

《易通》1 卷

明方时化撰。时化有《易引》等,已著录。

《周易去疑》11 卷

明舒宏谔撰。宏谔字士一,旌德人。老于授徒。

《四易通义六》无卷数

明程观生撰。观生字仲孚,歙县人。流寓嘉兴。崇祯中知天下将乱,即弃去诸生,以相地之术自给。朱彝尊《静志居诗话》载其事迹颇详。

《周易时义注》无卷数

明章佐圣撰。佐圣字右臣,崇祯时祁门人,《四库总目》作歙县人,误也。

《易经补义》4 卷

清方芬撰。芬字舒林,歙县人。康熙岁贡。乾隆时以诗集中有"征衣泪积燕云恨"等句,指为狂妄,悉毁其集,并治其孙国泰以藏匿罪,杖一百,徒三年。

《易赞》2 卷

清王艮撰。初名王炜。艮字无闷,号不庵,歙县人。与顾炎武游,为文颇有法度。

《易或》10 卷

清徐在汉撰。在汉初名之裔,在汉字天章,晚年乃易今名,又字寒泉。歙县人。

《读易质质疑》20 卷

清汪璲撰。璲字文仪,号默庵,学者称默庵先生,休宁人。九岁善属文,从无锡高世泰游,又友吴曰慎。为学一遵朱熹,尝讲学东林,尤精于《易》。

2. 书类

《禹贡论》5 卷

宋程大昌撰。大昌有《易原》,已著录。

《尚书集传纂疏》6 卷

元陈栎撰。栎字寿翁,号定宇,晚年号东皋老人,休宁人。宋亡之后隐居三十八年。至延祐甲寅(1314),年六十三,复出应试,中浙江乡试。以病不赴礼部会试。三岁诵《论语》《孝经》,五岁即涉猎经史,尤力崇朱熹之学。方回、曹泾,皆文场老手,栎与切磋,甚为二人敬服。所居曰定宇堂,学者称定宇先生,年八十卒于家。

附:书类存目

《尚传旁注》6 卷

明朱升撰。朱升有《周易旁注图说》,已著录。

3. 诗类

《诗集集传》8 卷

宋朱子撰。子有《周易本义》等,已著录。

附:诗类存目

《诗论》1 卷

宋程大昌撰。大昌有《易原》,已著录。

《诗经正义》27 卷

明许天赠撰。天赠字德天,黟县人。嘉靖乙丑(1565)进士,知浙江海宁县,升户部主事,榷北关,以廉惠称,官终山东布政使参政。

《诗志》20 卷

明范王孙撰。王孙字士文,休宁人,寄籍钱塘。

4. 礼类

《周礼疑义举要》7 卷

清江永撰。永字慎修，一字春斋，婺源人，乾隆岁贡生。博通古今，专心十三经注疏，于三礼功尤深。康熙间游京师，方苞、李绂与论礼经，大为折服。读书好深思，长于比勘，每有心得，随笔撰记，自壮至老，丹黄不去手。精通步算、地舆、钟律、声韵之学。休宁戴震之学，得力于永为多，世称江戴，康乾间徽州朴学大师。乾隆二十年(1762)卒，年八十二，学者称慎修先生。著述甚富。

《经礼补逸》9 卷

元汪克宽(1304—1373) 撰。克宽字德辅，一字仲裕，祁门人。泰定丙寅(1326)乡举，会试以答策切直见黜，遂弃举业，尽力于经学，教授宣歙间，学者称环谷先生。洪武二年(1369)征修《元史》，不受官，归卒。师吴仲迁，而友郑玉、汪泽民。学以朱熹为宗，为文略不经意，浑融典雅，诗在李贺、苏轼间。

《仪礼释宫增注》1 卷

清江永撰。永有《周礼疑义举要》，已著录。

《礼记训义择言》8 卷

清江永撰。永有《周礼疑义举要》，已著录。

《深衣考误一郑》无卷数

清江永撰。永有《周礼疑义举要》，已著录。

《参读礼志疑》2 卷

清汪绂撰。绂一名烜，字烜人，号双池，婺源人，乾隆初诸生。家贫，在景德镇为画工以自给。后去福建，馆于浦城，从游者众。为学尊信朱熹，虽博极两汉、六代诸儒疏义，而以宋五子之学为归。旁通律吕，与江永齐名，为东南大儒之一。著作极富，汇为《江双池遗书》。

《仪礼经传通解》37 卷、续 29 卷

宋朱子撰。子有《周易本义》等，已著录。

《礼书纲目》85 卷

清江永撰。永有《周礼疑义举要》等，已著录。

附:礼类存目

《周礼述注》6 卷

明金瑶撰。瑶有《六爻原意》等，已著录。

《考工记纂注》2 卷

明程明哲撰。明哲字如晦,歙县人。

《仪礼释例》1 卷

清江永撰。永有《周礼疑义举要》,已著录。

《檀弓原》2 卷

明姚应仁撰。应仁字安之,徽州人。

《三礼约编》19 卷

清汪基撰。基字警斋,休宁人。

5. 春秋类

《春秋提纲》10 卷

元俞皋撰。皋字心远,婺源人。宋末进士及第,授修职郎,官广德军教授。从乡人赵良钧受《春秋》之学。宋亡不仕,以《春秋》教授乡里。

《春秋经传阙疑》45 卷

元郑玉(1298—1362)撰。玉字子美,歙县人。博通《六经》,尤其精通《春秋》。曾在乡开办师山书院,授业讲学,门生很多,人称师山先生。至正十四年(1354),朝廷授之以翰林待制、奏议大夫职务,他称病不就,日以著书为事。龙凤三年(1357)遭明兵陷害,次年他自缢而死。所作文章流传较广,元代文学家、史学家揭傒斯和欧阳玄对他的文章曾大加称赏。

《春秋集传》15 卷

元赵汸撰。汸有《周易文诠》,已著录。

《春秋师说》3 卷

元赵汸撰。汸有《周易文诠》,已著录。

《春秋属辞》15 卷

元赵汸撰。汸有《周易文诠》,已著录。

《春秋左氏传补注》10 卷

元赵汸撰。汸有《周易文诠》,已著录。

《春秋金锁匙》1 卷

元赵汸撰。汸有《周易文诠》,已著录。

《春秋胡传附录纂疏》30 卷

元汪克宽撰。克宽有《礼经补逸》,已著录。

《春秋地理考实》4 卷

清江永撰。永有《周礼疑义举要》,已著录。

附:春秋类存目

《春秋日质疑》1 卷

清吴守一撰。守一字万先,歙县人。

《春秋集解读本》12 卷

清吴应申撰。应申字文在,歙县人。

6. 孝经类

《孝经刊误》1 卷

宋朱子撰。子有《周易本义》,已著录。

附:孝经存目

《孝经类解》18 卷

清吴之骙撰。之骙字耳公,歙县人。康熙壬子(1672)举人。官绩溪县教谕,迁镇江府教授。

7. 五经总义类

《群经补义》5 卷

清江永撰。永有《周礼疑义举要》,已著录。

附:五经总义类存目

《七经图》7 卷

明吴继仕撰。继仕字公信,休宁人。以贡授耀州判官。

8. 四书类

《大学章句》1 卷、《论语集注》10 卷、《孟子集注》7 卷、《中庸章句》1 卷

宋朱子撰。子有《周易本义》,已著录。

《四书或问》39 卷

宋朱子撰。子有《周易本义》,已著录。

《论孟精义》34 卷

宋朱子撰。子有《周易本义》,已著录。

《四书通证》6 卷

元张存中撰。存中字德庸,婺源人。学者称兰石先生。

《乡党图考》10 卷

清江永撰。永有《周礼疑义举要》,已著录。

附:四书类存目

《重订四书辑释》20 卷

元倪士毅撰。士毅字仲宏,休宁人。曾祖机、祖文虎、父良弼,皆以经学教乡里,士毅世其学,又学于陈栎。隐居祁门山,潜心讲学,学者称道川先生。《四库总目》作歙县人,误也。

《四书通义》20 卷

明刘剡撰。剡字用章,休宁人。

9. 乐类

《律吕新论》2 卷

清江永撰。永有《周礼疑义举要》,已著录。

《律吕阐微》10 卷

清江永撰。永有《周礼疑义举要》,已著录。

附:乐类存目

《音律节略考》1 卷

清潘继善撰。继善字取大,号本庵,婺源人。

10. 小学类

《尔雅翼》32 卷

宋罗愿(1135—1184)撰。愿字端良,号存斋,歙县人。罗汝楫子。乾道二年(1166)进士。历知南剑州、鄂州,有治绩,很受当地百姓爱戴和景仰。博学好古,他的诗词文章效法秦汉,高雅精练,为朱熹所称重。主要著作有:《新安志》10 卷。清代著名史学家章学诚认为《新安志》编修相当完善。它打破了宋以前方志大而空、不定体等弊端,增设了物产、人物、艺文、风俗等,既具有地方性,又具有实用性,在方志史上是一大进步。

《字诂》1 卷

清黄生(1622—?)撰。生字扶孟,号白山。歙县人。明末诸生。入清隐居不仕。一生致力于汉学,潜心研究六书训诂,专主以声音通训诂。其读书欲破明儒之空疏,惟求通大义经世之用。因痛国事之变,好研究古今事迹成败,地理山川险塞,以为匡复之图。

《古韵标准》4 卷

清江永撰。永有《周礼疑义举要》,已著录。

附:小学类存目

《六书正义》12 卷

明吴元满撰。元满字敬甫,歙县人。万历布衣。精字学,著述颇富。

《六书总要》5 卷

明吴元满撰。元满有《六书正义》,已著录。

《六书溯原直音》2 卷

明吴元满撰。元满有《六书正义》,已著录。

《谐声指南》1 卷

明吴元满撰。元满有《六书正义》,已著录。

《钟鼎字源》5 卷

清汪立名编。立名字西亭,婺源人(一作歙县人)。由内阁中书升郎中,出知顺宁、辰州府、摄兵备道,官至工部主事。工诗文,通六书。

《律古词曲赋叶韵》12 卷

明程元初撰。元初字全之,歙县人。家累千金弃而不顾,带着包袱、棉被四方奔走游学,殚心著述,精韵学。

《四声切韵表》1 卷

清江永撰。永有《周礼疑义举要》,已著录。

(二)史部

1. 正史类

《史诠》五卷

明程一枝撰。一枝字巢父,休宁人。府学生。博极群书,一意追古作者。构表藜阁,读书其中,王世贞、汪道昆,咸推重之。

2. 别史类

附：别史类存目

明谢陛撰。陛字少连，歙县人。少攻举子业，长弃弃去，精史学。尝宗朱熹帝蜀之意作《季汉书》，以蜀承正统，列魏为世家，甚为王士祯所称。

3. 杂史类

附：杂史类存目
《使金录》1 卷

宋程卓撰。卓字从元，休宁人大昌从子，淳熙十一年进士。历官同知枢密院事，封新安郡侯。赠特进资源共享政殿大学士，谥正惠。嘉定四年，卓以刑部员外郎同赵师岩充贺金国正旦国信使。

4. 诏令奏议类

宋吕午撰。午字伯可，歙县人。嘉定四年进士，官至居郎、右文殿修撰、知漳州、中奉大夫，赠文华阁学士，通奉大夫。

《名臣经济录》53 卷

明黄训编。训字学古，歙县人。嘉靖八年（1529）进士。历任嘉兴知县、副都御史等职。

5. 传记类

《伊雒渊源录》14 卷

宋朱子撰。子有《周易本义》，已著录。

《名臣言行录》前集 10 卷、后集 14 卷

宋朱子撰。子有《周易本义》，已著录。

附：传记类存目
《孔子论语年谱》1 卷

元程复心撰。复心字子见，婺源人。皇庆癸丑，江浙行省以所撰《四书纂释》进于朝，授徽州路教授。致仕，给半俸终其身。

《孟子年谱》1 卷

元程复心撰。复心有《孔子论语年谱》，已著录。

《朱子实纪》12 卷

明戴铣编。铣字宝之,婺源人。弘治丙辰进士,官至给事中,以疏弹太监高凤,下诏狱,廷杖创甚而卒。

《程朱阙里志》8 卷

明赵滂编。滂,歙县人。

《宋遗民录》15 卷

明程敏政(1445—1500)撰。敏政字克勤,号篁墩,休宁人。成化二年(1466)进士。授编修。历任少詹事、太常卿兼侍读学士、礼部右侍郎。弘治十二年(1499)与李东阳主持会试,徐经、唐寅预作文与试题合,给事中华昶弹劾其卖题舞弊,被捕下狱,出狱后忧愤而死。有文才,十岁以神童荐,诏读书翰林院。学问赅博,为一时冠,著述甚富,与李东阳齐名。

《新安学系录》16 卷

明程曈撰。曈号峨山,休宁人。闭户著述,不求仕进。

《济美录》4 卷

明郑烛编。烛字景明,歙县人。郡庠生,贡入太学,历官直河间、湖南辰州府判。年六十,父丧奔归,逾年卒。

《续列女传》9 卷

明邵正魁撰。正魁字长孺,休宁人。国子监生。早孤贫,佣书以读,及长,以诗文书法,游缙绅藩府间,所至多折节。

《续表忠记》8 卷

清赵吉士(1628—1706)撰。吉士字恒夫,号渐岸,又号寄园,休宁人。顺治八年(1651)举人,康熙七年(1668)进士。授山西交城县知县,后迁户部主事,监扬州钞关,擢户科给事中,因"异籍"降补国子监学正。

6. 史钞类

附:史钞类存目

《古今彝语》12 卷

明汪应蛟撰。应蛟字潜夫,婺源人。万历庚辰进士,官至兵部职方司主事。

《史裁》26 卷

明吴士奇撰。士奇字无奇,歙县人。万历壬辰进士,官至太常寺卿。

《史书》10 卷

明姚允明撰。允明字汝服,休宁人。

7. 载记类

附:载记类存目
《十六国年表》1 卷

清张愉曾撰。愉曾字庭硕,歙县人。

《中山沿革志》2 卷

清汪楫撰。楫字舟次,休宁人。康熙己未召试博学鸿词,授检讨。

8. 地理类

《新安志》10 卷

宋罗愿撰。愿有《尔雅翼》,已著录。

《六朝事迹编类》2 卷

宋张敦颐撰。敦颐字养正,婺源人。绍兴八年进士,由南剑州教授历官知舒、衡二州,致仕。

附:地理类存目
《徽州府志》12 卷

明汪舜民撰。舜民字从仁,号静轩,婺源人。成化戊戌(1478)进士,授行人,擢御史,官至右副都御史,巡抚郧阳,改南京都察院,道卒。读书博学,一守朱熹之说,矫矫持风节,尤负时望。

《北边备对》1 卷

宋程大昌撰写。大昌有《易原》,已著录。

《两浙海防类考续编》10 卷

明范涞撰。涞字原易,休宁人。万历甲戌进士,官至福建右布政使。自嘉靖中倭寇犯两浙,沿海郡县,被害最深,故守土者以海防为首务。

《黄海》60 卷

明潘之恒撰。之恒字景升,号山史,歙县人。侨寓金陵,太学生,嘉靖间官中书舍人。汪道昆举白榆社,之恒与焉。又受知王世贞,后从袁宏道兄弟游。

《海阳山水志》4 卷

明丁惟曜撰。惟曜字贞白,休宁人。

《黄山志》7 卷

清闵麟嗣撰。麟嗣字宾连,歙县人。

《破山兴福寺志》4 卷

明程嘉燧撰。嘉燧字孟阳,休宁人。

《粤述》1 卷

清闵叙撰。叙号鹤瞿,歙县人。

《西粤对问》无卷数

清江德中撰。德中字汉若,歙县人。官至广西布政司参议。

《名山注》无卷数

明潘之恒撰。之恒有《黄海》,已著录。

《天下名山记钞》无卷数论

清吴秋士编。秋士字西湄,歙县人。

9. 职官类

《百官箴》6 卷

宋许月卿撰。月卿字太空,后更字宋士,婺源人。始以军功补校尉。理宗时换文资就举,以《易》魁江东,廷对赐进士及第,官至浙江西运干。贾似道当国,召试馆职,语不合,罢去。闭门著书,自号泉田子。宋亡不仕,遁迹十年乃卒,亦志节之士也。

10. 政书类

《绍熙州县释奠仪图》1 卷

宋朱子撰。子有《周易本义》,已著录。

11. 史评类

《历朝通略》4 卷

元陈栎撰。栎有《尚书集传纂疏》,已著录。

《十七史纂古今通要》17 卷

元胡一桂撰。一桂有《易本义附录纂疏》,已著录。

附：史评类存目

《宋纪受终考》3卷

明程敏政撰。敏政有《宋遗民录》，已著录。

《觉山史说》2卷

明洪垣撰。垣字峻之，号觉山，婺源人。嘉靖壬辰（1532）进士，由永康令征授御史，出为温州知府，落职归。少受业湛若水之门，落职后，复与同里方瓘往从若水，若水为建二妙楼，居三年，九十卒。

《史砭》2卷

明程至善撰。至善字于止，休宁人。

（三）子部

1. 儒家类

《延平答问》1卷、附录1卷

宋朱子撰。子有《周易本义》，已著录。

《近思录》14卷

宋朱子撰。子有《周易本义》，已著录。

《近思录集注》14卷

清江永撰。永有《周礼疑义举要》，已著录。

《杂学辨》1卷、附记疑1卷

宋朱子撰。子有《周易本义》，已著录。

《小学集注》6卷

宋朱子撰。子有《周易本义》，已著录。

《朱子语类》140卷

宋朱子撰。子有《周易本义》，已著录。

《曾子》1卷

宋汪晫编。晫字处微，绩溪人。三领乡荐，授文学，开禧三年（1207）待举阙下，以兵事归，遂不求仕。真德秀拟荐未果，绍定间，表甫将荐于朝，复力止之，年七十六卒，县令李遇私谥康范先生，咸淳末赠通直郎。自少仪矩凝重，不类凡儿，始从休宁汪文振学，又与苏辙游，阅览无所不窥，尝结庐环谷中，颜居曰"善养",堂曰"静观"。其学以孔孟为宗,诗词似其余事,而典雅和平,无晚宋气习。

《子思子》1 卷

宋汪晫编。晫有《曾子》,已著录。

附:儒家类存目

《心经附注》4 卷

明程敏政撰。敏政有《宋遗民录》,已著录。

《道一编》6 卷

明程敏政撰。敏政有《宋遗民录》,已著录。

《闲辟录》10 卷

明程瞳撰。瞳有《新安学系录》,已著录。

2. 农家类

《野菜博录》4 卷

明鲍山撰。山字元则,号在斋,婺源人。尝入黄山,筑室白龙潭上七年,备尝野蔬菜诸味,因次其品类,别其性味,详其调制。

3. 医家类

《圣济总录纂要》26 卷

宋政和中奉敕编,清程林删定。林字云来,号静观居士。休宁人。年轻时从其叔祖、名医程敬通习医十余年。后又从学于同族名士程松崖。博及群书,尤好医学。精于《内》、《难》,对仲景之学研究颇深,擅长医道。业余之暇,专心著述。其生平医疗收入大多用于编辑、刊印医著。

《医说》10 卷

宋张杲撰。杲字季明,歙县人。伯祖扩,尝受业于庞安时,以医名京、洛间。父彦仁,传家学,杲尤诚确精粹。

《扁鹊神应针灸玉龙经》1 卷

元王国端撰。国端,婺源人。镜泽子,精于医,得其家传。

《针灸问对》3 卷

明汪机(1463—1539)撰。机字省之,号石山,祁门人。其父渭,为当地名医。机幼习举子业,诵经读史,不遗余力。潜心医学,刻苦钻研,行医数十年,活人数数计。《明史·方伎传》云:"吴县张颐、祁门汪机、杞县李可大、常熟缪希雍,皆精通医术,治病多奇中"。奇疾异症,发无不中。

《外科理例》7 卷、附方 1 卷

明汪机撰。机有《针灸问对》,已著录。

《石山医案》3 卷、附案 1 卷

明陈桷编。桷字惟宜,祁门人。学医于同邑汪机,因取机诸弟子所记机治疗效验。

《名医类案》12 卷

明江瓘编。瓘字民莹,歙县人,诸生。因病弃而学医,应宿遂世其业。

《赤水玄珠》30 卷

明孙一奎(1538—1600)撰。一奎字文垣,号东宿,又号生生子,休宁人。年轻时经商,后从汪机弟子、黟县黄古潭学医。又游历于江浙一带,向所遇明哲求教。遂以医术著闻于公卿间。为人治病决生多验,医名闻达远近。

《医旨绪余》2 卷

明孙一奎撰。一奎有《赤水玄珠》,已著录。

《伤寒论条辨》8 卷

明方有执撰。有执字仲行,歙县人。因家人多病发愤学医。尤对东汉大医学家张仲景的《伤寒论》研究最深。

附:医家类存目

《续素问钞》9 卷

明汪机撰。机有《针灸问对》,已著录。

《运气易览》3 卷

明汪机撰。机有《针灸问对》,已著录。

《痘证理辨》1 卷

明汪机撰。机有《针灸问对》,已著录。

《养生类要》2 卷

明吴正伦撰。正伦字子叙,自号春岩子,歙县人。精于医学。

《丹溪心法附余》20 卷

明方广撰。广字约之,号古斋,休宁人。少年习儒,后专攻医籍。其学术多宗朱丹溪。以医显名后,曾游学河洛,旅寓陈留,常活人于危急之时,一时名著中原。

《孙氏医案》5 卷

明孙泰来、孙明来编。二人皆休宁孙一奎之子。一奎有《赤水玄珠》,已著录。

《河间六书》27 卷

明吴勉学编。勉学字肖愚,号师古,歙县人。博学多识,家富藏书。万历间曾校刻经史子集及医学书籍数百种,校雠精审,闻名于世。

《李氏医监》10 卷、续补 2 卷

清李文来编。文来字昌期,婺源人。初,休宁汪桓作《医方集解》、《本草备要》二书,浅显易明,颇行于世。康熙丙子,文来撮合两书,条分缕析,分类排纂,以成是书。

《伤寒论条辨续注》12 卷

清郑重光(1637—约 1707)撰。重光字在章,歙县人。早年丧父,身染疾病,遂发奋学医。精心钻研古今医学,虚心向名家讨教。行医三十年,在实践中考查临床效果。

《医津筏》1 卷

清江之兰撰。之兰字含微,歙县人。

4. 天文算法类

《算学》8 卷

清江永撰。永有《周礼疑义举要》,已著录。

附:天文算法类存目

《天心复要》3 卷

明鲍泰撰。泰,歙县人。

《算法统宗》17 卷

明程大位(1533—1606)撰。大位字汝思,号宾渠,休宁人。少年时,博及群书,尤爱书法、数学。成年后便在长江中、下游一带经商。因商业计算需要,留心数学、遍访名师,刻苦钻研。40 岁时回乡,专心研究各家学说,60 岁时完成杰作《直指算法统宗》十七卷,于万历二十年(1592)刻印。它是一部注重实用、通俗的数学教科书,全书 595 个问题,搜集算法较为完备,为当时珠算著作中较好的一种。明朝末年,还传入朝鲜、日本及东南亚各地,对传播中国珠算起了重要作用。

5. 术数类

《天原发微》5 卷

宋鲍云龙（1226—1296）撰。云龙字景翔，号鲁斋，歙县人。宝祐六年（1258）乡贡进士。精于《易》学。入元不仕，隐居以终。

附：术数类存目

《山法全书》19 卷

清叶泰撰。泰字九升。婺源人，

《易冒》10 卷

清程良玉撰。良玉字元如，歙县人。

《大统皇历经世》3 卷

明胡献忠撰。献忠自号六六道人，婺源人。

6. 艺术类

《松风阁琴谱》2 卷

清程雄撰。雄字云松，休宁人。

附：艺术类存目

《唐诗画谱》5 卷

明黄凤池撰。凤池，徽州人。

《琴谈》2 卷

清程允基撰。允基字寓山，徽州人。

7. 谱录类

附：谱录类存目

《歙砚志》3 卷

明江贞撰。贞字吉夫，婺源人。官绍兴府教授。

《程氏黟墨苑》12 卷

明程君房撰。君房，歙县人。

《曹氏墨林》2 卷

清曹素功编。素功字圣臣，歙县人。岁贡生。工于制墨。所制紫玉光、天
琛、苍龙珠、夫瑞、豹囊、丛赏、表麟髓、千秋光、笔花、岱云、寥天一、薇露、浣香

玉、五珏文、露紫英、漱金、大国香、兰烟诸品,仅 18 种。不似方、程诸家以夸多断巧为事,而大抵适于实用,故士大夫颇重之。

《笺卉》1 卷

清吴菘撰。菘字绮园,歙县人。

《画眉笔谈》1 卷

清陈均撰。均字康畴,歙县人。

8. 杂家类

《考古编》10 卷

宋程大昌撰。大昌有《易原》,已著录。

《演繁露》16 卷、《续演繁露》6 卷

宋程大昌撰。大昌有《易原》,已著录。

《识遗》10 卷

宋罗璧撰。璧字子苍,自号默耕,歙县人。

《义符》2 卷

清黄生撰。生有《字诂》,已著录。

《曲洧旧闻》10 卷

宋朱弁撰。弁字少章,婺源人。弱冠入太学,建炎元年(1127)补修武郎。时议遣使问安两宫,弁奋身自献,诏偕吉州团练使,为通候使,至云中,见金粘罕,使就馆,守之以兵。绍兴十三年(1143)和议成始得归。以宣议郎直秘阁,转奉议郎卒。少颖悟,读书目下数千言,入太学。晁说之见其诗奇之,妻以兄妇女。留金十七年,名王贵人,多遣子弟就学。为文慕陆贽,援据精博,曲尽事理。诗学李商隐,词气雍容,不蹈险怪涩之弊。

《常谈》1 卷

宋吴箕撰。箕字嗣之,休宁人。乾道乙丑(1169)登第,主仁和簿,分教临川,与象山诸公讲明义理。宰当涂,剖析民讼,编成《听词类稿》12 册,为赵愚所重,召主审察,以疾卒。

《勤有堂随录》1 卷

元陈栎撰。栎有《书传纂疏》,已著录。

附：杂家类存目

《爨下语》2 卷

明张复撰。复字子远,休宁人。

《圣学逢源录》18 卷

清金维嘉撰。维嘉号潜川,休宁人。

《知新录》32 卷

清王棠撰。棠字勿翦,歙县人。于书无不读,随读随笔,而不自修饰。

《麟书》1 卷

宋汪若海撰。若海号东叟,歙县人。靖康中为太学生。建炎中官至直秘阁,知江州。史称若海豁达高亮,深沉有度。金至汴,若海上书枢密曹辅,请立康王为大元帅。及京城失守,若海复述麟为书以献,即此本也。

《对问编》8 卷

明江应晓撰。应晓字觉卿,歙县人。嘉靖末官涪州州判。

《说颐》8 卷

明余懋学撰。懋学字行之,婺源人。隆庆戊辰(1568)进士,擢给事中,忤张居正,斥为民。后历户部侍郎,卒赠工部尚书,谥恭穆。

《天都载》6 卷

明马大壮撰。大壮字仲复,祁门人。罗汝芳之门人也。当筑天都馆读书,因以名其所著。

《黄元龙小品》6 卷

明黄奂撰。奂字元龙,歙县人。

《云谷卧游》20 卷

清张习孔撰。习孔字念难,歙县人。顺治己丑进士,官至山东提学佥事。

《庸言录》无卷数

清姚际恒撰。际恒字善夫,歙县人。浙江仁和籍诸生。少折节读书,泛滥百家,既而尽弃词章之学,专力于经,著述颇富。与大名崔述并为清代经学家之怀疑。

《蓉槎蠡说》12 卷

清程哲撰。哲字圣跂,歙县人。

《舌华录》9 卷

明曹臣撰。臣字盖之,歙县人。

《寄园寄所寄》12 卷

清赵吉士撰。吉士有《续表忠记》,已著录。

《山居清赏》28 卷

明程荣撰。荣字伯仁,歙县人。

《天都阁藏书》25 卷

明程允兆编。允兆字天民,歙县人。

《昭代丛书》150 卷

清张潮(1650—?)编。潮字山来,号心斋,歙县人。康熙初岁贡生。捐赀授翰林院孔目。平生好学。喜刊刻丛书,著名于当时。能词,与当时许多著名词家、戏曲家有交往。

《檀几丛书》50 卷

清王晫、张潮同编。潮有《昭代丛书》,已著录。

9. 类书类

《纯正蒙求》3 卷

元胡炳文撰。炳文有《周易本义通释》,已著录。

附:类书类存目

《典籍便览》8 卷

明范泓撰。泓字本涵,婺源人。

《亘史钞》无卷数

明潘之恒撰。之恒有《黄海》,已著录。

《含元斋别编》10 卷

明赵枢生撰。枢生字彦材,歙县人。

《狮山掌录》28 卷

明吴之俊撰。之俊字彦章,号芝房,歙县人。万历癸丑进士。官武强县知县。

《朱翼》无卷数

明江旭奇编。旭奇字舜升,歙县人。万历中宫安岳县县丞。《江南通志》列之儒林传,称其在太学日,尝奏上所著《孝经翼》、《孝经疏义》,并请敕儒臣补成《孝经大全》,命题取士,尽亦讲学之家。

《事典考略》6 卷

明徐袍编。袍字仲章,婺源人。

《儒函数类》62 卷

明汪宗姬撰。宗姬字肇部,歙县人。

10. 小说家类

附:小说家类存目

《暗然堂类纂》6 卷

明潘士藻撰。士藻有《洗心斋读易述》,已著录。

《逸史搜奇》无卷数

明汪云程编。云程,歙县人。

《牡丹荣辱志》1 卷

宋邱璇撰。邱璇字道源,黟县人。天圣五年进士,官至殿中丞。

11. 道家类

《阴符经考异》1 卷

宋朱子撰。子有《周易本义》,已著录。

《周易参契考异》1 卷

宋朱子撰。子有《周易本义》,已著录。

附:道家类存目

清胡与高撰。与高字岱瞻,黟县人。

(四)集　部

1. 楚辞类

《楚辞集注》8 卷、辨证 2 卷、后语 6 卷

宋朱子撰。子有《周易本义》,已著录。

《楚辞集解》8 卷、蒙引 1 卷、考异 1 卷

明汪瑗撰。瑗字玉卿,歙县人。博雅工诗,为王世贞、李攀龙所重。

2. 别集类

《原本韩文考异》10 卷

宋朱子撰。子有《周易本义》，已著录。

《韦斋集》12 卷、附玉澜集 1 卷

宋朱松撰。松字乔年，别字韦斋。婺源人。朱子之父也。政和八年，同上舍出身。官至吏部员外郎。以言事忤秦桧，出知饶州。未上请间，得主管台州崇道观。满秩再请，命下而卒。

《竹洲集》10 卷、附棣传经杂著 1 卷

宋吴儆撰。儆字益恭。初名偁，避秀邸讳，改名。休宁人。绍兴二十七年进士。历朝散郎、广南西路安抚使，主管台州崇道观。卒谥文肃。

《鄂州小集》6 卷、附录 2 卷

宋罗愿撰。愿有《尔雅翼》，已著录。

《晦庵集》100 卷、续集 5 卷、别集 7 卷

宋朱子撰。子有《周易本义》，已著录。

《双溪集》27 卷

宋王炎撰。炎字晦叔，婺源人。乾道己丑(1169)进士，仕至军器大监，金紫光禄大夫、婺源县开国男，食邑三百户。受学张栻，与朱熹交谊颇笃，其诗为世所称。所居武水之曲，双溪合流，因号双溪。著述甚多，题曰《双溪类稿》，均佚。

《洺水集》30 卷

宋程珌撰。珌字怀古，休宁人。以先世居洺州，因自号洺水遗民。绍熙四年进士。理宗朝累官礼部尚书、翰林学士、知制诰。历端明殿学士，致仕。

《康范诗集》1 卷、附录 3 卷

宋汪晫撰。晫所编《曾子》，已著录。

《方壶存稿》8 卷

宋汪莘撰。莘字叔耕，休宁人。嘉定间以布衣上封事。不用，退而筑室柳溪之上。圃以方渠，自号方壶居士。与朱子颇相善。然集首《辞晦庵朱侍讲书》，反覆以调和两宫责望朱子。至称建明稍缓，非特不能为天下学道者之地，亦不能为后世学道者之地。其言剀切耿直，相规以善。非依草附木，苟邀奖借者比。朱子答书，今佚不传。

《寒松阁集》3 卷

宋詹初撰。初字以元,休宁人。始为县尉,以荐入太学为学录,尝上《乞辨邪正疏》,忤韩侂胄,罢归。所居曰流塘里,故其诗文名《流塘集》

《秋崖集》40 卷

宋方岳撰。岳字巨山,号秋崖,歙县人,绍定五年进士。淳祐中为赵葵参议员。移知南康军,以杖舟卒忤荆帅贾似道。后知袁州,又忤丁大全,被劾罢归。

《兰皋集》3 卷

宋吴锡畴撰。锡畴字元伦,休宁人。广南西路安抚使儆之从孙,处士垕之子也。锡畴四岁而孤,刻志于学,慕徐稚、茅容之为人。咸淳间,南康守叶闾聘主白鹿洞书院,辞不肯赴。盖笃实潜修之士,不欲以聚徒讲学,器竞浮名也。性喜艺兰,自号曰兰皋子,因以名集,殆亦寓无人自芳之意。其人品心术,可谓超然流俗之外矣。

《北游集》1 卷

宋汪梦斗撰。梦斗号杏山,绩溪人。景定间以明经发解,江东漕试。授承节郎,江东司制干官。咸淳初,迁史馆编校,与叶李等议,上书劾丞相贾似道。李等坐罪,梦斗亦遁归。宋亡后,尚书谢昌言荐梦斗于元世祖,特召赴京,卒不受官,放归。

《古梅吟稿》6 卷

宋吴龙翰撰。龙翰字式贤,歙县人。咸淳中贡于乡。以荐授编校国史院实录院文字。至元丙子,乡校请充教授,寻弃去。家有老梅,因以古梅为号。尝为之赋,并以名集。

《野趣有声画》2 卷

元杨公远撰。公远字叔明,歙县人。

《云峰集》10 卷

元胡炳文撰。炳文有《周易本义通释》,已著录。

《定宇集》16 卷

元陈栎撰。栎有《书传纂疏》,已著录。

《杏亭摘稿》1 卷

元洪焱祖撰。焱祖字潜夫,歙县人。是集前有《危素序》,称为徽州路休宁县尹致仕。

《筠轩集》13 卷

元唐元撰。元字长孺,歙县人。泰定丁卯,以文学授平江路学录。再任建德路分水县教谕。以徽州路学教授致仕卒。

《师山文集》8 卷、遗文 5 卷、附录 1 卷

元郑玉撰。玉有《春秋经传阙疑》,已著录。

《贞素斋集》8 卷、附录 1 卷、《北庄遗稿》1 卷

元舒顿撰。顿字道原,绩溪人。至元丁丑,江东宪宪辟为贵池教谕。秩满调丹徒。至正庚寅,转台州路儒学正。以道梗不赴,归隐山中。明兴,屡召不出,名所居曰贞素斋,著自守之志也。

《环谷集》8 卷

元汪克宽撰。克宽有《礼经补逸》,已著录。

《东山存稿》7 卷、附录 1 卷

元赵汸撰。汸有《周易文诠》,已著录。

《白云集》7 卷

明唐桂芳撰。桂芳一名仲,字仲实,号白云,又号三峰,歙县人。教授元之第五子。少从洪焱祖学,弱冠为明道书院司训。元至正中,用荐授建宁路崇安县教谕。再任南雄路学正,以忧归。明太祖定徽州,召对称旨,命之仕,以瞽废辞。卒年七十三。

《覆瓿集》7 卷、附录 1 卷

明朱同撰。同字大同,自号紫阳山樵,休宁人。翰林学士升之子。

《樗庵类稿》2 卷

明郑潜撰。潜字彦昭,歙县人。元末由内台掾广东帅府从事,上计京师,遂为监修国史掾。后擢正字。历官监察御史、福建行省员外郎、海北道廉访副使、泉州路总管。入明,起为宝应县主簿,迁潞州同知,至洪武十年乃致仕。

《贞白遗稿》10 卷、附显忠录 2 卷

明程通撰。通字彦亨,贞白其斋名也,绩溪人。洪武乙丑贡入太学,庚午举应天乡试,时方遣诸王将兵,因以封建,策贡士于廷,通所对称旨,擢第一,授辽府纪善,进左长史。燕王叛后,通上书数千言,论战守大计。永乐初,锦衣卫都督纪纲发其事,诏械通诣京师,与二子俱论死。

《梧冈集》8 卷

明唐文凤撰。文凤字子仪,号梦鹤,歙县人。与祖元、父桂芳俱以文学擅

名。永乐中荐授兴国县知县,改赵府纪善,卒年八十有六。

《篁墩集》93 卷

明程敏政撰。敏政有《宋遗民录》,已著录。

《松泉文集》20 卷、诗集 26 卷

清汪由敦(1692—1758)撰。由敦字师茗,休宁人。以商籍补浙江学生,故又为钱塘籍。雍正甲辰进士,由编修官至吏部尚书,赠太子太师,谥文端。由敦记诵淹博,文章典重有体。自为诸生,即以才学著声。

附:别集类存目

《陶诗汇注》4 卷

清吴瞻泰撰。瞻泰字东岩,歙县人。苑长子,康熙诸生。诗文夷简冲淡,不假修饰,妙合自然。

《枫林集》10 卷

明朱升撰。升有《周易旁注》,已著录。

《西山类稿》5 卷

明谢复撰。复字一阳,祁门人。少从吴与弼游,与陈献章为同门友,而笃实胜于献章。

《梅岩小稿》30 卷

明张旭撰。旭字廷曙,休宁人,成化甲午举人,历官孝丰、伊阳、高明三县知县。

《仁峰文集》24 卷、外集 1 卷

明汪循撰。循字进之,休宁人。弘治丙辰进士,官至顺天府通判。

《霞城集》24 卷

明程诰撰。诰字自邑,歙县人。生平好游,所至山川都邑,辄纪以诗。

《十岳山人诗集》4 卷

明王寅撰。寅字仲房,一字亮卿,歙县人。尝北走大梁,问诗于李东阳。中年习禅,事古峰和尚。

《让溪甲集》4 卷

明游震得撰。震得字汝潜,婺源人。嘉靖进士,授行人,擢监察御史,以疏谏世宗好方士,廷杖谪外。后官至左副都御史,巡抚福建,以兴化失守罢归。

《太函集》120 卷

明汪道昆撰。道昆有《五车霏玉》,已著录。

《副墨》5 卷

明汪道昆撰。道昆有《五车霏玉》,已著录。

《汪次公集》12 集

明汪道贯撰。道贯字仲淹,休宁人,道昆弟也。

《素园存稿》18 卷

明方宏静撰。宏静字定之,歙县人。嘉靖进士。官至南京户部右侍郎。

《汪山人集》18 卷

明汪少廉撰。少廉字古矜,休宁人,嘉靖中布衣。

《大鄣山人集》53 卷

明吴子玉撰。子玉字瑞谷,休宁人。嘉靖中贡生。

《涉江诗选》7 卷

明潘之恒撰。之恒有《黄海》,已著录。

《江山人集》7 卷

明江瓘撰。瓘有《名医类案》,已著录。

《栗斋文集》11 卷

明金瑶撰。瑶有《六爻原意》,已著录。

《檗庵集》2 卷

明汪神褆撰。神褆字介夫,别号檗庵,祁门人。

《程幼博集》6 卷

明程大约撰。大约字幼博,休宁人。慷慨好义,为文不拘格律。

《方初庵集》16 卷

明方扬撰。扬字思善,号初庵,歙县人。隆庆辛未进士,官至杭州府知府。

《苍耳斋诗集》17 卷

明方问孝撰。问孝字胥成,歙县人。仕履未祥。

《汪禹乂诗集》8 卷

明汪淮撰。淮字禹乂,休宁人。

《巢云轩诗集》6 卷、续集 5 卷、诗余 1 卷

明吴宗儒撰。宗儒字次鲁,号黄麓,晚号止耕,休宁人。

《瑞阳阿集》10 卷

明江东之撰。东之字长信,歙县人。万历丁丑进士,官至右佥都御史,巡抚贵州。

《孟云浦集》8 卷、年谱 1 卷、附录 1 卷

明孟化鲤撰。化鲤字叔龙,号云浦,歙县人。万历庚辰进士,官至吏部文选司郎中。持正不阿,后以奏起给事中张栋先事,削籍归。

《关中集》4 卷

明余懋衡撰。懋衡字持国,婺源人。万历壬辰进士,官至南京吏部尚书。

《绿滋馆稿》9 卷

明吴士奇撰。士奇有《史裁》,已著录。

《黉言》6 卷

明余懋孳撰。懋孳字舜仲,婺源人。万历甲辰进士,官至给事中。

《复初集》36 卷

明方承训撰。承训号郏邬,歙县人。

《性灵稿》2 卷

明朱师孔撰。师孔字时行,歙县人。

《汪遗民诗》1 卷

明汪逸撰。逸字遗民,歙县人。

《环翠堂坐隐集选》4 卷

明汪廷讷撰。廷讷字无知,休宁人。万历时官至盐运使。耽情诗赋,兼爱填词。与汤显祖、王稚登、陈继儒、方于鲁、李贽等交往。

《荪堂集》10 卷

明吴文奎撰。文奎字茂文,歙县人。

《潘象安诗集》4 卷

明潘纬撰。纬字仲文,一字象安,歙县人。家于白岳之下。万历中,以资官武英殿中书舍人,归田以后,有《养疴》、《游淮》、《园居》诸集。

《梦草堂稿》12 卷

明胡镇撰。镇字子重,歙县人。万历中贾人。

《程仲权诗集》10 卷、文集 12 卷

明程可中撰。可中字仲权,休宁人。

《绮咏》1 卷、绮咏续集 1 卷

明汪汝谦撰。汝谦字然明,歙县人。

《画响》无卷数

明李永昌撰。永昌字周生,自署曰黄海,休宁人。善书画,董其昌甚重之。

画仿元人,书宗董氏,收藏称富。

《诚斋文集》2 卷、附西铭答 1 卷

明施璜撰。璜字虹玉,休宁人。

《万青阁全集》8 卷

清赵吉士撰。吉士有《续表忠记》,已著录。

《林卧遥集》3 卷

清赵吉士撰。吉士有《续表忠记》,已著录。

《一溉堂诗集》1 卷

清余光耿撰。光耿字介遵,婺源人。

《双溪草堂诗集》1 卷、附游西山诗一卷

清汪晋徵撰。晋徵字涵斋,休宁人。康熙己未进士,官至户部侍郎。

《若庵集》5 卷

清程庭撰。庭字且硕,号若庵,歙县人。

3. 总集类

《明文衡》98 卷

明程敏政编。敏政有《宋遗民录》,已著录。

《新安文献志》100 卷

明程敏政撰。敏政有《宋遗民录》,已著录。

附:总集类存目

《凤林类选小诗》1 卷

明朱升编。升有《周易旁注》,已著录。

《柳黄同声集》2 卷

明杜桓编。桓字宗表,歙县人。

《咏史集解》7 卷

明程敏政编。敏政有《宋遗民录》,已著录。

《唐氏三先生集》28 卷、附录 3 卷

明程敏政编。敏政有《宋遗民录》,已著录。

《蓬莱观海亭集》10 卷

明潘滋编。滋,婺源人,始末未详。

《徽郡诗》8 卷

明陈有守、汪淮、李敏全编。有守字达甫,淮字禹乂,敏全字功甫,皆休宁人。

《顺则集》8 卷

明程文潞编。文潞字希古,歙县人。

《汉魏名家》无卷数

明汪士贤编。士贤,徽州人。

《诗苑天声》21 卷

清范良撰。良字眉生,徽州人。

4. 词曲类

《十五家家词》37 卷

清孙默编。默字无言,休宁人。

附:词曲类存目

《啸余谱》10 卷

明程明善撰。明善字若水,歙县人。天启中监生。

中国是一个文献积累丰富、传流历史悠久的国家。清乾隆时期的《四库全书》,是中国文化史上空前杰作,被学术界誉为"千古巨制"、"文化渊薮"的东方文化金字塔,是一代又一代中国学人的神圣殿堂。《四库全书》纂修是一项巨大的文化工程,对这一工程,当时的徽州人在许多方面都作出了突出的贡献,这也是徽州文化史上光彩的一页。徽州人著作占《四库全书》著录总量的 1/23(4.4%),占收编著作的 1/18(5.6%),这个比例对一个徽州地区来说是相当大的数字。当时清代内地 18 个行省 240 多个州府,超出州府平均数的 10 倍。充分说明徽州文化有着特定的内涵和深厚的底蕴,更显示出徽州丰富的文化积累和学术特色。

参 考 文 献

著作（按出版时间顺序排列）

[1] 胡应麟：《少室山房笔丛》，中华书局 1958 年版。

[2] 谢肇淛：《五杂俎》，中华书局 1959 年版。

[3] 永瑢、纪昀等编修：《四库全书总目》，中华书局 1965 年版。

[4] 王士禛：《香祖笔记》，上海古籍出版社 1982 年版。

[5] 李桓：《国朝耆献类征初编》，台北明文书局 1985 年版。

[6] 李桓辑：《国朝耆献类征》，台北明文书局 1985 年版。

[7] 朱熹：《朱子语类》，中华书局 1986 年版。

[8] 张潮辑：《虞初新志》，上海书店 1986 年版。

[9] 郑伟章等：《中国著名藏书家传略》，书目文献出版社 1986 年版。

[10] 《四库全书提要》，中华书局 1987 年版。

[11] 王钟翰注解：《清史列传》，中华书局 1987 年版。

[12] 袁枚：《小仓山房文集》，上海古籍出版社 1988 年版

[13] 张潮辑：《昭代丛书》，上海古籍出版社 1990 年版。

[14] 刘大櫆：《刘大櫆集》，吴孟复点校，上海古籍出版社 1990 年版。

[15] 张潮、杨复吉辑：《昭代丛书》，上海古籍出版社 1990 年版。

[16] 汪启淑：《飞鸿堂印谱》，上海古籍出版社 1992 年版。

[17] 王晫、张潮辑：《檀几丛书》，上海古籍出版社 1992 年版。

[18] 朱熹：《孟子集注》，齐鲁书社 1992 年版。

[19] 全祖望：《鲒埼亭集》，上海古籍出版社 1995 年版。

[20] 李斗：《扬州画舫录》，中华书局 1997 年版。

[21] 汪梧凤：《松溪文集》，北京出版社 1998 年影印本。

[22] 梁启超：《清代学术概论》，上海古籍出版社 1998 年版。

[23] 余治淮：《桃花源里人家》，黄山书社 1993 年版。

[24]程颢、程颐:《二程遗书》,上海古籍出版社 2000 年版。

[25]张潮:《幽梦影》,江苏古籍出版社 2001 年版。

[26]许承尧:《歙事闲谭》,黄山书社 2001 年版。

[27]傅璇琮等:《中国藏书通史》,宁波出版社 2001 年版。

[28]任继愈:《中国藏书楼》,辽宁人民出版社 2001 年版。

[29]叶树声等:《明清江南私人刻书史略》,安徽大学出版社 2002 年版。

[30]朱熹:《朱子全书》,上海古籍出版社、安徽教育出版社 2002 年版。

[31]吴翌凤:《逊志堂杂钞》,中华书局 2004 年版。

[32]吴之兴:《岩镇志草》,黄山市徽州区办公室和区方志办点校,2004 年内部发行。

[33]徐振国主编:《孔尚任全集》,齐鲁书社 2004 年版。

[34]汪道昆:《太函集》,胡益民、余国庆点校,黄山书社 2004 年版。

[35]孔尚任:《孔尚任诗文集》,人民文学出版社 2005 年版。

[36]黄季耕主编:《安徽文化名人世家》,安徽教育出版社 2005 年版。

[37]徐学林:《徽州刻书》,安徽人民出版社 2005 年版。

[38]吴翌凤:《逊志堂杂钞》,中华书局 2006 年版。

[39]司马光:《资治通鉴》,中华书局 2007 年版。

[40]陈荣捷:《朱子门人》,华东师范大学出版社 2007 年版。

[41]曾仕强:《胡雪岩的启示》,陕西师范大学出版社 2008 年版。

[42]徐世昌:《清儒学案》,中华书局 2008 年版。

[43]赵吉士:《寄园寄所寄》,黄山书社 2008 年版。

[44]叶昌炽:《藏书纪事诗》,北京燕山出版社 2008 年版

[45]王桂平:《清代江南藏书家刻书研究》,凤凰出版社 2008 年版。

[46]小横香室主人:《清朝野史大观》,中央编译出版社 2009 年版。

[47]刘尚恒:《鲍廷博年谱》,黄山书社 2010 年版。

[48]陈心蓉:《嘉兴藏书史》,国家图书馆出版社 2010 年版。

[49]顾志兴:《杭州藏书史》,中国社会科学出版社 2011 年版。

[50]程晋芳:《勉行堂诗文集》,魏世民校点,黄山书社 2012 年版。

刻本(按刊刻时间顺序排列)

[1]程芳潮:《新安张氏续修宗谱》,清顺治十六年家刻本。

[2]康熙《扬州府志》,清康熙十四年刻本。

[3]康熙《祁门县志》,清康熙二十二年刻本。

[4]康熙《休宁县志》,清康熙二十九年刻本。

[5]康熙《徽州府志》,清康熙三十八年万青阁刻本。

[6]吴青羽:《茗洲吴氏家典》,清雍正十三年刻本。

[7]袁枚:《随园诗话》,清乾隆十四年刻本。

[8]张潮:《尺牍偶存》,乾隆四十五年重刻本。

[9]张潮辑:《尺牍友声》,清乾隆四十五年刻本。

[10]阮元:《淮海英灵集》,清嘉庆三年小琅嬛仙馆刻本。

[11]吴骞:《愚谷文存》,清嘉庆十二年刻本。

[12]郑虎文:《吞松阁集》,清嘉庆十四年刻本。

[13]全祖望:《鲒埼亭集外编》,清嘉庆十六年刻本。

[14]李调元辑:《函海》,清嘉庆刻本。

[15]道光《徽州府志》,清道光七年刻本。

[16]张维屏:《国朝诗人征略》,清道光十年刻本。

[17]嘉庆《黟县志》,清同治九年刻本

[18]光绪《婺源县志》,清光绪九年刻本。

[19]光绪《婺源县志》,清光绪九年刻本。

[20]严辰纂:《桐乡县志》,清光绪十三年刊本。

[21]吴定:《紫石泉山房诗文集》,清光绪十三年秋月黟县杨氏刻本。

[22]谭献:《复堂日记》,清光绪十三年仁和谭氏刻本。

[23]徐康:《前尘梦影录》,清光绪二十三年江标刻本。

[24]丁申:《武林藏书录》,清光绪刻本。

[25]周庆云:《南浔志》,清刻本。

[26]吴骞:《拜经楼书目》,清抄本。

[27]马曰琯:《沙河逸老小稿》,民国二十四年,上海商务印书馆出版。

[28]许承尧:《歙县志》,民国二十四年铅印本。

[29]鲍廷博辑:《知不足斋丛书》,民国铅印本。

[30]朱熹:《晦庵先生朱文公文集》,民国《四部丛刊》涵芬楼影印明嘉靖本。

论文（按发表时间顺序排列）

［1］丘良任:《扬州二马及其〈小玲珑山馆图记〉》,《扬州师院学报》1983年第3期。

［2］文丘:《名流迁客吟广西——读〈粤西诗载〉札记》,《广西师院学报》1986年第1期

［3］刘尚恒:《明清徽商的藏书与刻书》,《安徽师大学报》1990年第1期。

［4］居蜜、叶显恩:《明清时期徽州的刻书和版画》,《江淮论坛》1995年第2期。

［5］徐学林:《试论徽州地区的古代刻书业》,《文献》1995年第4期。

［6］范逸清、蔡建康:《苏州藏书家吴翌凤》,《江苏图书馆学报》1999年第4期。

［7］冯尔康:《明清时期扬州的徽商及其后裔述略》,《徽学》2000年卷,安徽大学出版社,2001年。

［8］王振忠:《明清时代南京的徽商及其经营文化》,《浙江社会科学》2002年第4期。

［9］栾成显:《徽州历史文献与中国史研究》,《徽学》,安徽大学出版社2003年版。

［10］张一民:《桂宦藏书在淮安》,《江苏地方志》2004年第3期。

［11］李忠林:《徽州刻书业论略》,《晋图学刊》2004年第5期。

［12］方盛良:《扬州徽商藏书刻书与文化传承》,《中国出版》2005年第12期。

后　记

　　本书是作者承担的教育部人文社会科学研究基金项目"清代徽州藏书家与文化传播研究"(批准号:11YJA870027)最终研究成果。该项目 2011 年 9 月获得正式批准立项。不过在立项之前多年就开始对徽州藏书家和徽州文化进行研究了。论文有:《张钧衡及其"适园"藏书》载《芜湖职业技术学院学报》2003年第 4 期;《论明代徽州文献学家程敏政》载《安徽师范大学学报》2003 年第 5期;《鲍廷博与"知不足斋"藏书》载《大学图书情报学刊》2005 年第 3 期;《汪启淑及其"飞鸿堂"藏印》载《河南图书馆学刊》2005 年第 3 期;《清代徽州藏书家及其贡献》载《人文研究》2006 年第 5 期;《〈四库全书〉与徽州人》载《安徽商报》2006 年 9 月 28 日;《清代徽州寄籍藏书家》载《中国地方志》2007 年第 10期;《〈新安文献志〉与徽州文化》载《光明日报》2007 年 9 月 7 日;《徽州方志考》载《图书馆理论与实践》2008 年第 5 期;《明清徽州地方建筑的和谐理念》载《中国地方志》2010 年第 6 期;《清代徽州藏书家与徽州文化传播》载《沧桑》2011 年第 6 期。著作有:《新安文献研究》,安徽人民出版社 2005 年 11 月出版;《徽州鸿儒汪道昆研究》,安徽师范大学出版社 2014 年 12 月;《新安学系录》点校,黄山书社 2006 年 11 月出版;《道一编》《闲辟录》点校,安徽人民出版社2007 年 8 月出版。课题立项后,本人深感责任重大,对项目高度重视,以极为认真负责的精神,广泛深入进行资料查阅,并多次到徽州、合肥、南京和上海等地查阅有关书籍,精心思考,细致著述,反复修琢,历经三年多的着力研究,终于完成现在呈献于读者面前的这部书稿。

　　诚然,一部学术著作的问世,除了作者自己的努力之外,还得益于我们这个科研团队的刘和文教授和宛凤英、高洁副研究馆员的关心与帮助,在此表示衷心的感谢。本书部分引用和借鉴了学术界专家学者的研究成果,在此一并表示谢忱。

感谢安徽师范大学出版社汪鹏生社长对本书出版的大力支持,感谢胡志恒老师在本书编辑过程中所付出的辛勤劳动!

本书系笔者个人之作,尽了自己的最大努力,但限于本人水平,书中难免会有这样那样的不足与缺憾,恳请专家学者、同仁和广大读者不吝赐教。

张　健

2014 年 9 月于安徽师范大学图书馆